不确定判断
矩阵理论及其应用

巩在武　郭卫卫　李　鹏　张　宁　等◎著

科 学 出 版 社
北　京

内 容 简 介

复杂群体决策中，在对决策问题不熟悉或对备选方案信息掌握不完全的情况下，决策主体做判断时，常处于犹豫及不确定的状态，效用函数、区间类判断(区间判断、直觉模糊判断、自然语言判断、犹豫模糊判断等)、不确定分布判断均是决策者常采用的几种偏好表现形式。本书系统研究了各类不确定判断矩阵的基本性质、信息聚合及其在群体共识决策中的应用问题。不确定判断矩阵中的决策主体偏好由信度和不确定分布准确模拟，不仅是现有区间类判断矩阵的最一般形式，同时也较好地解决了区间类判断矩阵运算失真的问题。不确定分布判断矩阵基础理论及应用问题是本书的核心研究内容。

本书既可以作为高等院校管理科学、信息科学、系统科学及运筹学等专业研究生及高年级本科生的参考书，也可以作为政府、企事业单位的决策参考书。

图书在版编目（CIP）数据

不确定判断矩阵理论及其应用／巩在武等著. —北京：科学出版社，2021.11

ISBN 978-7-03-070580-8

Ⅰ. ①不… Ⅱ. ①巩… Ⅲ. ①决策行为-研究 Ⅳ. ①C934

中国版本图书馆 CIP 数据核字（2021）第 224313 号

责任编辑：魏如萍 纪四稳／责任校对：贾娜娜

责任印制：张 伟／封面设计：有道设计

科 学 出 版 社 出版

北京东黄城根北街 16 号

邮政编码：100717

http://www.sciencep.com

北京厚诚则铭印刷科技有限公司 印刷

科学出版社发行 各地新华书店经销

*

2021 年 11 月第 一 版 开本：720 × 1000 B5

2022 年 3 月第二次印刷 印张：13 1/2

字数：269 000

定价：120.00 元

（如有印装质量问题，我社负责调换）

前　言

传统的群体决策过程研究中，诺贝尔经济学奖得主肯尼斯·约瑟夫·阿罗(Kenneth J. Arrow)强调群体决策为个体偏好在一定条件下的社会选择；而另一位诺贝尔经济学奖得主阿马蒂亚·森(Amartya Sen)认为社会选择可以理性化(集体决策)。当今社会，由于存在海量信息数据、跨文化决策团队、复杂知识系统，现代意义上的群体决策实际上处于一种高度的不确定状态：群体决策过程系统演化规律复杂、群体偏好信息辨识困难；群体决策过程实质是个体效用与集体效用的争斗、妥协、平衡、选择与共识达成过程，传统意义上的群体决策理论无法解释社会选择和集体决策中并非非此即彼的现象，即常规建模方法无法模拟群体偏好信息的差异；集结算子难以兼顾个体效用与集体选择。不确定论域下的群体决策过程研究呈现如下特点与趋势。

直觉型偏好：直觉型偏好知识表达方式实质上是人类高级思维判断的一种直觉行为。爱波斯坦认为，在与理性系统的相互作用中，经验系统是直觉和创造性的来源；爱因斯坦认为，直觉的大脑是一件珍贵的礼物，理性的大脑是一个忠诚的仆人，而我们创造的这个社会推崇仆人而忘记了礼物，唯一真正有价值的是直觉；钱学森谈到，科学方法必须兼用形象或直感思维，甚至要求助于灵感或顿悟思维；哈蒙德指出，直觉型判断比精确判断更能反映人类的行为认知过程。在群体决策中，决策者的分析、判断、综合与归纳过程，本身体现了个人对决策问题的“直觉”分析与个体偏好：区间判断知识用连续的隶属度范围，直觉模糊判断知识用隶属度、非隶属度和犹豫度三个离散的信息对决策问题进行直观判断与理性选择。

不确定分布与信度：处理不确定问题的方法主要有概率论、区间分析、模糊集、粗糙集、灰色系统等理论。当人们制定决策时，若没有样本可用于估计分布函数或某些紧急情况(如战争、洪水、地震、事故甚至谣言)的发生，则每个事件将会发生的信度由经验丰富的领域专家来确定。为了更合理地处理因无法获得事件发生的实际频率而不得已采用个人置信度的情况，刘保碇教授于 2005 年创建了不确定理论(uncertainty theory)。不确定理论可用来处理基于信度的不确定现象，即在没有样本可用于估计分布函数的非确定性决策中，决策主体偏好可由信度和不确定分布准确模拟。采用不确定分布模拟决策主体偏好更符合群体决策的真实情景。

共识过程：肯尼斯·约瑟夫·阿罗的社会选择理论认为，当社会所有成员的偏好已知时，不可能通过一定的方法从个人偏好次序得出社会偏好次序，也不可能通过一定的程序准确地表达社会全体成员的个人偏好或者达到合意的公共决策。而阿马蒂亚·森的公共选择理论认为，社会偏好是一个整体，总可以建立个体价值与公共选择之间的联系，总有方法统一社会成员偏好。通常，在实现正确决策之前，决策群体需要对所要进行的决策问题展开广泛而充分的讨论，同时通过多次协商，达成一定程度的共识。从优化角度分析，共识决策的目的在于通过容纳各参与方的意见获得最优(帕累托最优)共识意见，从而实现群体整体利益的最大化。

共识决策中，不可能实现 100%的意见一致，但总能实现多数人意见的一致；意见约束不可能 100%实现，但约束条件得到满足的概率不小于某一指定数值是可以接受的；也不可能有 100%的把握达成共识，但总有一定可能性的把握（如 95%的把握）达成共识，即若群体共识以一定信度实现，则这种共识决策更接近实际决策情形。本书着重介绍如何采用不确定分布模拟决策主体偏好；如何构建新的一致性定义以解决常规直觉偏好判断无法实现的整体互补性及一致性，并作为不确定分布偏好判断矩阵最优群体共识建模的约束条件；本书还将证明现有文献关于直觉偏好判断的结论，实际上是不确定分布偏好判断决策的一些特例。

不确定判断矩阵理论及其应用是作者及其团队近几年研究成果的总结。

特别感谢与作者进行合作研究的 Enrique Herrera-Viedma 教授(格拉纳达大学)、Francisco Chiclana 教授(德蒙福特大学)、Guo Wei 教授(北卡罗来纳大学彭布罗克分校)、Kevin W. Li 教授(温莎大学)、Luis Martínez 教授(哈恩大学)、Roman Słowiński 教授(波兰科学院)、Yi Lin 教授(宾州滑石大学)、Yingjie Yang 教授(德蒙福特大学)。在本书研究中，诸多国内学者从新思想、方法及体系构架等方面给予了极大的关心与帮助，在此表示感谢。同时感谢研究生郭卫卫、王立红、徐晓霞、张宁、谭笑、陈晓庆、王惠、王一鸣、马秀娟、徐艳鑫、杨尚媛、赵一照、宋环环、周祎、宋客、阳佳琪、李奥庆、黄海川等在本书编辑过程中的辛勤工作。还要说明的是，本书的第三作者系江苏科技大学经济管理学院的李鹏副教授。

本书研究工作得到了国家自然科学基金项目(71571104、71971121、71171115)、江苏省高校哲学社会科学研究重大项目(2018SJZDA038、2020SJZDA076)的支持。

由于作者水平有限，书中难免有不足之处，恳请广大读者给予批评指正。

作　者

2020 年 8 月

目　录

第 1 章　群体共识与不确定性决策

当人们制定决策时，若没有样本可用于估计分布函数或某些紧急情况的发生，则每个事件将会发生的信度由经验丰富的领域专家来确定。不确定理论采用主观信度，能更合理地处理因无法获得事件发生的实际频率而不得已采用个人置信度的情况。在没有样本可用于估计分布函数的非确定性决策中，决策主体偏好可由信度和不确定分布准确模拟。本书着重介绍决策者偏好呈现不确定分布的群体决策相关问题。

1.1　共识与群体决策

《牛津英语词典》称共识(consensus)为意见一致(unanimous)。这个定义从多个角度均被认为过于刚性。从公共管理角度来看(周盛，2014)，共识指公共政策过程中分歧甚至冲突的多元主体，通过对话与合作，改变对政策问题认知和对自身利益的诉求，从而寻求共同价值与问题解决方式直至形成政策偏好的趋同。即共识旨在充分发挥决策群体在促进、调解、能力构建、公民参与及组织战略和发展等方面的优势，在社会、环境和经济挑战或冲突上建立有效合作。从管理学角度，共识决策实质是普遍实施的群体决策过程的替代方案(Hartnett，2011)，即通过容纳所有利益相关方的意见，尽可能多地达成协议，使得最终提案可更好地解决所有潜在问题，同时还能通过合作和协作的团队氛围促进团队凝聚力和更友善的人际关系/社会网络的形成 (Hartnett，2011；Bressen，2007)。

其中，针对群体决策的研究，最早可以追溯到法国数学家 Borda 于 1784 年发表的关于选举制的论文以及 Condorcet 于 1875 年发表的关于陪审团定理的论文(Arrow，1963)。事实上，作为一个明确的概念，群体决策于 1948 年由 Black 首次提出(Barbera，1977)。此后，Hwang 和 Lin(2012)对群体决策进行了明确的定义，即群体决策是指将所有成员提出的决策方案形成方案集合，决策群体基于个体偏好和某种规则，最终形成一致性或妥协性的决策方案排序。换言之，群体决策是一个不断协商、妥协的过程，决策的结果就是对不同策略进行偏好排序。

显然，共识构建是群体决策的必然过程，共识构建过程的本质是异中求同、求同存异，其出发点都必须要先承认异见的存在，确定分歧甚至矛盾冲突的程度，并进一步分析导致这种分歧的原因。只有决策群体之间存在意见/偏好的分歧，共识的寻求才有必要，但只有这种分歧限制在一定的程度范围之内，共识的寻求才有可能(周盛，2014)。顾基发(2001)认为达成共识可看成意见的综合或意见的收敛，有时达成共识也可称为寻求一致的过程，他还将上述过程概括为 C3(communication-collaboration-consensus)型过程，即沟通-协作-共识过程。共识的达成，不是简单的一致同意或压倒多数的同意，而是当满足各方利益的种种努力都尝试之后，基于充分对话提出的建议被所有相关者认可(Susskind，1999)。

1.2 共识有效性指标

衡量共识有效性的指标包括三方面：一是偏好的清晰表达；二是偏好的有效聚合，即共识决策中的规则制定；三是聚合后集体偏好的理性程度，一般可以分为个体一致性和群体共识的可接受性(即群体一致性)(周盛，2014)。

1.2.1 偏好函数

共识的达成是多元决策主体的偏好在变化中由分歧走向收敛的过程。作为主体的一种心理状态，偏好描述了主体对某种目的或结果的期望以及为实现该目的而在相关备选方案中选择其一的倾向性意见。它不仅为我们对客观世界的认知赋予了主观价值的色彩，也驱动着我们在社会交往中的种种行为选择。以“偏好”作为概念工具分析共识决策可以发现，共识的达成本质就是将多元的个体偏好整合成集体选择的过程(周盛，2014)。共识的达成需要依托市场机制或者民主过程协调取舍，以对话和合作为基础实现对群体偏好的构建。在对决策问题不熟悉或对备选方案信息掌握不完全的情况下，决策主体在做出判断时，常处于犹豫及不确定的状态，效用函数(Gong et al.，2017；Gong et al.，2015a； Gong et al.，2015b)、区间类判断(包括区间判断(Meng et al.，2017；Xu，2011)、直觉模糊判断(Wan et al.，2017；Atanassov，1999)、自然语言判断(Li et al.，2017；Jin et al.，2016)、犹豫模糊判断(Meng and An，2017；Xu et al.，2016)等)、不确定性判断(Liu，2015，2010，2009a，2009b)均是决策者采用的几种常见的偏好表现形式。

1. 效用理论

效用理论所研究的个人效用函数是决策者对目标偏好结构在形式上、数学上的表述。近几十年，随机优势理论、非线性效用等理论的发展成为聚合群体偏好、形成群体效用的敦实基础。特别地，一些改进的群效用集结模型也被提出，如由群体价值判断求解群体效用函数(乔伊科奇和王寅初，1987)，利用委托过程构建群体效用函数(Bodily，1979)，以及基于前景理论(Kahneman and Tversky，2000，

1979)、由非传递斜对称双线性效用值等理论(Fishburn，1991，1982)构建群体效用函数。其中，前景理论从心理学的角度对经典的效用值模型进行修正，并着重反映和描述了人们的实际寻优过程，近年来得到了广泛的研究。

充分考虑决策个体的效用偏好对提高共识程度与扩大共识范围极为重要。在经济学理论中，效用常被用来度量消费者在消费或者享受某件商品(服务)时的偏好(满意)程度。在群体决策中，针对不同的决策问题及背景，决策者给出意见时往往会表现出不同的偏好态度及满意度水平。由于效用函数具有单调性和凹凸性，效用及边际效用在反映决策者偏好结构的研究中起到了基础性的作用(Beccacece and Borgonovo，2011)。

1) 效用及效用函数

“效用”概念首次由 Bernoulli (1954①)于 1738 年在解释圣彼得堡悖论时提出，他认为决策应该遵循效用的数学期望值最大化原则，提出了“效用最大化原则”和“边际效用递减”两大原理。而 Morgensterm 和 Neumann(1953)对 Bernoulli 关于“圣彼得堡悖论”的解释进行了公理化阐述，从而将 Bernoulli 的相关解释发展成为期望效用理论。1968 年，Borch(1968)首先提出基于目标的效用概念，并由 Castagnoli 和 LiCalzi(1996)、Bordley 和 Kirkwood(2004)、Tsetlin 和 Winkler (2007)以及 Durbach (2009)等学者进一步推广。在以目标为导向的效用函数中，通常会根据既定的概率信息将效用值指定为 0(目标未实现)或者为 1(目标实现)(Feng and Lai，2014)。事实上，既然效用函数可以表示决策者的偏好，即决策者的主观效用，显然仅引入 0、1 两个实数并不能完全表示决策者的主观心理。

2) 模糊偏好效用函数

根据 Zadeh (1965)的模糊理论，用介于[0，1]区间的隶属度表示决策者的效用值，能更准确地反映决策者的主观判断。大量学者对带有模糊偏好的效用函数进行了研究，例如，Bellman 和 Zadeh(1970)将隶属度函数引入模糊环境下的决策过程，通过最大化隶属度提高决策者对方案的认可度。Martel 和 Aouni (1990)在目标规划中对偏好建模方法进行了设计，将 PROMETHEE 方法作为偏好结构引入目标规划模型中。而 Hannan(1981)采用简单的分段线性连续函数量化决策者的模糊期望水平，解决了一类带有优先级以及最大化隶属度的模糊目标规划问题。

3) 线性及非线性偏好效用

(1) 线性偏好效用。

Chang (2011,2010)通过构造基于隶属度的线性效用函数来测度决策者的偏好效用。常用的线性效用函数包括简单线性(Yaghoobi and Tamiz，2007；Lai and

---

① 该文献由 Dr.Louise Sommer(美利坚大学)将 Daniel Bernoulli 发表于 1738 年的拉丁文文稿翻译成英文，重新发表在 1954 年的 *Econometrica* 上。

Hwang，1994)、分段线性(Yang and Sen，1996)、S 型线性(Chang，2011，2010)、U 型(Chang and Lin，2009)、三角型(Yashar and Nezam，2014)或梯型(Wen and Li，2014)效用函数等。线性形式的效用函数在优化建模中的求解相对简单，已在多目标群体决策研究中得到成功应用(Ho et al.，2015)。

(2) 非线性偏好效用。

在实际决策中，决策者的偏好不是随着决策意见的改变而呈简单线性递增与递减，而是通常表现为非线性(Yang et al.，1991)的变化趋势，即传统的线性效用函数无法在群体决策问题中准确地描述决策者的主观效用变化。例如，低收入者的工资收入从 300 美元增加到 800 美元，其收入的效用增量将远远高于高收入者工资从 11300 美元增加到 11800 美元的效用增量。在实际决策中，非线性偏好效用能更好地模拟人的行为状态。

(3) 非线性效用函数的应用。

目前，非线性效用函数研究已经成功应用于解决战略选择、双边拍卖、农业经济现象解释等各种与行为、心理相关的决策问题(Jaewoo，2013；Peidro and Vasant，2011；Manser and Brown，1980；Pliskin et al.，1980；Golob and Beckmann，1971)研究中。偏好效用函数的成功应用，为基于决策者偏好效用的共识决策研究提供了借鉴。

4) 共识决策的效用结构研究

在群体共识决策中，当决策个体都对共识的达成发挥重要作用时，也必然期望自己的意见得到足够的重视，自身的价值得到尽可能大的体现。群体共识的达成必须考虑参与决策个体的偏好及效用。事实上，决策偏好结构的引入对群体共识的研究更能真实反映决策者的心理效用偏好特征。基于测度决策者效用水平的目的，Chang 等(2007a，2007b，2007c)构造了大量实用的效用函数。例如，通过使用 S 型罚函数及二元分段线性隶属度函数，来设定多种期望水平，极大地改善了目标规划的效用水平。此外，Aouni 等(2005)引入效用函数大致地描述决策者的意见偏好。Martel 和 Aouni(1996)用基于偏差类型的效用函数描述各决策个体的意见偏好，解决了决策个体难以准确表达自身意见的难题。Yang 和 Sen (1996)通过效用函数，在多目标优化过程中设计出一种能够捕捉决策者偏好信息以及能够寻找最好折中方案的方法。不同的决策情境下，效用函数的构造需要真实地反映决策者的行为。

2. 区间类判断

在语义偏好中，决策者采用预先定义的基础语言评价术语集合(如好、中、差)中的某个元素表达对决策问题的偏好程度。区间判断采用数值范围表达对方案的两两比较偏好；直觉模糊判断 (Atanassov，1999)从隶属度、非隶属度、犹豫度三个方面表达判断的不精确信息，解决了区间判断无法处理决策者在判断过程中的犹豫问题。需要说明的是，为了更符合语言习惯，本书所提到的偏好关系在后面章节中用判断矩阵来替代。

1) 语义偏好

语义偏好(Li et al.，2017；Jin et al.，2016)是决策者表达不确定偏好最直观、最简洁的形式。随着 Facebook、微博、微信等新型社交网络的出现和快速发展，用户发表意见的意愿更加强烈，发表意见的渠道也更加丰富。自然语言中的“好”、“中”、“差”，网络语言中的“赞”、“支持”等直觉型语义偏好(Atanassov，1999)词汇，不但直接明了地表达决策者的意见，而且减少了“由信息技术快速发展带来的参与率低、信任危机等问题，同时又充分利用了其信息多样、沟通实时的优势”。

2) 区间偏好

区间偏好的优势在于能够让决策者更有把握地描述其意见范围：既然很难给出意见的确切值，意见的大致范围总能够描述。更为重要的是，连续型的区间偏好在描述决策个体的意见效用方面有一定的优势。例如，在探究决策个体关于工资收入增长效用函数问题时，决策者的效用及边际效用在低收入区间与高收入区间会截然不同，特别是在引入基于区间偏好的线性隶属度函数和非线性隶属度函数后，更能合理地描述决策者的意见偏好。

3) 直觉模糊偏好

直觉模糊集(Atanassov，1999)采用隶属度、非隶属度、犹豫度三维变量来表达决策者的意见态度，对应于人类对问题认知的肯定、否定及不确定，能较好地模拟人的主观判断思维。尽管直觉模糊偏好与区间模糊偏好在数学形式上类似，但前者是决策者思维的离散型表达，使得常规的共识测度模型在处理直觉模糊偏好信息时更具优势。近十年来，直觉模糊偏好在模拟共识效用、共识测度、信息集成方面取得了大量的研究成果。

4) 犹豫模糊偏好

犹豫模糊集(Torra，2010)提供了一条新的途径来处理问题中涉及一个元素属于一个集合的隶属度有几个可能值的情形。犹豫模糊集作为模糊集的一种推广形式，尤其是当决策者对某个方案满足属性的程度存在犹豫时，犹豫模糊集是非常适合于表达决策者犹豫偏好的工具。

5) 几种区间类偏好的异同

事实上，直觉模糊判断、自然语言判断、犹豫模糊判断在数学意义上是等价的，均属于区间偏好。然而，区间类判断在运算时，存在如下困境：

(1) 仅考虑判断区间的端点值，没有考虑区间内部数值特征，因此仅有区间数据的端点值在参与运算，使得数据处理呈现离散化；

(2) 没有整体性地构建对称位置元素之间的互补关系，破坏了模糊偏好关系(Tanino，1984)互补定义的本质。

(3) 没有考虑区间的分布特征(如正态分布、均匀分布等)，因而没有把区间作为一个整体参与运算，从而导致有效决策信息丢失或出现信息失真问题。

因此，为确保区间的完整性，要求区间数整体参与运算，从而使得判断信息得以完全利用，避免信息失真的情况，就需要一种更合理的工具来有效解决上述三方面的问题。新的解决方案需既能充分表征决策者的不确定判断偏好，又能在运算上整体处理区间数判断。

在传统区间类偏好判断中，决策者给出的判断数值没有可靠的样本，也不具有随机性，仅仅凭借主观经验；虽无法确定判断区间的具体数值，但总能给出区间内决策者判断的大致可能性分布。

例如，判断区间的数值取值是等可能性的，或者越靠近区间数值中间的判断取值可能性越大。这些区间判断的特性与不确定理论中的线性不确定分布或者正态不确定分布吻合。区间数与数学分布(如正态分布、均匀分布)存在高度关联关系，因此总可以通过运算建立二者之间的映射关系。事实上，当决策者通过经验进行两两比较时，采用概率分布(如均匀分布、正态分布等)也能较真实有效地表达其判断的范围。例如，当他/她通过经验确定两两比较值时，大致平均数(均值)和变动幅度(方差)很容易求得。基于上述分析，需要采用一种更合理的偏好形式，准确模拟决策者的主观判断信息并有效解决这些信息的运算问题。

3. 不确定(系统)偏好

1) 不确定系统

不确定理论和概率论都可用于解释现实生活中的非决定性现象，它们是两套完全不同的数学体系。从理论角度看，两个事件同时发生的概率测度等于两事件分别发生的概率测度的乘积；而它们同时发生的不确定测度等于两事件分别发生的不确定测度取小。从实践角度看，概率论主要处理频率的随机现象，而不确定理论主要处理信度的不确定现象。

作为不确定理论的基本概念，Liu(2015)定义了不确定变量，而为了度量不确定变量的大小，他又定义了不确定变量的期望值，并给出了不确定变量的方差、矩和距离等数字特征计算公式。之后，刘保碇团队通过引进不确定分布函数描述了不确定变量，并进一步给出了变量的逆不确定分布定义，同时还证明了测度反演定理(Liu，2010)。为了明晰不确定变量对不确定性大小的度量，Liu(2009a)进而提出了不确定变量的熵的概念。目前，不确定理论体系正在不断完善，包括不确定时间序列分析(Yang and Liu，2019)、不确定罐子问题和埃尔斯伯格实验(Liu，2019)、不确定回归分析(Lio and Liu，2018a；Yao and Liu，2018)、不确定集(Liu，2018；Yao，2018)、不确定规划(Chien et al.，2018；Liu and Yao，2015)、不确定数据包络分析(Lio and Liu，2018b)、不确定图(Li et al.，2018b)等。不确定理论在实际应用中也取得了丰富的成果，如教育出版行业中制造商的印刷预测、再版决策和合同设计(Lee and Liang，2018)、半导体制造业中智能生产非易失性存储器的需求预测(Chen and Chien，2018)、风险管理多元波动模型在香港恒生指数成分股的预测应用(Wei et al.，2018)等。

2) 不确定偏好

在描述区间判断的性质时，采用不确定分布刻画区间判断，既能实现区间整体互补性及一致性，也能将区间判断值作为整体参与不确定运算。因此：

(1) 本书提出一种新的基于不确定理论的区间类偏好关系(即不确定偏好关系)，整体描述其对称位置元素之间的互补性。

(2) 采用不确定分布刻画区间判断，通过构建新的一致性定义实现区间整体互补性及一致性，作为不确定偏好关系最优群体共识建模的约束条件。

(3) 现有文献关于区间偏好关系的结论，实际上是不确定偏好关系决策的一些特例。

3) 不确定偏好共识

共识决策中，不可能实现 100%的意见一致，但总能实现多数人意见的一致；意见约束不可能 100%实现，但约束条件得到满足的概率不小于某一指定数值是可以接受的；也不可能有 100%的把握达成共识，但总能有一定可能性的把握(如 95%的把握)达成共识，即若群体共识以一定信度实现，则这种共识决策更接近实际决策情形。

群体决策中，决策总要在观察到个体偏好(即随机变量)实现之前做出，但需要求约束条件得到满足的概率不小于某一指定数值，上述问题可用机会约束规划解决。机会约束规划起源于 Charnes 和 Cooper(1959)提出的在一定概率意义下达到最优的理论，该理论将问题分为线性和非线性两部分进行求解，从而既能确定最优概率分布，又能根据决策规则逼近最优分布。作为一种随机规划方法，在特定情形下，机会约束规划问题可以转化为等价的确定性数学规划问题，但对于较复杂的大数据情境，则需要利用基于随机模拟的遗传算法(Holland，1992)、蒙特卡罗(Hong et al.，2011)等方法来求解。基于机会约束规划思想，本书在一些章节中采用不确定分布模拟决策主体偏好，同时通过引入不确定机会约束探讨群体共识建模问题。

1.2.2　偏好聚合

通过对群体决策主体偏好关系的有效聚合，可以实现最优的群体决策与方案选择。偏好关系的聚合包括聚合的基本原理、聚合(集结)算子研究。

1. 聚合原理

在获取最优共识的过程中，采用合适的社会选择函数能够较好地聚合决策主体的偏好关系。在社会选择与群体决策领域，折中决策常被用来消除冲突获得最优共识，但该方法并未考虑社会的公平正义("人权宣言"是西方文化的基本支柱)，也未考虑群体内外环境变化下个体、群体心理行为的影响和变化。

1) 基于社会选择函数的共识聚合

西班牙学者 González-Pachón 和 Romero(2016)建议采用不同的社会选择函数(阿马蒂亚，2010；Arrow，1963)模拟与公平正义相关的三大伦理：①自由。对应的社会选择函数是从大多数人的利益角度提供最满意的社会优化方案。约翰·斯图亚特·密尔(John Stuart Mill)(Ashcraft，1998；Mill，1869)、杰瑞米·边沁(Jeremy Bentham) (Bentham，1948)以功利主义为道德伦理标准，通过最大化所有社会成员的福利总和来实现社会福利最大化；功利主义鼓励每个人为了自己的利益去自由竞争，其必然结果是优胜劣汰、两极分化。②平等。对应的社会选择函数是允许确定社会分配的最大权益。马克思(Karl Heinrich Marx)主义者(Avineri，1968)从政治、经济以及人权等角度出发，在所有社会成员之间平均分配全部福利，旨在提供最大的公平。③博爱。对应的社会选择函数与极小极大原理类似，旨在帮助最劣势的个人实现福利最大化。约翰·罗尔斯(John Bordley Rawls) (Rawls，1973)以洛克、卢梭和康德的社会契约论为基础，将三大伦理统一体现在社会选择的公平正义中。

基于上述原理，在不确定偏好关系群体决策中，引入信度及不确定测度，可以体现三种社会选择函数，同时通过不同参数的引入，可以获取三种社会选择函数的不同组合，进而模拟不同信度情形下的共识聚合情形。

2) 基于群体心理行为的共识聚合

决策群体在现实世界中的决策偏好并不是稳定不变的，往往易受内外环境及个体、群体行为的影响。行为经济学家泰勒(Kahneman et al.，1986；Thaler and Shefrin，1981；Thaler，1980)通过科学实验，论证了有限理性、社会偏好和自我控制等各种人格特质会影响个体决策行为，从而导致市场结果发生变化。类似地，决策方案的内容及呈现方式(Hsee et al.，2004)，特别是信息的数量、质量及传递方式(Wong and Kwong，2005)，决策情境的时间压力(柯青松，2009)、模糊程度(张凤华，2009)，决策群体性别(Bateman et al.，2002)、年龄(Harbaugh et al.，2002)、情绪(Lauriola et al.，2005)、知识水平(Bao et al.，2019)等因素也都被证明会影响偏好的变化。

群体现象/效应/心理理论对群体决策的偏好集结影响深刻，例如：①社会促进/抑制(social facilitation/inhibition)效应(Latané et al.，1979；Zajonc，1965)指因为他人在场，促进或降低了个体的行为能力或水平。社会心理学家发现，当个体从事的活动其熟练的成分占优势时，个体活动效率提高；反之，如果不熟练的成分占优势，则表现为个体活动效率降低。该现象可体现为决策个体因对群体决策问题的把握程度不同而造成初始决策偏好各异(乐观、中立、悲观)。②社会懈怠(social loafing) (Harkins，1987；Williams et al.，1981；Latané et al.，1979)指在团体中由于个体成绩没有被单独加以评价，而是被看成一个整体，所引发的个体努力水平下降的现象。一方面该现象可表现为当群体决策进入反馈调节阶段时，子群体内的个体因责任扩散而抑制最优共识的达成，另一方面上述现象也可协助群体通过设计更好的激励或协调手段促进共识达成。③从众(conformity) (Bernheim，1994)是指群体成员在群体压力下其行为或信念上的改变及其伴随的行为方式。其中，群体的压力可能是明确的，也可能是含糊的。明确的压力指如果个体不从众，群体就会采取威胁或惩罚等进一步的行为；含糊的或想象的群体压力指个体认为如果他不从众的话，那么群体可能会惩罚他，即使群体实际上并没有威胁或惩罚他。上述现象可表现为决策个体无法真实表现偏好，使得群体达成“虚假共识”。④“激励相容”机制(Hurwicz，1972，1960)指在市场经济中，每个理性人都会有自利行为，若存在一种制度安排，使个体在追求个人利益的同时，也正好与实现集体价值最大化的目标相吻合，此时，这一制度安排即“激励相容”。在群体决策中，一般可以通过正、负激励措施来鼓励、强制决策者改变其原始偏好，从而促进共识达成。上述群体思维能帮助我们针对不同的决策情境对不同决策群体的心理偏好进行更切实际的剖析和刻画，从而更精准地加以描述，同时，上述群体心理理论也可在一定程度上解释不同阶段个体偏好发生改变的可能原因。

2. 聚合算子

聚合函数及算子的选择对群体决策中偏好信息的集结至关重要(较早的偏好聚合理论(Dyer and Sarin，1979)发表在 1979 年的 *Management Science* 上)。判断一个聚合算子的优劣标准是：①是否简单易行；②决策信息是否充分利用；③是否帕累托最优；④是否满足 Arrow 的不可能定理的 5 个条件。事实上，虽然目前尚未有一种方法能完全满足 Arrow 的不可能定理(Arrow，1963)，但这也恰恰为偏好信息聚合理论的发展带来了机遇：①常规方法包括最简单的算术平均、几何平均、算术加权平均、几何加权平均、对数加权平均等(Matsatsinis and Samaras，2001)；②非线性最优化方法(Elsner and Driessche，2010；Yuen，2010；Hovanov et al.，2008；Wang et al.，2007)的基本思想包括设定最优决策目标，从距离角度(如最小二乘、对数最小二乘)、相关性角度(如余弦函数、相关系数)、矩阵角度分析极大代数、最大最小算子、特征向量等研究个体偏好与客观偏好之间的距离、相似性及相关性，构建最优化模型；③OWA 系列算子(Yager，2004)，主要从决策信息位置的相对重要性角度集结个体偏好；④上述方法的组合。

1.2.3　集体理性度量

本部分内容分为偏好一致性及群体一致性评述。

1. 偏好一致性

一致性要求决策者在最终决策方案产生前就所讨论的问题达成一致。这种一致并不是在所有问题上都要实现每个人的完全同意。共识决策真正的目标并不是全体一致，而是使每个人在逻辑基础上接受一种观点，当个人能够理解并接受不同观点的逻辑时，即认为达成一致 (郎淳刚等，2005)。

个体一致性是评价决策者判断思维是否符合逻辑以及能否获得方案相对合理排序的前提，同时也是共识收敛研究的基础。一致性定义最早源于 1～9 标度的互反偏好关系研究(Saaty，1978)；1984 年，基于 0-1 模糊标度，Tanino (1984) 提出了模糊偏好关系中加性一致性和乘性一致性的相关概念，成为后期各类偏好一致性研究的理论基础(Liu et al.，2018；Wang，2018)。为了避免不兼容，同时区别于因直接丢弃含缺失值的决策信息所导致的信息失真：①一致性指标可有效解决群体决策中决策主体偏好信息的稀疏问题(Ureña et al.，2015；Alonso et al.，2010；Genç et al.，2010)。目前，一致性领域涉及的区间类偏好包括区间模糊偏好(Meng et al.，2017；Xu，2011)、区间直觉模糊偏好(Wan et al.，2018；Wan et al.，2017)、区间犹豫模糊语义偏好(Li et al.，2018a；Tang and Meng，2018)、三角模糊互反偏好 (Liu et al.，2014a，2014b)等。②一致性指标还可促进群体意见的收敛(Ureña et al.，2019；Wu and Xu，2018)，由于共识度的追求易破坏决策个体的偏好一致性，为了寻求二者的平衡，Wan 等(2018)和 Wu 等(2019)分别基于马尔可夫和多阶段优化理论提出了兼顾个体一致性和共识测度的群体决策共识模型。随着网络技术的飞速发展，以参与者数量多、偏好信息复杂异质为显著特征的大群体决策(Wu and Xu，2018)和社会化网络决策(Peláez et al.，2019；Ureña et al.，2019)中的一致性及共识性问题已成为当下国内外学术界的热点(Li et al.，2019)。

2. 群体一致性

决策群体中的个体通过相互间协同与妥协过程，达成群体共识。群体的一致性(共识)研究作用在于：①获得整体决策方案(属性)排序；②评价决策群体的决策能力；③度量群体共识度、识别意见分歧以及意见收敛调控；④(利用组合集结决策)检验集结算子构造的优劣。群体一致性建模理论主要包括：①群体共识测度研究；②群体共识建模；③群集结算子理论；④扰动分析。

1.3　不完全信息群体决策

不完全信息理论来源于西蒙(Simon，1977)等经济学家的“有限理论”。不完全信息理论在主流经济学、管理科学领域中具有独特的魅力，也赋予不完全信息群体决策丰富的内涵。

1. 不完全信息的发展

1) 不完全信息与经济学

在经济学领域，不完全信息是指市场参与者不拥有某种经济环境状态的全部知识。西蒙将不完全信息引入经济学；新凯恩斯学派(王健，2004)认为，不完全信息经济比完全信息经济更加具有现实性。

2) 不完全信息与博弈论

1970 年以后，由于在不完全信息条件下的经济分析中表现出的特别魅力，博弈论(张维迎，2004)进入主流经济学体系，不完全信息是指对其他参与人或者所有人的特征、策略空间及收益函数信息了解不够准确的信息。

3) 不完全信息与多属性决策

1965 年数学家 Fishburn (1965)提出不完全信息多属性决策问题。Park 等(2001)又将属性权重不完全信息、边际效用值分为五种不同的形式。近年来，不完全信息条件下群体决策是群体决策领域研究的新热点。

2. 不完全信息群体决策的内涵

1) 群体决策中不完全信息产生的原因(宏观表现)

群体决策中不完全信息产生的原因如下：

(1) 社会分工专业化。信息经济时代，分工的演化导致信息分散在不同专业，决策者所拥有的信息相对于全社会的知识越来越少。

(2) 有限理性(Simon，1977；Arrow，1963)。人们在复杂不确定的环境交易越多，信息也越不完全，人对环境的计算和认识能力有限，不可能无所不知。

(3) 不确定性。不确定性(这个不确定性与前面提到的不确定系统有本质区别)由人类决策交互作用产生，决策互动的后果也可能产生根本的不确定性。

2) 群体决策中不完全信息的内涵(微观分析)

群体决策中不完全信息的内涵如下：

(1) 区间型知识本身的不确定造成的不完全，即模糊知识、灰知识等本身就是信息不完全的一种表现。

(2) 数据的不完全，即决策数据会有残缺。

(3) 决策参数的不完全，即 Fishburn 等的不完全多属性决策的概念。

(4) 知识推理的不完全，即个体思维表现为非一致性，群体决策表现为非共识性。

(5) 信息集结的不完全，即群体信息集结算子未能充分利用所有决策信息、信息处理会有扭曲。

(6) 最优决策方案的不完全，即决策方案多数情况下得到的是满意解而非最优解，正如西蒙(Simon，1977)所言，人们在决策过程中寻找的并不是“最大”或“最优”的标准，而只是“满意”的标准(龚本刚等，2007；廖貅武等，2007；何亚群和胡寿松，2004；陈守煜等，2002；王文平，1996；华中生和屠仁寿，1994)。

1.4　社会网络下基于不确定系统的信任研究

社会网络普遍存在于公众的衣食住行等日常生活中，其有诸多表现形式，如社交网站、电子商务网站或在线博客等。社会网络经由各种社会关系，把原为偶然相识的泛泛之交、紧密结合的家庭关系等结合成一个大群体。

1.4.1　社会网络定义及影响因素

Barnes (1954)将社会网络描述为一个连接图，其中“节点”代表网络中的实体，“边”代表它们之间的依赖关系。实体可以是个体、团体、组织或者政府机构，边可以表示交互、邀请、交易或者类似关系。Mitchell (1969)做出了进一步解释，他认为社会网络包括正式和非正式两种形式，并将前期的定义扩展为“特定的个人之间的一组独特的联系”。目前，学界普遍接受的社会网络的定义为基于个体或组织之间的复杂联系和这些个体及组织的集合，同时网络的结构、规模等将限制资源的流动和分配。

大规模的社会网络以节点(社会群体)基数庞大、节点间关系复杂为主要特征，其中，针对社会网络节点及其相互关系的研究主要聚焦于社会网络的强度、结构等方面。Granovetter (1973)首次提出了关系强度的概念，他认为社会网络的强度取决于行动者或网络成员的异质性，异质性越大，社会网络在获取信息方面的作用就越强。Lin 等(1981)指出个人在网络中的位置或社会地位将直接决定其拥有的社会资源的数量和质量。在社会网络中，个人对社会资源控制和汲取的能力呈金字塔状分布，处在或接近金字塔顶端的个人，往往获取信息和汲取资源的能力最强。区别于有些文献(Lin et al.，1981；Granovetter，1973)，Burt (2009)在《结构洞：竞争的社会结构》一书中认为：在社会网络中，个人关系强弱与其拥有的社会资源多寡无直接联系，而与社会网络是非剩余的(网络结构不均等)还是重复的

(直接联系人较多)息息相关；Coleman (1994)和 Putnam 等(1994)认为社会网络作为社会资本的一项重要内容，它是人与人之间因交互而形成的相对稳定的关联体系，同时因具有一般资本或资源的属性，网络的规模或大或小也直接依赖于个人所拥有的社会资源的数量。

1.4.2 基于社会网络的共识决策

20 世纪 50 年代至今，基于社会网络影响的群体决策问题(包含信息偏好、人际影响效应以及共识意见收敛)一直深受学术界的广泛关注。1956 年 French(1956)将社会影响力理论引入人际网络，并简单构建了意见收敛模型，Harary(1959)和 Degroot (1974)利用马尔可夫链将 French 的模型拓展至更一般的形式。早期的研究都只描述了小组共识的达成，没有充分说明意见的分歧。为了解决这一问题，Friedkin 和 Johnsen (1990)将社会心理学与意见形成以及网络效应相结合，通过构建社会化影响网络理论的数学模型，将时间、人际关系流作用(包含直接、间接关系)等因素纳入共识收敛问题。Dong 等(2017)基于动态意见发展了共识建立过程，而 Kamis 等(2018)和 Liang 等(2017)基于专家偏好社会化影响网络，提出了共识群体决策模型。

由于社会网络的蓬勃发展和社交网络用户数量的激增，节点用户信息冗余或过载、网络中的人际关系因缺乏信任而不可靠等问题凸显，从而造成社会网络的决策质量下降、决策效率降低。事实上，用户之间彼此信任是联盟形成的基础：信任既可以识别网络中有影响力的节点，又可以追踪信息在社会网络中的流动过程；通过信任测度，节点可以决定是否相信接收到的信息，并决定是否将其传播。只有依靠稳健可靠的信任关系，社会网络才能为用户提供深层次的合作与交流，才能有效地吸引更多的用户，促进社会网络共识意见的高效收敛。因此，信任研究是社会网络研究的前提条件。

1. 信任的定义

社会学、心理学、概率论等各学科均认为信任是带有主观特性的可能性期望。从社会学维度，Gambetta (2000)指出若某个人是可信的，则将显著提高与其合作的可能性，郭云南等(2015)发现因为社会网络在获取信息、汲取和控制资源等方面的优势，所以对研究个人行为在风险承担、金融投资、迁移就业等领域具有巨大的意义。从心理学维度看，卢曼(2005)认为信任属于内心活动，是对产生风险的外部条件的一种纯粹的内心估计；从概率论维度看，信任是主体对客体特定行为的主观可能性预期，取决于主体所掌握的经验，并随着客体行为的结果变化而不断修正；Dasgupta(2000)定义信任为事先期望一个实体执行特定动作的主观可能性程度。这个定义隐含了实体可以有一定概率的错误，但其必须要维持在一个较低的水平，这样才能保证整个系统在复杂的环境下可靠运行。上述关于信任的内涵可概括为：信任与人们的交往活动密切相关，受社会结构、制度和文化规范的影响，是在不确定情况下对未来的预期和把握。事实上，信任测度作为社会信任网络的构建基础，对评估实体信任度、建立信任评估机制、保障社会网络稳定运行等具有现实意义。

2. 信任测度建模

信任测度研究主要从概率统计、模糊分析、云模型与机器学习等角度(Deng et al.，2014；Liu et al.，2014)展开。基于贝叶斯的信任评估方法是指用贝叶斯网络描述实体信任因素，根据历史信息通过概率密度函数的统计更新信任值，从而整合度量实体可信度。但是基于贝叶斯等概率统计方法(Raj and Babu，2017；Teacy et al.，2012)的信任模型不能处理实体信任的主观模糊性，因此基于模糊分析(Wu et al.，2016；Gong et al.，2015a)的信任评估方法成为信任建模的重要工具之一。因区间模糊理论、直觉模糊理论能更细腻合理地反映客观事物的主观模糊性，所以能较好地刻画实体信任关系的变化情况，从而使构建的模型更接近复杂不确定的实际场景。随着数据量和社会网络复杂程度的增加，传统的建模方法在模型求解方面愈发困难，机器学习(Ghavipour and Meybodi，2018；Wu et al.，2015b)专门研究了计算机怎样模拟或实现人类行为，基于机器学习的启发式信任传播算法能够有效改善传统模型求解方面的不足。但上述进展仍然无法解决社会网络中信任关系的不确定性问题。

3. 基于不确定系统的信任研究

概率论是研究频率的数学工具，使用概率统计或模糊分析等传统方法研究信任关系时，常会因缺乏有效数据而陷入信任样本分布确定困难、信任判断过于主观的困境。具体而言，社会网络影响扩散序贯决策优化研究指出(Ni，2017；Ni et al.，2010)：①信任关系呈主观特征，其度量缺乏样本，很难估计其分布函数，导致传统概率论不再适用；②信任关系常呈现动态特征，采用固定的模糊隶属度函数无法准确描述；③信任关系呈现非稳定特征，社会网络中时常发生的一些突发事件，使历史数据不能代表未来走势，因此无法通过历史数据得到概率分布。显然，为了更真实地反映社会网络中的信任关系，需要决策群体对未来进行预测，并给出每种预测的信度。综上所述，在社会网络信任分析中，用概率或模糊理论描述缺乏历史数据或依赖于专家经验数据的非决定性现象有一定的局限性。不确定理论可以充分表征信任关系，结合社会网络不确定特性，不确定理论可以为社会网络信任研究提供全新的视角。

4. 基于信任关系的信息完善与共识达成

于最基本的层面而言，共识只是一种让一个多样化团体在不发生冲突的情况下做出决策的方法。所以，意见冲突与不一致性是共识决策固有的特征，而冲突与不一致性主要来源于成员的偏好差异和信息的稀疏性(朱佳俊和郑建国，2009)。稀疏(不完全)信息源于决策者对决策环境状态的知识部分掌握或未掌握，其相关研究包括缺失信息产生原因、补充方法、填补机理及实际应用。例如，针对稀疏信息，Chatterjee 和 Samuelson(1983)构建了双边垄断谈判模型，而 Harsanyi (1967)则提出了不完全信息博弈分析理论。通常，不完全信息的产生涉及内外两方面原因。具体而言，外因指由于决策环境本身缺乏数据或受时间压力胁迫导致信息无法集齐，或者因决策环境具有无形或非货币性特征而无法度量；内因包括决策者对解决的问题缺乏同等领域的专业知识(Ramanathan and Ganesh，1994)、注意力和信息处理能力有限(Kim and Ahn，1999)以及偏好无法通过概率分布等形式精确估计和表达(Weber，1987)。由于稀疏信息的普遍性，补全缺失信息成为共识达成需解决的首要问题。一般地，结构性数据的缺失可通过模糊偏好关系中的一致性原理补全(Khalid and Beg，2016；Zhang，2016；Zhu and Xu，2014；Liu et al.，2012；Herrera-Viedma et al.，2007)；拓扑结构中信任关系的缺失，可借鉴社会网络中的点-线原理生成(Capuano et al.，2018；Wu et al.，2015a；Mousset，2009)；当然，也可将一致性和社会网络相结合，来补充稀疏信息(Liang et al.，2017；Chen et al.，2015；Yang and Wang，2013)。完整的信息对于群体决策的进行十分重要。因此，在不确定偏好关系论域下，稀疏信息的生成规则研究对群体决策共识结果的产生具有重要意义。

1.5　章节安排

本书着重研究各类不确定判断矩阵如区间模糊判断矩阵、直觉模糊判断矩阵、犹豫模糊判断矩阵、不确定判断矩阵及其在群体共识中的应用问题。其中，不确定判断矩阵几乎是现有判断矩阵最一般的形式。本书各章安排如下，第 2 章预备知识部分介绍模糊判断矩阵及其拓展矩阵如区间模糊判断矩阵、直觉模糊判断矩阵的基本定义及其相应的一致性定义。第 3～5 章是带有随机机会约束的成本共识建模及求解问题。第 6～9 章主要介绍直觉模糊判断矩阵及其效用函数、随机规划、不确定规划方法求解问题。第 10 章是考虑随机分布的多元判断矩阵群体决策研究问题。第 11～13 章是不确定判断矩阵的定义、线性不确定判断矩阵排序及不完全信息线性不确定判断矩阵排序建模问题。作为第 15 章及第 16 章的基础，第 14 章给出了最大信度的加性一致性不确定判断矩阵的构造，并在后续两章研究了不确定判断矩阵的社交网络共识决策问题。本书的最后一章是案例分析，将服从随机分布的多约束成本共识和基于效用函数的直觉模糊偏好关系排序两类模型应用于城市拆迁问题和全国供应商选择问题。

第2章　预备知识

本章主要介绍模糊判断矩阵及其拓展矩阵如区间模糊判断矩阵、直觉模糊判断矩阵的基本定义和其相应的一致性定义，以及满足一致性的判断矩阵排序向量与其元素之间的关系。由于后面章节中将继续对区间形式的判断偏好数值进行研讨并将区间形式延拓为随机分布及不确定分布形式，因此本章还简单回顾几种特殊的随机分布及不确定分布形式；同时给出随机及不确定机会规划模型的一些基本参数及其等价形式，作为后续章节分析的理论基础。

2.1　模糊判断矩阵及其拓展矩阵

定义 2-1 (Friedkin and Johnsen, 1990)　对论域(研究的范围) U 中的任一元素 x，都有一个数 $A(x)\in[0,1]$ 与之对应，则称 A 为 U 上的模糊集，$A(x)$ 称为 x 对 A 的隶属度。当 x 在 U 中变动时，$A(x)$ 就是一个函数。隶属度 $A(x)$ 越接近于 1 表示 x 属于 A 的程度越高，$A(x)$ 越接近于 0 表示 x 属于 A 的程度越低。

定义 2-2 (Friedkin and Johnsen，1990)　判断矩阵。

令 $N=\{1,2,\cdots,n\}$，$X=\{x_1,x_2,\cdots,x_n\}$ 为方案集。针对某个决策准则，决策专家根据自己的经验、知识对方案集 X 中的任意两个方案 x_i 与 $x_j(i,j\in N)$ 进行两两比较判断，构造如下形式的判断矩阵：

$$R=(r_{ij})_{n\times n}=\begin{pmatrix} r_{11} & r_{12} & \cdots & r_{1n} \\ r_{21} & r_{22} & \cdots & r_{2n} \\ \vdots & \vdots & & \vdots \\ r_{n1} & r_{n2} & \cdots & r_{nn} \end{pmatrix}$$

其中，r_{ij} 表示方案 x_i 相对于方案 $x_j\left(i,j\in N\right)$ 的重要(优或劣等)程度。

定义 2-3　模糊判断矩阵。

如果非负矩阵 $R=(r_{ij})_{n\times n}$ 满足 $r_{ii}=0.5$，$r_{ij}+r_{ji}=1$，$r_{ij}>0$，$i,j\in N$，$i\neq j$，则称 R 为(干脆数)模糊判断矩阵(Friedkin and Johnsen，1990)。

判断元素 r_{ij} 表示方案 x_i 优于方案 x_j 的隶属度。$r_{ij}=0.5$ 表示方案 x_i 与方案 x_j 之间没有差异；$r_{ij}>0.5$ 表示方案 x_i 优于方案 x_j；$r_{ij}<0.5$ 表示方案 x_j 优于方案 x_i。

在模糊判断矩阵中，决策元素用一个方案优于另一个方案的隶属度来表达，且元素取值范围均在[0,1]内。

定义 2-4　区间模糊判断矩阵。

如果非负矩阵 $\bar{R}=(\bar{r}_{ij})_{n\times n}=\left(\left[r_{ij}^{L},r_{ij}^{U}\right]\right)_{n\times n}$ 满足 $\bar{r}_{ii}=[0.5,0.5]$，$r_{ij}^{L}+r_{ji}^{U}=r_{ij}^{U}+r_{ji}^{L}=1, i, j\in N$，则称 $\bar{R}$ 为区间模糊偏好关系矩阵。

在区间模糊偏好关系矩阵 $\bar{R}$ 中，$\bar{r}_{ij}=\left[r_{ij}^{L},r_{ij}^{U}\right]$ 表示备选方案 x_i 优于备选方案 x_j 的区间范围。$\bar{r}_{ij}=[0.5,0.5]$ 表示备选方案 x_i 与备选方案 x_j 之间没有优劣差异；$\bar{r}_{ij}>[0.5,0.5]$ 表示备选方案 x_i 优于备选方案 x_j；$\bar{r}_{ij}<[0.5,0.5]$ 表示备选方案 x_j 优于备选方案 x_i。

若区间模糊判断矩阵不具有随机分布特征，则可视区间模糊判断矩阵为一个确定的数值。设 $\bar{R}=(\bar{r}_{ij})_{n\times n}$ 为区间模糊判断矩阵，假定 $\bar{r}_{ij}$ 为某一确定的数，本书引入参数 $\theta_{ij}(0\leqslant\theta_{ij}\leqslant1)$ 来表示其确定数值的表达形式，则 $\bar{r}_{ij}$ 在区间[0,1]上的每一个取值，可对应 $\bar{r}_{ij}=\left[r_{ij}^{L},r_{ij}^{U}\right]$ 的一个确定值，即 $\bar{r}_{ij}=\left[r_{ij}^{L},r_{ij}^{U}\right]=\theta_{ij}r_{ij}^{L}+(1-\theta_{ij})r_{ij}^{U}$，其中 $0\leqslant\theta_{ij}\leqslant1$。这样区间模糊判断矩阵可以转化为确定性模糊判断矩阵。

直觉模糊数讨论的是决策者对决策方案的两两比较判断值，通常采用隶属度、非隶属度、犹豫度表达对决策方案的肯定、否定、犹豫三方面信息(Atanassov，1999)。与区间判断相比，直觉模糊判断矩阵更符合决策者实际决策情况，表达不确定判断的能力也更强。

定义 2-5 (Gong et al.，2009)　直觉模糊偏好关系。

称 $R=\left\{\left\langle(x_i,x_j),\mu_R(x_i,x_j),\nu_R(x_i,x_j)\right\rangle\middle|(x_i,x_j)\in X\times X\right\}$ 为 X 上的一个直觉模糊偏好关系，其中 $\mu_R:X\times X\in[0,1],\ \nu_R:X\times X\in[0,1]$，$\mu_R:X\times X$ 表示 x_i 优于(劣于) x_j 的程度，$\nu_R:X\times X$ 表示 x_i 不优于(不劣于) x_j 的程度，且 $0\leqslant\mu_R(x_i,x_j)+\nu_R(x_i,x_j)\leqslant1$ 成立。

定义 2-6 (Gong et al.，2009)　直觉模糊判断矩阵。

令 R 表示为 X 上的一个直觉模糊偏好关系。如果对于任意的 $i,j\in N$，$\mu_{ij}=\mu_R(x_i,x_j),\ \nu_{ij}=\nu_R(x_i,x_j)$，都有

$$r_{ii}=(0.5,0.5,0),\quad \mu_{ij}=\nu_{ji},\quad \nu_{ij}=\mu_{ji},\quad \pi_{ij}=\pi_{ji},\quad \mu_{ij}+\nu_{ij}+\pi_{ij}=1$$

则称

$$R=\begin{pmatrix} (\mu_{11},\nu_{11},\pi_{11}) & (\mu_{12},\nu_{12},\pi_{12}) & \cdots & (\mu_{1n},\nu_{1n},\pi_{1n}) \\ (\mu_{21},\nu_{21},\pi_{21}) & (\mu_{22},\nu_{22},\pi_{22}) & \cdots & (\mu_{2n},\nu_{2n},\pi_{2n}) \\ \vdots & \vdots & & \vdots \\ (\mu_{n1},\nu_{n1},\pi_{n1}) & (\mu_{n2},\nu_{n2},\pi_{n2}) & \cdots & (\mu_{nn},\nu_{nn},\pi_{nn}) \end{pmatrix}$$

为直觉模糊判断矩阵。其中 μ_{ij} 表示 x_i 优于 x_j 的隶属度，ν_{ij} 表示 x_i 优于 x_j 的非隶属度，直觉模糊犹豫指数 π_{ij} 越大，则 x_i 优于(劣于) x_j 的犹豫程度越大，事实上，这个犹豫指数是一个“调节器”，决策者可以通过增减犹豫指数来修正自己的判断。这实际上意味着决策者的隶属度判断与非隶属度判断包含于区间 $[\mu_{ij},\mu_{ij}+\pi_{ij}]$ 与 $[\nu_{ij},\nu_{ij}+\pi_{ij}]$ 中。

因此，直觉模糊判断矩阵 R 可以等价转化为隶属度区间模糊判断矩阵 A 以及非隶属度区间模糊判断矩阵 B：

$$A=(a_{ij})_{n\times n}=[a_{ijl},a_{iju}]_{n\times n}=\begin{pmatrix} (\mu_{11},\mu_{11}+\pi_{11}) & (\mu_{12},\mu_{12}+\pi_{12}) & \cdots & (\mu_{1n},\mu_{1n}+\pi_{1n}) \\ (\mu_{21},\mu_{21}+\pi_{21}) & (\mu_{22},\mu_{22}+\pi_{22}) & \cdots & (\mu_{2n},\mu_{2n}+\pi_{2n}) \\ \vdots & \vdots & & \vdots \\ (\mu_{n1},\mu_{n1}+\pi_{n1}) & (\mu_{n2},\mu_{n2}+\pi_{n2}) & \cdots & (\mu_{nn},\mu_{nn}+\pi_{nn}) \end{pmatrix}$$

$$B=(b_{ij})_{n\times n}=[b_{ijl},b_{iju}]_{n\times n}=\begin{pmatrix} (\nu_{11},\nu_{11}+\pi_{11}) & (\nu_{12},\nu_{12}+\pi_{12}) & \cdots & (\nu_{1n},\nu_{1n}+\pi_{1n}) \\ (\nu_{21},\nu_{21}+\pi_{21}) & (\nu_{22},\nu_{22}+\pi_{22}) & \cdots & (\nu_{2n},\nu_{2n}+\pi_{2n}) \\ \vdots & \vdots & & \vdots \\ (\nu_{n1},\nu_{n1}+\pi_{n1}) & (\nu_{n2},\nu_{n2}+\pi_{n2}) & \cdots & (\nu_{nn},\nu_{nn}+\pi_{nn}) \end{pmatrix}$$

易得

$$\begin{aligned} &[\mu_{ii},\mu_{ii}+\pi_{ii}]=[0.5,0.5], \quad \mu_{ij}+(\mu_{ji}+\pi_{ji})=(\mu_{ij}+\pi_{ij})+\mu_{ji}=1, \quad i,j\in N \\ &[\nu_{ii},\nu_{ii}+\pi_{ii}]=[0.5,0.5], \quad \nu_{ij}+(\nu_{ji}+\pi_{ji})=(\nu_{ij}+\pi_{ij})+\nu_{ji}=1, \quad i,j\in N \end{aligned} \tag{2-1}$$

说明矩阵 A 与 B 均为区间模糊判断矩阵。因此，本书后文中对区间模糊判断矩阵 R 的相关讨论就可以转化为对其等价矩阵 A 与 B 的讨论。显然

$$a_{ijl}+b_{iju}=1, \quad b_{ijl}+a_{iju}=1 \tag{2-2}$$

2.2　模糊判断矩阵及其拓展矩阵的一致性

Tanino(1984)对模糊判断矩阵 $R=(r_{ij})_{n\times n}$ 的乘性一致性、加性一致性进行了定义。

定义 2-7 (Tanino，1984)　若模糊判断矩阵 R 中的元素满足如下关系：

$$r_{ik}r_{kj}r_{ji}=r_{ki}r_{jk}r_{ij},\quad k\in N$$

则称矩阵 R 中的元素满足乘性一致性。元素满足乘性一致性的矩阵 R 称为乘性一致性模糊判断矩阵。

定义 2-8 (Tanino，1984) 若模糊判断矩阵 R 中的元素满足如下关系：

$$r_{ij}+r_{jk}+r_{ki}=1.5,\quad k\in N$$

则称矩阵 R 中的元素满足加性一致性。元素满足加性一致性的矩阵 R 称为加性一致性模糊判断矩阵。

性质 2-1 及性质 2-2 给出了满足乘性一致性、加性一致性的模糊判断矩阵的排序向量与其元素之间的关系性质。

性质 2-1 (Tanino，1984) 乘性一致性模糊判断矩阵的排序向量与元素之间的关系。

设 $\omega=(\omega_1,\omega_2,\cdots,\omega_n)^{\mathrm{T}}$ 为方案集 $X=(x_1,x_2,\cdots,x_n)$ 的权向量，若模糊判断矩阵 R 满足乘性一致性，则一致性偏好 $r_{ij}(i,j\in N)$ 可以通过关系

$$r_{ij}=\frac{\omega_i}{\omega_i+\omega_j},\quad i,j\in N$$

获得，其中 ω_i 满足 $\sum_{i=1}^{n}\omega_i=1,\omega_i>0,i\in N$ 。

性质 2-2 (Tanino，1984) 加性一致性模糊判断矩阵的排序向量与元素之间的关系。

设 $\omega=(\omega_1,\omega_2,\cdots,\omega_n)^{\mathrm{T}}$ 为方案集 $X=(x_1,x_2,\cdots,x_n)$ 的权向量，若模糊判断矩阵 R 满足加性一致性，则一致性偏好 $r_{ij}(i,j\in N)$ 可以通过关系

$$r_{ij}=\frac{\omega_i-\omega_j+1}{2}$$

获得，其中 ω_i 满足 $\sum_{i=1}^{n}\omega_i=1$ ， $\omega_i>0$ ， $i\in N$ 。

因此，区间模糊偏好关系矩阵加性一致性及乘性一致性定义可以类似于模糊偏好关系矩阵一致性进行等价定义，下面直接给出区间模糊判断矩阵元素与其权向量的关系。

性质 2-3 乘性一致性区间模糊判断矩阵的排序向量与元素之间的关系。

设 $\bar{\omega}=(\bar{\omega}_1,\bar{\omega}_2,\cdots,\bar{\omega}_n)^{\mathrm{T}}$ 为方案集 $X=(x_1,x_2,\cdots,x_n)$ 的权向量，若模糊偏好关系矩阵 R 满足乘性一致性，则一致性偏好 $\bar{r}_{ij}(i,j\in N)$ 可以通过关系

$$\bar{r}_{ij} = \frac{\bar{\omega}_i}{\bar{\omega}_i + \bar{\omega}_j}$$

即

$$[r_{ij}^-, r_{ij}^+] = \begin{cases} [0.5, 0.5], & i = j \\ \left[\dfrac{\omega_i^-}{\omega_i^- + \omega_i^+}, \dfrac{\omega_i^+}{\omega_i^- + \omega_i^+}\right], & i \neq j \end{cases}$$

获得，其中 $\bar{\omega}_i$ 满足 $\sum_{i=1}^{n} \bar{\omega}_i = 1, \bar{\omega}_i > 0, i \in N$ ， $\bar{r}_{ij} = \theta_{ij} r_{ij}^L + (1-\theta_{ij}) r_{ij}^U$， $0 \leqslant \theta_{ij} \leqslant 1$ 。

性质 2-4 加性一致性区间模糊判断矩阵的排序向量与元素之间的关系。

设 $\bar{\omega} = (\bar{\omega}_1, \bar{\omega}_2, \cdots, \bar{\omega}_n)^{\mathrm{T}}$ 为方案集 $X = (x_1, x_2, \cdots, x_n)$ 的权向量，若模糊偏好关系矩阵 R 满足加性一致性，则一致性偏好 $\bar{r}_{ij}\,(i, j \in N)$ 可以通过关系

$$\bar{r}_{ij} = \frac{\bar{\omega}_i - \bar{\omega}_j + 1}{2}$$

即

$$[r_{ij}^-, r_{ij}^+] = \begin{cases} [0.5, 0.5], & i = j \\ [0.5(\omega_i^- - \omega_i^+ + 1), 0.5(\omega_i^+ - \omega_i^- + 1)], & i \neq j \end{cases}$$

获得，其中 $\bar{\omega}_i$ 满足 $\sum_{i=1}^{n} \bar{\omega}_i = 1, \bar{\omega}_i > 0, i \in N$ ， $\bar{r}_{ij} = \theta_{ij} r_{ij}^L + (1-\theta_{ij}) r_{ij}^U$ ， $0 \leqslant \theta_{ij} \leqslant 1$ 。

2.3 随机变量与不确定变量

2.3.1 均匀分布

定义 2-9 (Liu，2010) 假设某连续型随机变量 x 的分布函数如下：

$$\Phi(x) = \begin{cases} 0, & x < a \\ \dfrac{x-a}{b-a}, & a \leqslant x < b \\ 1, & x \geqslant b \end{cases} \tag{2-3}$$

其中， a、b 均为确定数且 $a < b$ 。则称 ξ 服从区间[a, b]上的均匀分布，表示为 $x \sim U(a,b)$ 。

2.3.2 正态分布

定义 2-10 (Liu，2010) 假设某连续型随机变量 x 的分布函数如下：

$$\Phi(x) = \frac{1}{\sqrt{2\pi}} \int_{-\infty}^{x} \exp\left(-\frac{(t-\mu)^2}{2\sigma^2}\right) \mathrm{d}t \tag{2-4}$$

其中，$\mu, \sigma(\sigma > 0)$ 为常数，则称 x 服从参数为 μ 、σ 的正态分布，记为 $x \sim N(\mu, \sigma^2)$ 。

2.3.3 线性不确定分布

定义 2-11 (Liu，2010) 假设某不确定变量 x 的分布函数如式(2-3)所示，则记为 $x \sim \mathcal{L}(a,b)$ ，其不确定分布函数的逆函数为

$$\Phi^{-1}(\alpha) = (1-\alpha)a + \alpha b \tag{2-5}$$

2.3.4 正态不确定分布

定义 2-12 (Liu，2010) 假设某不确定变量 x 的分布函数如下：

$$\Phi(x) = \left(1 + \exp\left(\frac{\pi(e-x)}{\sqrt{3}\sigma}\right)\right)^{-1} \tag{2-6}$$

其中， $e, \sigma(\sigma > 0)$ 为常数，则称 x 服从参数为 e、σ 的正态不确定分布，记为 $x \sim N(e, \sigma)$ 。$\Phi^{-1}(\alpha)$ 称为变量 x 的不确定分布函数的逆函数。则

$$\Phi^{-1}(\alpha) = e + \frac{\sigma\sqrt{3}}{\pi} \ln \frac{\alpha}{1-\alpha} \tag{2-7}$$

2.4 随机(不确定)机会约束规划模型及其等价形式

随机规划是指在规划问题中，约束或者目标函数含有随机变量的规划。随机(不确定)机会约束规划是随机规划的一种特殊类型，最早由 Charnes 和 Cooper (1959)提出，主要研究规划问题中的约束条件包含随机变量，并且在观测到随机变量的实现之前做出决策的情况。由于所做的决策在发生不利情况时，可能在一定程度上不满足约束条件，因此这类规划问题的处理原则是，允许所做决策在一定程度上不满足约束条件，但这个决策应使约束条件成立的概率不小于某一置信水平 α 。不确定机会约束规划是指约束条件包含不确定变量的机会约束规划问题。随机(不确定)机会约束规划可推广为随机(不确定)机会约束目标规划和随机(不确定)机会约束多目标规划(Liu，2010)。

一个关于随机(不确定)机会约束规划的例子如下：

$$\max \bar{f}$$
$$\text{s.t.}\begin{cases}\Pr/M\{f(x,\xi)\geqslant \bar{f}\}\geqslant \beta & \text{(2-8-1)}\\ \Pr/M\{g_j(x,\xi)\leqslant 0, j=1,2,\cdots,p\}\geqslant \alpha & \text{(2-8-2)}\\ x\geqslant 0 & \text{(2-8-3)}\end{cases} \tag{2-8}$$

其中，$\Pr\{\cdot\}$ 表示 $\{\cdot\}$ 中的事件成立的概率；$M\{\cdot\}$ 表示 $\{\cdot\}$ 中的事件成立的不确定测度；α 和 β 分别是事先给定的约束条件和目标函数的置信水平。

一个决策 x 是可行的当且仅当事件 $\{\xi \mid g_j(x,\xi)\leqslant 0, j=1,2,\cdots,p\}$ 的概率(不确定)测度不小于 α，即违反约束条件的概率(不确定)测度小于 $1-\alpha$。随机(不确定)参数 ξ 及函数 f 可以取任何形式，对每一个给定的决策 x，随机(不确定)变量 $f(x,\xi)$ 的概率密度(不确定分布)函数用 $\phi_{f(x,\xi)}(f)$ 表示，可能存在多个 $\bar{f}$ 使得 $\Pr/M\{f(x,\xi)\geqslant \bar{f}\}\geqslant \beta$ 成立。称式(2-8-1)和式(2-8-2)分别为随机(不确定)机会约束，目标值 $\bar{f}$ 表征为目标函数 $f(x,\xi)$ 在置信水平至少为 β 时取最大值，即 $\bar{f}=\max\ \{f \mid \Pr/M\{f(x,\xi)\geqslant f\}\geqslant \beta\}$。

传统上，随机(不确定)机会约束规划问题的求解一般根据给定的置信水平，把随机(不确定)机会约束转化为确定性等价类(线性约束或者非线性约束)，然后用传统的方法求解。对于复杂的随机(不确定)机会约束规划问题求解，可以采用机器学习或者设计相应的算法解决。下面给出一些随机(不确定)机会约束的等价形式，这些形式会在后面章节中经常用到。

引理 2-1 (刘宝碇和赵瑞清，1998)　假设随机机会约束表示成如下形式：

$$\Pr\left\{h(x)\leqslant \xi\right\}\geqslant \alpha \tag{2-9}$$

其中，$h(x)$ 是决策向量 x 的(线性或非线性)函数；ξ 是随机变量；分布函数为 $\Phi(\cdot)$；α 为给定的置信水平。则式(2-9)的等价形式为

$$h(x)\leqslant \Phi^{-1}(1-\alpha) \tag{2-10}$$

引理 2-2 (刘宝碇和赵瑞清，1998)　假设随机机会约束表示成如下形式：

$$\Pr\left\{h(x)\geqslant \xi\right\}\geqslant \alpha \tag{2-11}$$

其中，$h(x)$ 是决策向量 x 的(线性或非线性)函数；ξ 是随机变量；分布函数为 $\Phi(\cdot)$；α 为给定的置信水平。则式(2-11)的等价形式为

$$h(x)\geqslant \Phi^{-1}(\alpha) \tag{2-12}$$

引理 2-3 (刘宝碇和赵瑞清，1998)　假设随机机会约束表示成如下形式：

$$\Pr\left\{\sum_{i=1}^{n} a_i x_i \leqslant b\right\} \geqslant \alpha \tag{2-13}$$

其中，a_i 和 b 为相互独立的正态随机变量，$i \in N$；α 为给定的置信水平。则函数

$$y(x) = \sum_{i=1}^{n} a_i x_i - b$$

也是正态随机变量，且有

$$E\big(y(x)\big) = \sum_{i=1}^{n} E(a_i)x_i - E(b)$$

$$V\big(y(x)\big) = \sum_{i=1}^{n} V(a_i)x_i^2 + V(b)$$

其中，$E(\cdot)$ 和 $V(\cdot)$ 分别为期望值和方差，注意到变量

$$\frac{\sum_{i=1}^{n} a_i x_i - b - \left(\sum_{i=1}^{n} E(a_i)x_i - E(b)\right)}{\sqrt{\sum_{i=1}^{n} V(a_i)x_i^2 + V(b)}}$$

服从标准正态分布 $N(0,1)$，而不等式 $\sum_{i=1}^{n} a_i x_i \leqslant b$ 等价于

$$\frac{\sum_{i=1}^{n} a_i x_i - b - \left(\sum_{i=1}^{n} E(a_i)x_i - E(b)\right)}{\sqrt{\sum_{i=1}^{n} V(a_i)x_i^2 + V(b)}} \leqslant -\frac{\sum_{i=1}^{n} E(a_i)x_i - E(b)}{\sqrt{\sum_{i=1}^{n} V(a_i)x_i^2 + V(b)}}$$

因此，随机机会约束(2-13)等价于

$$\Pr\left\{\eta \leqslant -\frac{\sum_{i=1}^{n} E(a_i)x_i - E(b)}{\sqrt{\sum_{i=1}^{n} V(a_i)x_i^2 + V(b)}}\right\} \geqslant \alpha \tag{2-14}$$

其中，η 服从标准正态分布，其概率分布函数形式为

$$\Phi(x) = \frac{1}{\sqrt{2\pi}} \int_{-\infty}^{\eta} \exp\left(-\frac{t^2}{2}\right) \mathrm{d}t$$

则随机机会约束式(2-14)成立当且仅当

$$\Phi^{-1}(\alpha) \leqslant -\frac{\sum_{i=1}^{n} E(a_i)x_i - E(b)}{\sqrt{\sum_{i=1}^{n} V(a_i)x_i^2 + V(b)}} \tag{2-15}$$

即

$$\sum_{i=1}^{n} E(a_i)x_i + \Phi^{-1}(\alpha)\sqrt{\sum_{i=1}^{n} V(a_i)x_i^2 + V(b)} \leqslant E(b) \tag{2-16}$$

以上引理给出的等价形式在不确定系统中同样适用。

引理 2-4 (刘宝碇和赵瑞清，1998)　假设 $\xi_1,\xi_2,\cdots,\xi_n$ 是分布函数分别为 $\Phi_1,\Phi_2,\cdots,\Phi_n$ 的独立不确定变量，$h_1(x),h_2(x),\cdots,h_n(x),h_0(x)$ 为实值函数，对于任何的置信水平 α，不确定机会约束

$$M\left\{\sum_{i=1}^{n} h_i(x)\xi_i \leqslant h_0(x)\right\} \geqslant \alpha \tag{2-17}$$

成立，当且仅当

$$\sum_{i=1}^{n} h_i^{+}(x)\Phi_i^{-1}(\alpha) - \sum_{i=1}^{n} h_i^{-}(x)\Phi_i^{-1}(1-\alpha) \leqslant h_0(x) \tag{2-18}$$

成立。

若 $h_1(x),h_2(x),\cdots,h_n(x)$ 均非负，则式(2-18)为

$$\sum_{i=1}^{n} h_i(x)\Phi_i^{-1}(\alpha) \leqslant h_0(x) \tag{2-19}$$

若 $h_1(x),h_2(x),\cdots,h_n(x)$ 均非正，则式(2-19)为

$$\sum_{i=1}^{n} h_i(x)\Phi_i^{-1}(1-\alpha) \leqslant h_0(x) \tag{2-20}$$

其中，若 $\xi_1,\xi_2,\cdots,\xi_n$ 分别服从线性不确定分布 $\mathcal{L}(a_1,b_1),\mathcal{L}(a_2,b_2),\cdots,\mathcal{L}(a_n,b_n)$，则

$$\Phi_i^{-1}(\alpha) = (1-\alpha)a_i + \alpha b_i,\quad \Phi_i^{-1}(1-\alpha) = \alpha a_i + (1-\alpha)b_i,\quad i \in N \tag{2-21}$$

若 $\xi_1,\xi_2,\cdots,\xi_n$ 分别服从正态不确定分布 $N(e_1,\sigma_1),N(e_2,\sigma_2),\cdots,N(e_n,\sigma_n)$，则

$$\Phi_i^{-1}(\alpha) = e_i + \frac{\sigma_i\sqrt{3}}{\pi}\ln\frac{\alpha}{1-\alpha},\quad \Phi_i^{-1}(1-\alpha) = e_i - \frac{\sigma_i\sqrt{3}}{\pi}\ln\frac{\alpha}{1-\alpha},\quad i \in N \tag{2-22}$$

第 3 章　带有随机机会约束的成本共识建模

本章在最小成本共识模型的基础上，假设当决策者的意见满足某种效用函数或者服从某种分布时，假设协调者意见偏好满足某种效用函数，分别构建了以最小化协调者预算成本和最大化决策者效用为目标，以预算成本实现概率和决策者偏好意见为约束的成本共识模型，是传统最小成本共识模型的推广。

3.1　问 题 描 述

3.1.1　模型概述

Ben-Arieh 等(2009)、Ben-Arieh 和 Easton(2007)提出的最小成本共识模型具有如下基本假设：在群体决策中，代表不同利益集团的决策个体意见与代表群体利益的协调者意见存在偏差，协调者希望以最低的成本促成决策个体调整意见值以获取最优的共识意见，模型构建如下：

$$\begin{aligned}&\min\ \theta=\sum_{i=1}^{m}\omega_i\,|\,o_i-o'\,|\\&\text{s.t.}\ o'\in O\end{aligned}\tag{3-1}$$

其中，m 为决策系统中所有决策个体的数量，ω_i 为协调者 d' 为了获得最优共识意见 o' 而支付给第 i 个决策者 d_i 的单位费用；o_i 为决策者 d_i 的意见，O 为共识意见 o' 的可行集；$|o_i-o'|$ 为第 i 个决策意见与最优共识意见的偏差。

一般地，协调者基本是一个群体/组织的领导者或者核心人物，他/她具有极高的威望和让人信服的能力，能影响参与决策过程的决策者的意见偏好，从而主导/改变集体中群体决策的发展方向。然而，在现实生活中，协调者为了获得最优的共识意见 o'，他/她也需要耗费大量的时间成本或者精力成本等，这对于协调者也是一个资源再次合理分配的问题。因此，对协调者而言，他/她也是希望通过耗费最低的成本来改变其他决策者的意见，以获得其满意的共识决策结果。与此同时，且令 ω_i 表示决策者 i 改变一个单位意见的成本，$\omega_i\,|\,o_i-o'\,|$ 表示协调者付给第 i 个决策个体的费用，那么模型(3-1)的目标函数 $\sum_{i=1}^{m}\omega_i\,|\,o_i-o'\,|$ 表示达成最终的群体共识所需消耗的总费用最低，即成本最低。

Ben-Arieh 和 Easton (2007)还采用距离测度方法，引入 ε 一般共识概念，提出基于意见偏差阈值约束 ε 的最小成本共识模型如下：

$$\min \theta=\sum_{i=1}^{m}\omega_i\,|o_i-o'|$$
$$\text{s.t.}\,|o_i-o'|\leqslant\varepsilon,\quad i\in M \tag{3-2}$$

其中，o_i 表示决策者 i 的原始意见；o' 表示决策者的共识意见；$|o_i-o'|$ 表示决策者的原始意见与共识意见之间的偏差距离。$|o_i-o'|\leqslant\varepsilon$ 表示决策者的原始意见与共识意见之间的距离偏差阈上限约束。目标函数的解释同上。

后来，Ben-Arieh 等(2009)通过定义最小二次成本共识函数，讨论了单目标二次成本决策问题，即将模型(3-2)的目标函数改为 $\sum_{i=1}^{m}\omega_i(o_i-o')^2$ ，提出了最小共识花费的线性时间算法。

Zhang 等(2011)引入“集结算子”概念，推广了最小成本共识模型，分别提出了基于集结算子的最小成本共识模型和最大专家数共识模型。随后，基于原始-对偶规划原理，巩在武等(2015a)从决策个体和协调者利益角度分别提出了最小成本-最大补偿共识优化模型，且深入探讨了模型的经济意义。

当决策者的偏好意见以区间数表示时，Gong 等(2015a)构造了如下最小成本共识模型：

$$\min \theta=\sum_{i=1}^{m}\omega_i\,|o_i-o'|$$
$$\text{s.t.}\begin{cases}o_i\in[a_i,b_i], & i\in M\\ o'\in O\end{cases} \tag{3-3}$$

其中，o_i 为介于区间 $[a_i,b_i]$ 的决策意见，$M=1,2,\cdots,m$；a_i 和 b_i 分别为第 i 个决策者 d_i 意见的下限和上限；显然，对于协调者，总是希望总成本越小越好。

Gong 等(2015b，2015c)认为不仅应当从协调者角度考虑消耗最少的费用获取共识意见，还应当充分考虑决策个体的效用偏好，这保证了个体在群体决策过程中的价值以及个体决策者调整后的意见能满足协调者的期望。为此，协调者通过更宽松的预算安排(而不是最小费用)鼓励决策个体改变其原始意见。改进后的模型如下(Gong et al.，2015b; Gong et al.，2015c)：

$$\max \lambda$$
$$\text{s.t.}\begin{cases}\sum_{i=1}^{m}\omega_i\,|o_i-o'|=B, & (3\text{-}4\text{-}1)\\ \lambda\leqslant U_1(o_i), & (3\text{-}4\text{-}2)\\ \lambda\leqslant U_2(o'), & (3\text{-}4\text{-}3)\\ o_i\in[a_i,b_i],\ i\in M,\ o'\in O,\ \lambda\in[0,1] & (3\text{-}4\text{-}4)\end{cases} \tag{3-4}$$

其中，λ 为整个群体决策过程的效用值，λ 越接近于 1 说明决策个体对群体共识结果越满意；B 为事先确定的群体共识达成的总预算成本；$U_1(o_i)$ 及 $U_2(o')$ 分别为决策个体及协调者的效用函数；b_i 及 a_i 分别为第 i 个决策个体意见区间的上下限。约束条件(3-4-1)代表决策过程需要消耗的总成本；约束(3-4-2)和(3-4-3)分别为决策个体及协调者的效用函数；约束(3-4-4)表示所有决策者的意见范围约束。

3.1.2　基本假设

上述研究中使用了效用函数来表示决策者的偏好及效用，常用的效用偏好大致分为凸型、区间型、凹型、S 型和倒 S 型几种(徐晓霞，2016)。本节仅考虑梯型左右偏型效用函数来表示决策者的效用(图 3-1)。令 $\lambda(0\leqslant\lambda\leqslant1)$ 表示效用水平，显然 λ 取值越大，所代表的效用水平越高，决策结果越符合决策者的主观偏好。模型的基本假设如下：

(1) 协调者愿意承担的成本不是某个固定值，而是以更具弹性的区间数形式呈现；

(2) 假设协调者在谈判协商前希望了解特定共识达成可能性下的成本预算，以此减少不必要的资源浪费；

(3) 若决策系统中的协调者意见偏好服从左偏隶属度函数，即代表决策意见偏重于区间下限，则决策意见值越小越好；若决策个体意见偏好服从右偏隶属度函数，即代表决策意见偏重于区间上限，则决策意见值越大越好；

(4) 当决策者的意见很难用效用函数衡量时，假设偏好关系服从正态分布。

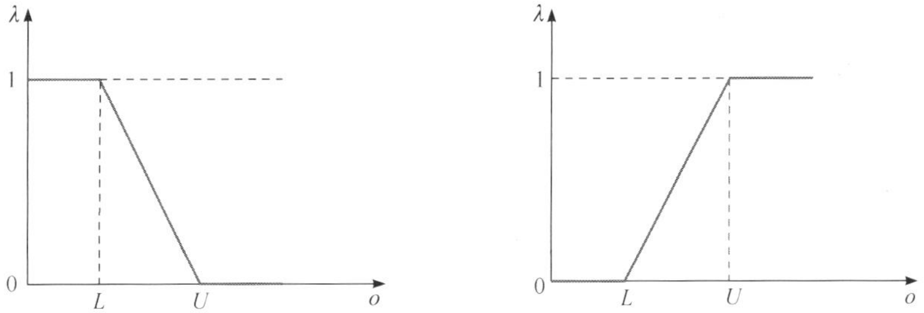

(a) 左偏型效用函数　(b) 右偏型效用函数

图 3-1　偏好效用函数

3.2　带有随机偏好的成本共识建模

由以上分析可知，Ben-Arieh 等(2009)、Ben-Arieh 和 Easton(2007)以及 Gong

等(2015b，2015c)分别从成本和效用两个维度衡量共识，而本章构建的成本共识模型概括描述了上述两个方面的特征，并且采用区间数的形式预算成本。

假设共识谈判的预算值为β，消耗某一特定成本能达成共识的可能性为α。引入置信水平α的意义在于：提前把控在特定预算值下共识达成的概率，能促进共识高效达成(当共识可能性过低时，协调者便不会选择消耗时间及精力与决策个体协商；当共识可能性较高时，协调者便不会消耗更高的成本，避免资源浪费)。可以发现：模型(3-4)中不同的决策者都采用了效用函数作为刻画随机环境下意见偏好的方法。本节考虑无法获取效用函数或模糊判断矩阵来衡量决策意见的随机环境，在引入共识实现概率的基础上，构建带有随机分布约束的成本共识模型。

3.2.1　基于区间成本消耗的成本共识建模

情形 1：决策个体意见为效用函数形式，协调者意见为正态分布形式。

假设协调者的意见o'服从正态分布；决策个体的意见o_i为线性右偏型效用函数。构建基于协调者意见分布的成本共识模型如下：

$$
\min(\beta - P\lambda)
$$

$$
\text{s.t.}\begin{cases}
\Pr\left\{\sum_{i=1}^{m}\omega_i\,|\,o_i - o'\,| \leqslant \beta\right\} \geqslant \alpha & (3\text{-}5\text{-}1)\\
\lambda \leqslant \dfrac{o_i - o_i^l}{o_i^u - o_i^l} & (3\text{-}5\text{-}2)\\
o_i \in [o_i^l, o_i^u] & (3\text{-}5\text{-}3)\\
o' \sim N(\mu, \sigma^2) & (3\text{-}5\text{-}4)\\
0 \leqslant \lambda \leqslant 1 & (3\text{-}5\text{-}5)
\end{cases} \tag{3-5}
$$

其中，约束(3-5-1)表示共识达成的可能性至少为α时协调者所能接受的成本消耗最大值为β。换言之，协调者为改变决策个体意见，降低偏差并达成共识所付出的总成本$\sum_{i=1}^{m}\omega_i\,|\,o_i - o'\,|$不超过$\beta$的概率至少为$\alpha$；约束(3-5-2)为效用约束：决策个体意见$o_i$的取值介于$o_i^l$及$o_i^u$之间(约束(3-5-3))，决策个体总是希望共识意见越接近o_i^u越好，可以通过构建右偏型效用函数来表达决策个体的意见偏好。在约束(3-5-2)中，λ取值越大，表明决策个体的意见o_i越接近区间意见值的右端；约束(3-5-4)表示协调者意见o'的分布特征，在这个模型中假设o'服从均值为μ、方差为σ^2的正态分布；约束(3-5-5)表示效用函数的取值范围。

模型(3-5)中，最优解是在最大化效用值λ和最小化谈判成本β的情况下得到的，因此模型(3-5)的目标函数 $\min\left(\beta - P\lambda\right)$ (即 $\min\beta + \max P\lambda$)表示为达成共识，协调者希望成本预算越小越好，同时满足所有决策个体效用最大。P ($P \geqslant 1$ ，本书 P 的值取为 1、10、100、…)的引入代表即使在某种程度上可能会牺牲最小成本消耗，但优先充分考虑决策者效用满意度能促成较为和谐的共识达成。在这种情况下，即形成了在置信水平 α 下的成本预算区间范围 $\min\left[\beta_{P=1}, \beta_{P>1}\right]$ 。下文中相关定义不再赘述。

情形 2：协调者意见为效用函数形式，决策个体意见为正态分布形式。

协调者意见 o' 呈现线性左偏型效用函数，决策个体意见 o_i 服从正态分布。构建基于决策个体意见分布的成本共识模型如下：

$$
\begin{aligned}
&\min(\beta - P\lambda)\\
&\text{s.t.}\begin{cases}
\Pr\left\{\sum\limits_{i=1}^{m}\omega_i \,|\, o_i - o' \,|\leqslant \beta\right\} \geqslant \alpha & (3\text{-}6\text{-}1)\\
\lambda \leqslant \dfrac{o'_u - o'}{o'_u - o'_l} & (3\text{-}6\text{-}2)\\
o' \in [o'_l, o'_u] & (3\text{-}6\text{-}3)\\
o_i \sim N(\mu_i, \sigma_i^2), \quad i \in M & (3\text{-}6\text{-}4)\\
0 \leqslant \lambda \leqslant 1 & (3\text{-}6\text{-}5)
\end{cases}
\end{aligned}
\tag{3-6}
$$

其中，约束(3-6-2)为效用约束，共识意见 o' 的取值介于 o'_l 及 o'_u 之间(约束(3-6-3))，协调者总是希望共识意见越接近 o'_l 越好，通过构建左偏型效用函数来表达协调者的意见偏好，λ 取值越大，表明协调者的意见 o' 越接近区间意见值的左端；约束(3-6-4)表示决策个体意见 o_i 的分布情况，这里假设决策个体意见服从均值为 μ_i 、方差为 σ_i^2 的正态分布。

3.2.2　带有意见偏差的成本共识建模

模型(3-2)中，决策偏差约束 $|\, o_i - o' \,| \leqslant \varepsilon (i \in M)$ 能用来衡量决策者与协调者的意见距离范围，决策个体意见与共识意见的偏差越小，群体共识程度越高。决策偏差是除效用函数外，另外一个能测度共识水平的标准。因此，本节在前有章节的基础上，考虑满足某些决策个体的意见偏差范围，促进群体共识达成。构建相关模型如下。

情形 1：决策个体意见为效用函数形式，协调者意见为正态分布形式。

基于 3.2.1 节，构建带有意见偏差范围的成本共识模型如下：

$$\min(\beta - P\lambda)$$

$$\text{s.t.}\begin{cases} \Pr\left\{\sum_{i=1}^{m}\omega_i \,|\, o_i - o' \,| \leqslant \beta\right\} \geqslant \alpha & (3\text{-}7\text{-}1) \\ \lambda \leqslant \dfrac{o - o_i^l}{o_i^u - o_i^l} & (3\text{-}7\text{-}2) \\ o_i \in [o_i^l, o_i^u], \quad i \in M & (3\text{-}7\text{-}3) \\ o' \sim N(\mu, \sigma^2) & (3\text{-}7\text{-}4) \\ |o_i - o'| \leqslant \varepsilon, \quad i \in M & (3\text{-}7\text{-}5) \\ 0 \leqslant \lambda \leqslant 1 & (3\text{-}7\text{-}6) \end{cases} \tag{3-7}$$

模型(3-7)中的相关约束定义同模型(3-5)，约束(3-7-5)表示协调者将意见偏差控制在一定范围内。

情形 2：协调者意见为效用函数形式，决策个体意见为正态分布形式。

基于 3.2.1 节，构建带有意见偏差范围的成本共识模型如下：

$$\min(\beta - P\lambda)$$

$$\text{s.t.}\begin{cases} \Pr\left\{\sum_{i=1}^{m}\omega_i \,|\, o_i - o' \,| \leqslant \beta\right\} \geqslant \alpha & (3\text{-}8\text{-}1) \\ \lambda \leqslant \dfrac{o'_u - o'}{o'_u - o'_l} & (3\text{-}8\text{-}2) \\ o' \in [o'_l, o'_u] & (3\text{-}8\text{-}3) \\ o_i \sim N(\mu_i, \sigma_i^2), \quad i \in M & (3\text{-}8\text{-}4) \\ |o_i - o'| \leqslant \varepsilon, \quad i \in M & (3\text{-}8\text{-}5) \\ 0 \leqslant \lambda \leqslant 1 & (3\text{-}8\text{-}6) \end{cases} \tag{3-8}$$

模型(3-8)中的相关约束定义同模型(3-6)，约束(3-8-5)表示协调者将意见偏差控制在一定范围内。

3.3 算　　例

假设在一次协商谈判中包含协调者 d' 和 4 名决策个体 d_1 、 d_2 、 d_3 、 d_4 。每个个体进行谈判的单位成本分别为 $\omega_1 = 0.5$ 、 $\omega_2 = 0.2$ 、 $\omega_3 = 0.8$ 、 $\omega_4 = 0.4$ ，协调者的预期成本消耗为 β ，决策个体与协调者的意见偏差分别为 $\varepsilon_1 = 1.1$ 、 $\varepsilon_2 = 1.3$ 、 $\varepsilon_3 = 0.9$ 、 $\varepsilon_4 = 1.5$ 。

3.3.1　算例描述

基于 3.2.1 节，假设协调者 o' 的意见服从均值为 18、方差为 3 的正态分布；

决策个体的意见 o_i 为区间数 $o_1 \in [17,20]$ 、$o_2 \in [16,21]$ 、$o_3 \in [22,24]$ 、$o_4 \in [18,23]$ 上的线性右偏型效用函数。构建基于协调者意见分布的成本共识模型如下：

$$\min(\beta - P\lambda)$$
$$\text{s.t.}\begin{cases} \Pr\{0.5|o_1 - o'| + 0.2|o_2 - o'| + 0.8|o_3 - o'| + 0.4|o_4 - o'| \leqslant \beta\} \geqslant \alpha \\ \lambda \leqslant \dfrac{o_1 - 17}{20-17},\quad \lambda \leqslant \dfrac{o_2 - 16}{21-16},\quad \lambda \leqslant \dfrac{o_3 - 22}{24-22},\quad \lambda \leqslant \dfrac{o_4 - 18}{23-18} \\ o_1 \in [17,20],\quad o_2 \in [16,21],\quad o_3 \in [22,24],\quad o_4 \in [18,23] \\ o' \sim N(18,3) \\ 0 \leqslant \lambda \leqslant 1 \end{cases} \tag{3-9}$$

基于 3.2.1 节，假设协调者意见 o' 为区间数 $o' \in [16,20]$ 上的线性左偏型效用函数；决策个体意见 o_1 、o_2 、o_3 、o_4 分别服从均值为 18、方差为 2，均值为 17、方差为 3，均值为 23、方差为 1，均值为 20、方差为 2 的正态分布。构建基于决策个体意见分布的成本共识模型如下：

$$\min(\beta - P\lambda)$$
$$\text{s.t.}\begin{cases} \Pr\{0.5|o_1 - o'| + 0.2|o_2 - o'| + 0.8|o_3 - o'| + 0.4|o_4 - o'| \leqslant \beta\} \geqslant \alpha \\ \lambda \leqslant \dfrac{20 - o'}{20-16} \\ o' \in [16,20] \\ o_1 \sim N(18,2),\quad o_2 \sim N(17,3),\quad o_3 \sim N(23,1),\quad o_4 \sim N(20,2) \\ 0 \leqslant \lambda \leqslant 1 \end{cases} \tag{3-10}$$

在 3.2.2 节的基础上，构建带有意见偏差范围的成本共识模型(数据同上)如下：

$$\min(\beta - P\lambda)$$
$$\text{s.t.}\begin{cases} \Pr\{0.5|o_1 - o'| + 0.2|o_2 - o'| + 0.8|o_3 - o'| + 0.4|o_4 - o'| \leqslant \beta\} \geqslant \alpha \\ \lambda \leqslant \dfrac{o_1 - 17}{20-17},\quad \lambda \leqslant \dfrac{o_2 - 16}{21-16},\quad \lambda \leqslant \dfrac{o_3 - 22}{24-22},\quad \lambda \leqslant \dfrac{o_4 - 18}{23-18} \\ o_1 \in [17,20],\quad o_2 \in [16,21],\quad o_3 \in [22,24],\quad o_4 \in [18,23] \\ o' \sim N(18,3) \\ |o_1 - o'| \leqslant 1.1, |o_2 - o'| \leqslant 1.3, |o_3 - o'| \leqslant 0.9 \text{ 或 } |o_4 - o'| \leqslant 1.5 \\ 0 \leqslant \lambda \leqslant 1 \end{cases} \tag{3-11}$$

在 3.2.2 节的基础上，构建带有意见偏差范围的成本共识模型(数据同上)如下：

$$
\begin{aligned}
&\min(\beta - P\lambda)\\
&\text{s.t.}\begin{cases}
\Pr\left\{0.5|o_1-o'|+0.2|o_2-o'|+0.8|o_3-o'|+0.4|o_4-o'|\leqslant\beta\right\}\geqslant\alpha\\
\lambda\leqslant\dfrac{20-o'}{20-16}\\
o'\in[16,20]\\
o_1\sim N(18,2),\quad o_2\sim N(17,3),\quad o_3\sim N(23,1),\quad o_4\sim N(20,2)\\
|o_1-o'|\leqslant 1.1,|o_2-o'|\leqslant 1.3,|o_3-o'|\leqslant 0.9\text{ 或 }|o_4-o'|\leqslant 1.5\\
0\leqslant\lambda\leqslant 1
\end{cases}
\end{aligned}
\tag{3-12}
$$

在模型(3-11)和(3-12)中协调者与决策个体偏差约束中，采用了析取关系(“或”关系)，旨在说明在群体决策与谈判中，完全满足每一个决策个体的利益存在困难，事实上只需要满足部分决策个体的意见，仍能达成一定的共识。

3.3.2　算例分析

采用蒙特卡罗(随机模拟)及遗传算法，可得模型(3-9)～(3-12)的优化解，并得到在不同的共识达成可能性下的谈判预算范围 $\min[\beta_{P=1},\beta_{P>1}]$。在计算检验的过程中，发现当 P 取大于 100 的数值时所得到的成本预算值与 P 取 100 时所得结果值类似，因此定义成本区间值为 $\min[\beta_{P=1},\beta_{P=100}]$。表 3-1～表 3-4 分别是模型(3-9)～(3-12)的计算结果，置信水平 α 值分别取 0.8、0.9、0.95、0.99。

表 3-1　模型(3-9)的结果

α	P	o_1	o_2	o_3	o_4	$\max\lambda$	$\min\beta$
0.8	1	17.2677	16.6258	22.0406	18.1521	0.0082	5.2547
	10	19.6828	20.4524	23.8463	22.4769	0.8677	10.2467
	100	19.9805	20.8292	23.9627	22.8942	0.963	10.9852
0.9	1	17.1222	16.4142	22.1603	18.237	0.0308	6.517
	10	19.8365	20.6778	23.8679	22.7833	0.9198	12.0444
	100	19.9362	20.7862	23.8955	22.9516	0.9353	12.2597
0.95	1	17.2437	16.628	22.2306	18.2269	0.0413	7.7727
	10	19.8947	20.6421	23.8979	22.6788	0.8989	13.0355
	100	19.8782	20.8751	23.9821	22.9614	0.9533	16.1305
0.99	1	17.2403	16.5278	22.164	18.1657	0.0079	9.6577
	10	19.8845	20.7419	23.9288	22.481	0.8942	15.2581
	100	19.8611	20.9855	23.9444	22.7729	0.9443	16.3608

表 3-2　模型(3-10)的结果

α	P	o'	max λ	min β
0.8	1	19.6608	0.081	5.413
	10	16.0127	0.9964	9.45
	100	16.0009	0.9996	9.4816
0.9	1	19.5963	0.0984	5.8788
	10	16.0241	0.9911	9.9193
	100	16.002	0.9994	10.0077
0.95	1	19.5941	0.0963	6.2825
	10	16.0087	0.9971	10.3904
	100	16.0013	0.9987	10.3924
0.99	1	19.624	0.0817	6.913
	10	16.0161	0.9901	11.0479
	100	16.0003	0.9992	11.2277

表 3-3　模型(3-11)的结果

α	P	o_1	o_2	o_3	o_4	max λ	min β
0.8	1	19.9274	20.1499	22.0214	20.395	0.0082	3.3328
	10	19.8576	20.7504	23.8603	22.6463	0.9281	5.8324
	100	19.9599	20.7623	23.8732	22.7982	0.9244	5.9333
0.9	1	19.9872	20.2184	22.2029	20.4016	0.0683	3.7951
	10	19.9168	20.6812	23.9649	22.793	0.935	6.2244
	100	19.9997	20.9651	23.9408	22.9454	0.9604	6.5953
0.95	1	19.9597	20.3252	22.0262	20.4551	0.0003	3.7932
	10	19.9877	20.7395	23.9308	22.9021	0.9353	6.3976
	100	19.968	20.8308	23.968	22.8645	0.9533	6.4977
0.99	1	19.9779	20.2007	22.1173	20.4063	0.0569	3.9837
	10	19.9097	20.7916	23.9138	22.7172	0.9367	6.5557
	100	19.9886	20.9726	23.9695	22.8889	0.9771	6.6046

表 3-4　模型(3-12)的结果

α	P	o'	max λ	min β
0.8	1	19.9265	0.0127	5.1132
	10	16.0019	0.9954	9.0859
	100	16.0001	0.9999	9.1463
0.9	1	19.5505	0.0902	5.6445
	10	16.0596	0.9797	9.454
	100	16.0013	0.9992	10.7531

续表

α	P	o'	$\max\lambda$	$\min\beta$
0.95	1	19.6424	0.0852	6.0313
	10	16.012	0.9953	9.9224
	100	16.0031	0.9991	10.0707
0.99	1	19.6584	0.053	6.6013
	10	16.0759	0.9796	10.448
	100	16.0014	0.9994	10.4577

在模型(3-9)中，当对意见效用无优先级要求$(P=1)$，即目标函数同时满足最小化协调成本及最大化意见效用时,求得的决策个体意见值接近意见区间的下限,根据决策个体符合右偏型效用函数，因此λ取值很小，相应地在这种情况下的成本也相对较低。当$P>1$时，即牺牲最小成本来提高决策个体满意度。个体决策者的意见接近于各自区间的上限，因此效用值λ相对较高，在这种情况下成本也相对较高。模型(3-11)中，优先级的引入导致了决策个体的效用变大，成本增加，意见值虽不如模型(3-9)取明显的上下限值，但总体呈现接近右区间的趋势。在模型(3-10)和(3-12)中，当$P=1$时，协调者意见接近于意见区间的上限，根据协调者符合左偏型效用函数，因而λ取值很低。当$P>1$时，协调者意见值接近意见区间的下限，因此效用值λ相对较高。对于协调者，尽管在$P>1$时的成本预算比$P=1$时的成本预算要高，但是它仍然反映的是成本的较小值，因此协调者依然以较高满意度达成共识。

因此，从以上4个模型的计算结果来看：效用值明显因为优先级系数P的提高而增大,最小成本值也随之增大(P值在较高水平线上的变化对成本β及效用值λ的影响很小)。另外，较低的预算成本对应着较低的共识实现可能性，β会随着α的上升呈现明显的上升趋势，最终成本预算会维持在某一高水平，可以将这一高水平理解为协调者所能接受的成本消耗的最高值，在这种情况下，即使假设共识达成概率继续上升，实际决策过程中的成本并不一定会持续上升，即使有所提升也并不明显。

带有机会约束的共识模型的提出可以使协调者掌握在不同预算下达成共识的可能性，而效用优先级系数的引入能获得可接受的预算区间，使得协调者能提前对财政支出做出合理规划。

3.4　本章小结

在某些复杂的群体决策与谈判中，决策者的意见常呈现不确定的形式，基于区间模糊偏好，发现效用偏好以及统计意义上的分布能表示决策者的随机不确定意见；另外，完全意义上的共识很难达成，因此提出群体共识以概率形式达成的思想。本章基于成本共识模型，针对谈判成本的不确定性及决策者对意见的不确定偏好，构建了含有不确定分布及效用约束的随机优化共识决策模型。模型特征如下：

(1) 模型采用区间成本 $\min\left[\beta_{P=1},\beta_{P>1}\right]$ 预算优化，确定谈判成本的上下限。与刚性的成本预算模型相比，更有助于在确保决策者效用满意度的情况下提高协调者预算的弹性。

(2) 将置信水平引入协调者的谈判预算约束中，模型同时考虑了协调者的共识谈判成本最小和决策个体的效用最大，既是 Ben-Arieh 等最小成本共识模型的推广，也是 Gong 等最大效用共识模型的推广。

本章构建了以最小化协调者预算成本和最大化决策者效用为目标，以预算成本实现概率和决策者偏好意见为约束的成本共识模型。本章提出的模型综合考虑了各种不确定情况，此模型可研究类似关于协调成本预算及调拨财政支持等共识谈判问题。

第 4 章　机会约束规划共识模型的确定性转化方法

在第 3 章的带有机会约束的成本共识模型中，采用蒙特卡罗(随机模拟)及遗传算法获得帕累托优化解，而上述模型可以通过相关引理转化为确定性形式以此确定其最优解。第 3 章给出了机会约束成本共识模型的基本假设及建模过程，本章仅讨论基于区间成本消费的共识模型的求解过程，带有协调者与决策个体间意见偏差的成本共识模型的求解过程可以此类推。

4.1　偏好意见为随机变量特征

4.1.1　协调者意见服从正态分布

在决策个体意见为效用函数形式，协调者意见为正态分布形式的区间成本共识模型(3-5)中，约束 $\Pr\left\{\sum_{i=1}^{m}\omega_i\left|o_i-o'\right|\leqslant\beta\right\}\geqslant\alpha$ 可以理解为

$$\Pr\left\{d^+\geqslant\sum_{i=1}^{m}\omega_i o_i-\sum_{i=1}^{m}\omega_i o'-\beta\right\}\geqslant\alpha \tag{4-1}$$

$$\Pr\left\{d^-\geqslant-\sum_{i=1}^{m}\omega_i o_i+\sum_{i=1}^{m}\omega_i o'-\beta\right\}\geqslant\alpha \tag{4-2}$$

分别对应

$$\Pr\left\{-\sum_{i=1}^{m}\omega_i o'\leqslant-\sum_{i=1}^{m}\omega_i o_i+\beta+d^+\right\}\geqslant\alpha \tag{4-3}$$

$$\Pr\left\{\sum_{i=1}^{m}\omega_i o'\leqslant\sum_{i=1}^{m}\omega_i o_i+\beta+d^-\right\}\geqslant\alpha \tag{4-4}$$

即

$$\Pr\left\{o'\geqslant\frac{\sum_{i=1}^{m}\omega_i o_i-\beta-d^+}{\sum_{i=1}^{m}\omega_i}\right\}\geqslant\alpha \tag{4-5}$$

$$\Pr\left\{o' \leqslant \frac{\sum_{i=1}^{m}\omega_i o_i + \beta + d^-}{\sum_{i=1}^{m}\omega_i}\right\} \geqslant \alpha \tag{4-6}$$

由于协调者意见 o' 为服从正态分布的随机变量，$\dfrac{\sum_{i=1}^{m}\omega_i o_i - \beta - d^+}{\sum_{i=1}^{m}\omega_i}$ 是决策向量 o_i 的线性函数，根据引理 2-1，则约束(4-5)等价于

$$\frac{\sum_{i=1}^{m}\omega_i o_i - \beta - d^+}{\sum_{i=1}^{m}\omega_i} \leqslant \Phi^{-1}(1-\alpha) \tag{4-7}$$

由于决策个体意见 o' 为服从正态分布的随机变量，$\dfrac{\sum_{i=1}^{m}\omega_i o_i + \beta + d^-}{\sum_{i=1}^{m}\omega_i}$ 是决策向量 o_i 的线性函数，根据引理 2-2，则约束(4-6)等价于

$$\frac{\sum_{i=1}^{m}\omega_i o_i + \beta + d^-}{\sum_{i=1}^{m}\omega_i} \geqslant \Phi^{-1}(\alpha) \tag{4-8}$$

则机会约束模型(3-5)的确定性线性目标规划模型如下：

$$\min(\beta - P\lambda)$$

$$\text{s.t.}\begin{cases} \dfrac{\sum_{i=1}^{m}\omega_i o_i - \beta - d^+}{\sum_{i=1}^{m}\omega_i} \leqslant \Phi^{-1}(1-\alpha) \\ \dfrac{\sum_{i=1}^{m}\omega_i o_i + \beta + d^-}{\sum_{i=1}^{m}\omega_i} \geqslant \Phi^{-1}(\alpha) \\ \lambda \leqslant \dfrac{o_i - o_i^l}{o_i^u - o_i^l} \\ o_i \in [a_i, b_i], \quad i \in M \\ o' \sim N(\mu, \sigma^2) \\ 0 \leqslant \lambda \leqslant 1 \end{cases} \tag{4-9}$$

4.1.2 决策个体意见服从正态分布

在协调者意见为效用函数形式，决策个体意见为正态分布形式的区间成本共识模型(3-6)中，约束 $\Pr\left\{\sum_{i=1}^{m}\omega_i\left|o_i-o'\right|\leqslant\beta\right\}\geqslant\alpha$ 可以理解为

$$\Pr\left\{\sum_{i=1}^{m}\omega_i o_i-\left(\sum_{i=1}^{m}\omega_i o'+\beta+d^+\right)\leqslant 0\right\}\geqslant\alpha \tag{4-10}$$

$$\Pr\left\{\sum_{i=1}^{m}\omega_i o_i-\left(\sum_{i=1}^{m}\omega_i o'-\beta-d^-\right)\geqslant 0\right\}\geqslant\beta \tag{4-11}$$

根据引理 2-3，在约束(4-10)中，令函数 $y=\sum_{i=1}^{m}\omega_i o_i-\left(\sum_{i=1}^{m}\omega_i o'+\beta+d^+\right)$，则其也是正态随机变量。且易知

$$E(y)=\sum_{i=1}^{m}\omega_i E(o_i)-\left(\sum_{i=1}^{m}\omega_i o'+\beta+d^+\right)$$

$$V(y)=\sum_{i=1}^{m}\omega_i^2 V(o_i)$$

$E(y)$ 和 $V(y)$ 分别为期望值和方差，且 $\frac{y-E(y)}{\sqrt{V(y)}}\sim N(0,1)$。

不等式 $y=\sum_{i=1}^{m}\omega_i o_i-\left(\sum_{i=1}^{m}\omega_i o'+\beta+d^+\right)\leqslant 0$ 等价于 $\frac{y-E(y)}{\sqrt{V(y)}}\leqslant-\frac{E(y)}{\sqrt{V(y)}}$，因此可得 $-\frac{E(y)}{\sqrt{V(y)}}\geqslant\Phi^{-1}(\alpha)$。即机会约束(4-10)等价于

$$-\sum_{i=1}^{m}\omega_i o'-\beta-d^+\leqslant-\Phi^{-1}(\alpha)\cdot\sqrt{\sum_{i=1}^{m}\omega_i^2 V(o_i)}-\sum_{i=1}^{m}\omega_i E(o_i) \tag{4-12}$$

同理可得机会约束(4-11)等价于

$$\sum_{i=1}^{m}\omega_i o'-\beta-d^-\leqslant\Phi^{-1}(1-\alpha)\cdot\sqrt{\sum_{i=1}^{m}\omega_i^2 V(o_i)}+\sum_{i=1}^{m}\omega_i E(o_i) \tag{4-13}$$

则机会约束模型(3-6)的确定性线性目标规划模型如下：

$$
\min(\beta - P\lambda)
$$

$$
\text{s.t.}\begin{cases}
-\sum_{i=1}^{m}\omega_i o' - \beta - d^+ \leqslant -\Phi^{-1}(\alpha)\cdot\sqrt{\sum_{i=1}^{m}\omega_i^2 V(o_i)} - \sum_{i=1}^{m}\omega_i E(o_i) \\
\sum_{i=1}^{m}\omega_i o' - \beta - d^- \leqslant \Phi^{-1}(1-\alpha)\cdot\sqrt{\sum_{i=1}^{m}\omega_i^2 V(o_i)} + \sum_{i=1}^{m}\omega_i E(o_i) \\
\lambda \leqslant \dfrac{o_u' - o'}{o_u' - o_l'} \\
o' \in \left[o_l', o_u'\right] \\
o_i \sim N(\mu_i, \sigma_i^2), \quad i \in M \\
0 \leqslant \lambda \leqslant 1
\end{cases} \tag{4-14}
$$

4.1.3　计算结果及分析

在偏好意见呈现概率随机变量特征时，通过上述转化过程，可得到等价于机会约束目标规划的确定性模型，模型(4-9)及(4-14)的最优解如表 4-1 及表 4-2 所示，同于第 2 章，仍通过优先级的引入获取不同的共识达成可能性下的谈判预算范围 $\min\left[\beta_{P=1}, \beta_{P>1}\right]$。

表 4-1　模型(4-9)的结果

α	P	o_1	o_2	o_3	o_4	max λ	min β	d
0.8	1	17	16	22	18	0	3.4613	1.6087
	10	20	21	24	23	1	6.5224	4.6476
	100	20	21	24	23	1	6.4934	4.6766
0.9	1	17	16	22	18	0	4.7222	1.7778
	10	20	21	24	23	1	9.0982	3.5018
	100	20	21	24	23	1	7.4556	5.1444
0.95	1	17	16	22	18	0	5.8027	1.9104
	10	20	21	24	23	1	9.9133	3.8998
	100	20	21	24	23	1	8.408	5.4051
0.99	1	17	16	22	18	0	7.8414	2.1137
	10	20	21	24	23	1	11.2508	4.8043
	100	20	21	24	23	1	10.4476	5.6075

表 4-2 模型(4-14)的结果

α	P	o'	$\max\lambda$	$\min\beta$	d
0.8	1	20	0	1.1009	0.7575
	10	16	1	5.444	4.0144
	100	16	1	4.4124	5.0459
0.9	1	20	0	1.5224	0.8891
	10	16	1	5.7999	4.2115
	100	16	1	4.7745	5.2369
0.95	1	20	0	1.9042	0.9635
	10	16	1	6.0732	4.3945
	100	16	1	5.0742	5.3935
0.99	1	20	0	2.6714	1.0524
	10	16	1	6.5806	4.7431
	100	16	1	5.6387	5.6851

在模型(4-9)中，当对意见效用无优先级要求($P=1$)，即目标函数同时满足最小化协调成本及最大化意见效用时，求得的决策个体意见值为意见区间的下限，根据决策个体符合右偏型效用函数，因而λ取值为 0，相应地在这种情况下的成本也相对较低。当$P>1$时，即牺牲最小成本来提高决策个体满意度。个体决策者的意见为各自区间的上限，因此效用值λ为 1，在这种情况下成本也相对较高。在模型(4-14)中，当$P=1$时，协调者意见为意见区间的上限，根据协调者符合左偏型效用函数，因此λ取值为 0。当$P>1$时，协调者意见值为意见区间的下限，因此效用值λ为 1。与 3.3.2 节同理，对于协调者，尽管在$P>1$时的成本预算比在$P=1$时的成本预算要高，但是它仍然反映的是成本的较小值，因此协调者依然以较高的满意度达成共识。从计算结果来看，较低的预算成本对应着较低的共识实现可能性，β会随着α的上升呈现明显的上升趋势。

4.2 偏好意见为不确定变量特征

4.2.1 协调者意见服从正态不确定分布

当协调者意见为不确定分布形式时，成本共识模型(3-5)为

$$
\min(\beta - P\lambda)
$$

$$
\text{s.t.}\begin{cases}
M\left\{\sum_{i=1}^{m}\omega_i\left|o_i - o'\right| \leqslant \beta\right\} \geqslant \alpha & \text{(4-15-1)}\\
\lambda \leqslant \dfrac{o_i - o_i^l}{o_i^u - o_i^l}, \quad 0 \leqslant \lambda \leqslant 1 & \text{(4-15-2)}\\
o_i \in \left[o_i^l, o_i^u\right], \quad i \in M & \text{(4-15-3)}\\
o' \sim N(e', \sigma') & \text{(4-15-4)}
\end{cases} \tag{4-15}
$$

由引理 2-4 可得，机会约束(4-15-1)等价于

$$
-\sum_{i=1}^{m}\omega_i\left(e' - \frac{\sigma'\sqrt{3}}{\pi}\ln\frac{\alpha}{1-\alpha}\right) \leqslant -\sum_{i=1}^{m}\omega_i o_i + \beta + d^+ \tag{4-16}
$$

$$
\sum_{i=1}^{m}\omega_i\left(e' + \frac{\sigma'\sqrt{3}}{\pi}\ln\frac{\alpha}{1-\alpha}\right) \leqslant \sum_{i=1}^{m}\omega_i o_i + \beta + d^- \tag{4-17}
$$

则机会约束模型(4-15)的确定性线性目标规划模型如下：

$$
\min(\beta - P\lambda)
$$

$$
\text{s.t.}\begin{cases}
-\sum_{i=1}^{m}\omega_i\left(e' - \dfrac{\sigma'\sqrt{3}}{\pi}\ln\dfrac{\alpha}{1-\alpha}\right) \leqslant -\sum_{i=1}^{m}\omega_i o_i + \beta + d^+\\
\sum_{i=1}^{m}\omega_i\left(e' + \dfrac{\sigma'\sqrt{3}}{\pi}\ln\dfrac{\alpha}{1-\alpha}\right) \leqslant \sum_{i=1}^{m}\omega_i o_i + \beta + d^-\\
\lambda \leqslant \dfrac{o_i - o_i^l}{o_i^u - o_i^l}\\
o_i \in \left[a_i, b_i\right], \quad i \in M\\
o' \sim N(e', \sigma')\\
0 \leqslant \lambda \leqslant 1
\end{cases} \tag{4-18}
$$

4.2.2　决策个体意见服从正态不确定分布

由 4.2.1 节类似可得决策个体意见服从不确定分布的成本共识模型如下：

$$
\min(\beta - P\lambda)
$$

$$
\text{s.t.}\begin{cases}
M\left\{\sum_{i=1}^{m}\omega_i\left|o_i - o'\right| \leqslant \beta\right\} \geqslant \alpha & \text{(4-19-1)}\\
\lambda \leqslant \dfrac{o'_u - o'}{o'_u - o'_l}, \quad 0 \leqslant \lambda \leqslant 1 & \text{(4-19-2)}\\
o' \in \left[o'_l, o'_u\right] & \text{(4-19-3)}\\
o_i \sim N(e_i, \sigma_i), \quad i \in M & \text{(4-19-4)}
\end{cases} \tag{4-19}
$$

机会约束(4-19-1)等价于

$$M\left\{\sum_{i=1}^{m}\omega_i o_i \leqslant \sum_{i=1}^{m}\omega_i o' + \beta + d^{+}\right\} \geqslant \alpha \tag{4-20}$$

$$M\left\{-\sum_{i=1}^{m}\omega_i o_i \leqslant -\sum_{i=1}^{m}\omega_i o' + \beta + d^{-}\right\} \geqslant \alpha \tag{4-21}$$

当决策个体意见 o_i 服从正态不确定分布时，上述约束等价于

$$\sum_{i=1}^{m}\omega_i\left(e_i + \frac{\sigma'\sqrt{3}}{\pi}\ln\frac{\alpha}{1-\alpha}\right) - \sum_{i=1}^{m}\omega_i o' - \beta - d^{+} \leqslant 0 \tag{4-22}$$

$$-\sum_{i=1}^{m}\omega_i\left(e_i - \frac{\sigma'\sqrt{3}}{\pi}\ln\frac{\alpha}{1-\alpha}\right) + \sum_{i=1}^{m}\omega_i o' - \beta - d^{-} \leqslant 0 \tag{4-23}$$

则机会约束模型(4-19)的确定性线性目标规划模型如下：

$$\begin{aligned}
&\min(\beta - P\lambda)\\
&\text{s.t.}\begin{cases}
\sum_{i=1}^{m}\omega_i\left(e_i + \frac{\sigma'\sqrt{3}}{\pi}\ln\frac{\alpha}{1-\alpha}\right) - \sum_{i=1}^{m}\omega_i o' - \beta - d^{+} \leqslant 0\\
-\sum_{i=1}^{m}\omega_i\left(e_i - \frac{\sigma'\sqrt{3}}{\pi}\ln\frac{\alpha}{1-\alpha}\right) + \sum_{i=1}^{m}\omega_i o' - \beta - d^{-} \leqslant 0\\
\lambda \leqslant \frac{o'_u - o'}{o'_u - o'_l}\\
o' \in \left[o'_l, o'_u\right]\\
o_i \sim N(e_i, \sigma_i), \quad i \in M\\
0 \leqslant \lambda \leqslant 1
\end{cases}
\end{aligned} \tag{4-24}$$

4.2.3 计算结果及分析

在偏好意见呈现不确定变量特征时，通过上述转化过程，可得到等价于机会约束目标规划的确定性模型，模型(4-18)及(4-24)的最优解如表 4-3 及表 4-4 所示，定义成本区间值为 $\min\left[\beta_{P=1}, \beta_{P>1}\right]$。

由模型(4-18)同样可以发现：当对意见效用无优先级要求($P=1$)时，λ 取值为 0，相应地在这种情况下的成本也相对较低。当 $P>1$ 时，即牺牲最小成本来提高决策个体满意度，效用值 λ 为 1，在这种情况下成本也相对较高。在模型(4-24)中，当 $P=1$ 时，协调者意见为意见区间的上限，λ 取值为 0。当 $P>1$ 时，协调者意见值为意见区间的下限，效用值 λ 为 1。与 3.3.2 节同理，对于协调者，尽管当

$P>1$时的成本预算比当$P=1$时的成本预算要高，但是它仍然反映的是成本的较小值，因此协调者依然以较高满意度达成共识。从计算结果来看，较低的预算成本对应着较低的共识达成的可能性，β会随着α的上升呈现明显的上升趋势。

表 4-3　模型(4-18)的结果

α	P	o_1	o_2	o_3	o_4	$\max\lambda$	$\min\beta$	d
0.8	1	17	16	22	18	0	4.8557	1.8009
	10	20	21	24	23	1	9.4495	3.3071
	100	20	21	24	23	1	7.5701	5.1865
0.9	1	17	16	22	18	0	7.1547	2.0502
	10	20	21	24	23	1	10.7586	4.5463
	100	20	21	24	23	1	9.5156	5.7894
0.95	1	17	16	22	18	0	9.3129	2.2402
	10	20	21	24	23	1	12.3896	5.2635
	100	20	21	24	23	1	11.6317	6.0215
0.99	1	17	16	22	18	0	14.1792	2.5614
	10	20	21	24	23	1	15.6406	7.1999
	100	20	21	24	23	1	17.253	5.5875

表 4-4　模型(4-24)的结果

α	P	o'	$\max\lambda$	$\min\beta$	d
0.8	1	20	0	2.2373	1.0085
	10	16	1	6.2808	4.565
	100	16	1	5.3232	5.5226
0.9	1	20	0	3.561	1.1155
	10	16	1	7.241	5.0354
	100	16	1	6.2701	6.0064
0.95	1	20	0	4.8383	1.1564
	10	16	1	8.9281	4.6667
	100	16	1	7.149	6.4458
0.99	1	20	0	7.7959	1.1111
	10	16	1	8.6362	7.8707
	100	16	1	9.1111	7.3958

4.3　本章小结

由 Charnes 和 Cooper(1959)提出的约束条件中含有随机变量的机会约束规划

能很好地解决不确定环境下的优化问题；Liu(2010)提出的不确定理论也是数学理论的一个分支，其中能表示不完整信息的不确定分布可以用来描述不确定变量的内在特征。同样由 Liu(2009b)提出的不确定规划，也是包含不确定变量的一种数学规划。

在带有机会约束的群体共识模型中，本章提出考虑两种类型的模糊偏好信息，即偏好意见分别呈现随机特征及不确定特征。分析其各自的性质，分别采用不同的转化方法，使机会约束规划等价为线性确定性目标规划问题，以此求得问题的最优解。

第 5 章　服从随机分布的多约束成本共识模型

群体决策中的意见往往是不确定的，表现为区间、直觉模糊数等特征。在有些群体决策中，这些不确定数值也很难正确表达决策个体的意见水平，而其在一定范围内的分布特征则能有效地把控其真实意见。因此，基于模糊偏好关系和随机理论，本章研究在决策个体意见与协调者意见服从某种分布或者为区间值的情况下的共识问题。

5.1　模型的原理和基本假设

第 3 章提到了基于意见偏差约束的共识建模问题 (模型(3-2))，本章有必要把这个模型简单重述一下，基于意见偏差阈值约束 ε 的最小成本共识模型如下：

$$\begin{aligned}&\min\ \theta=\sum_{i=1}^{m}\omega_i\,|\,o_i-o'\,|\\&\text{s.t.}\,|\,o_i-o'\,|\leqslant\varepsilon,\quad i\in M\end{aligned}\tag{5-1}$$

模型(5-1)中的相关参数这里不再解释。

第 3 章还提到了决策者的意见常呈区间偏好的最小成本共识模型如下(模型 (3-3))：

$$\begin{aligned}&\min\ \theta=\sum_{i=1}^{m}\omega_i\,|\,o_i-o'\,|\\&\text{s.t.}\begin{cases}o_i\in[a_i,b_i], & i\in M\\ o'\in O\end{cases}\end{aligned}\tag{5-2}$$

模型(5-1)和(5-2)中的相关参数这里不再解释，详见第 3 章。

在复杂决策中，决策个体及协调者的意见呈现随机特征，很难确定其意见的范围，仅知道这些意见的分布情况。本章进一步推广上述两类模型，构建一类带有随机分布意见的最小成本共识模型。该模型的基本假设如下：

假设 5-1　决策个体和协调者的意见是不确定的，服从某种分布；

假设 5-2　达成共识的预算是有限的，在预算区间内，群体在某置信水平下(以一定的概率)达成共识(换言之，群体共识达成的概率不低于该置信水平)；

假设 5-3　在置信水平一定时，群体共识达成的预算在某一个范围内波动。

5.2　基于随机意见分布的成本共识模型构建

5.2.1　单约束成本共识模型

假设现有 m 个决策者参与群体决策过程，o_i 表示第 $i\left(i\in M=\{1,2,\cdots,m\}\right)$ 个决策者的意见，o' 表示协调者意见，这个意见可以理解为群体共识意见。其中，ω_i 表示协调者为了获得群体共识意见 o' 而支付给第 i 个决策者的单位费用。$|o_i-o'|$ 表示协调者意见与第 i 个决策者意见偏差的距离函数，$\omega_i|o_i-o'|$ 为协调者付给第 i 个决策者的费用，$\sum\limits_{i=1}^{m}\omega_i|o_i-o'|$ 为协调者付给所有决策个体的总费用。

在复杂的现实决策中(假设 5-1)，决策个体及协调者的意见是不确定的，呈现某种分布。由于决策个体及协调者意见很难用一个确定的数值表述，因此群体决策在某一置信水平下达成共识(假设 5-2)。下面，本章希望研究在置信水平一定的前提下，群体共识实现需消耗费用的范围(预算区间)(假设 5-3)。令共识达成所耗用的费用低于预算 β 的概率不低于某个置信水平 α，即 $\Pr\left\{\sum\limits_{i=1}^{m}\omega_i|o_i-o'|\leqslant\beta\right\}\geqslant\alpha$。在该置信水平下，为测度群体共识达成的最小预算，构建基于随机分布的共识模型如下：

$$W(\alpha)=\min\beta$$
$$\text{s.t.}\begin{cases}\Pr\left\{\sum\limits_{i=1}^{m}\omega_i|o_i-o'|\leqslant\beta\right\}\geqslant\alpha\\0\leqslant\alpha\leqslant1\end{cases}\tag{5-3}$$

由于决策者 i 的意见 o_i 与协调者意见 o' 均为不确定意见，本章将不确定意见分为区间值与服从某种分布两种情况，进行分类考虑。

情形 1：决策个体意见不确定，分布情况未知，协调者意见服从某种分布。

$$\min\beta$$
$$\text{s.t.}\begin{cases}\Pr\left\{\sum\limits_{i=1}^{m}\omega_i|o_i-o'|\leqslant\beta\right\}\geqslant\alpha\\o_i\in\left[o_i^l,o_i^u\right],\quad i\in M\\0\leqslant\alpha\leqslant1\end{cases}\tag{5-4}$$

其中，协调者的意见 o' 服从某种分布，o_i 为介于区间 $\left[o_i^l,o_i^u\right]$ 的决策意见，o_i^l 、

o_i^u 分别为第 i 个决策者的意见下限和意见上限，由于 $\left[o_i^l, o_i^u\right]$ 等价于干脆数 $o_i^l + \mu_i\left(o_i^u - o_i^l\right), 0 \leqslant \mu_i \leqslant 1$，因此可转化为如下模型：

$$\min \beta$$
$$\text{s.t.}\begin{cases} \Pr\left\{\sum_{i=1}^{m} \omega_i \left|o_i^l + \mu_i\left(o_i^u - o_i^l\right) - o'\right| \leqslant \beta\right\} \geqslant \alpha \\ 0 \leqslant \alpha \leqslant 1 \end{cases} \tag{5-5}$$

其中，o' 服从某种分布。

情形 2：决策个体意见服从某种分布，协调者意见不确定，分布情况未知。

$$\min \beta$$
$$\text{s.t.}\begin{cases} \Pr\left\{\sum_{i=1}^{m} \omega_i \left|o_i - o'\right| \leqslant \beta\right\} \geqslant \alpha \\ o' \in \left[o_l', o_u'\right] \\ 0 \leqslant \alpha \leqslant 1 \end{cases} \tag{5-6}$$

其中，决策者 i 的意见 o_i 服从某种分布；协调者意见 o' 介于区间 $\left[o_l', o_u'\right]$，o_l'、o_u' 分别为协调者的意见下限和意见上限，由于 $\left[o_l', o_u'\right]$ 等价于干脆数 $o_l' + \mu\left(o_u' - o_l'\right)$，$0 \leqslant \mu \leqslant 1$，因此可转化为如下模型：

$$\min \beta$$
$$\text{s.t.}\begin{cases} \Pr\left\{\sum_{i=1}^{m} \omega_i \left|o_i - \left[o_l' + \mu\left(o_u' - o_l'\right)\right]\right| \leqslant \beta\right\} \geqslant \alpha \\ 0 \leqslant \alpha \leqslant 1 \end{cases} \tag{5-7}$$

其中，$o_i\ (i \in M)$ 分别服从某种分布。

5.2.2　双约束成本共识模型

对协调者而言，群体共识预算越低越好，他/她总是不希望预算超过一定的上限；而对于决策个体，群体共识达成预算过低对他/她们是不利的。他/她们因为群体利益牺牲个体利益，所以希望得到的补偿不能过低。类似于 5.2.1 节，从协调者角度考虑，令共识达成所耗用的费用低于预算 β 的概率不低于某个置信水平 α_1，即 $\Pr\left\{\sum_{i=1}^{m} \omega_i \left|o_i - o'\right| \leqslant \beta\right\} \geqslant \alpha_1$；从决策个体角度考虑，决策者为达成共识必须能获得补偿，因此令共识达成所耗用的费用用于保障最低报酬，高于最低报酬 γ 的

概率不低于某个置信水平 α_2，即 $\Pr\left\{\sum_{i=1}^{m}\omega_i\left|o_i-o'\right|\geqslant\gamma\right\}\geqslant\alpha_2$。在以上两个约束条件下，研究 $\beta-\gamma$ 的最小值，构建如下模型：

$$\min(\beta-\gamma)$$
$$\text{s.t.}\begin{cases}\Pr\left\{\sum_{i=1}^{m}\omega_i\left|o_i-o'\right|\leqslant\beta\right\}\geqslant\alpha_1\\ \Pr\left\{\sum_{i=1}^{m}\omega_i\left|o_i-o'\right|\geqslant\gamma\right\}\geqslant\alpha_2\\ 0\leqslant\alpha_1\leqslant1\\ 0\leqslant\alpha_2\leqslant1\end{cases}\tag{5-8}$$

同样，本章将不确定意见分为区间值与服从某种分布两种情况，进行分类考虑。

情形 1：决策个体意见不确定，分布情况未知，协调者意见服从某种分布。

$$\min(\beta-\gamma)$$
$$\text{s.t.}\begin{cases}\Pr\left\{\sum_{i=1}^{m}\omega_i\left|o_i-o'\right|\leqslant\beta\right\}\geqslant\alpha_1\\ \Pr\left\{\sum_{i=1}^{m}\omega_i\left|o_i-o'\right|\geqslant\gamma\right\}\geqslant\alpha_2\\ o_i\in\left[o_i^l,o_i^u\right],\quad i\in M\\ 0\leqslant\alpha_1\leqslant1,\quad 0\leqslant\alpha_2\leqslant1\end{cases}\tag{5-9}$$

其中，协调者的意见 o' 服从某种分布，o_i 为介于区间 $\left[o_i^l,o_i^u\right]$ 的决策意见，o_i^l、o_i^u 分别为第 i 个决策者的意见下限和意见上限，由于 $\left[o_i^l,o_i^u\right]$ 等价于干脆数 $o_i^l+\mu_i\left(o_i^u-o_i^l\right),0\leqslant\mu_i\leqslant1$，因此可转化为如下模型：

$$\min(\beta-\gamma)$$
$$\text{s.t.}\begin{cases}\Pr\left\{\sum_{i=1}^{m}\omega_i\left|o_i-\left[o_l'+\mu\left(o_u'-o_l'\right)\right]\right|\leqslant\beta\right\}\geqslant\alpha_1\\ \Pr\left\{\sum_{i=1}^{m}\omega_i\left|o_i-\left[o_l'+\mu\left(o_u'-o_l'\right)\right]\right|\geqslant\gamma\right\}\geqslant\alpha_2\\ 0\leqslant\alpha_1\leqslant1\\ 0\leqslant\alpha_2\leqslant1\end{cases}\tag{5-10}$$

其中，o' 服从某种分布。

情形 2：决策个体意见服从某种分布，协调者意见不确定，分布情况未知。

$$\min(\beta-\gamma)$$
$$\text{s.t.}\begin{cases}\Pr\left\{\sum_{i=1}^{m}\omega_i\left|o_i-o'\right|\leqslant\beta\right\}\geqslant\alpha_1\\ \Pr\left\{\sum_{i=1}^{m}\omega_i\left|o_i-o'\right|\geqslant\gamma\right\}\geqslant\alpha_2\\ o'\in\left[o'_l,o'_u\right]\\ 0\leqslant\alpha_1\leqslant1\\ 0\leqslant\alpha_2\leqslant1\end{cases}\tag{5-11}$$

其中，决策者i的意见o_i服从某种分布；协调者意见o'介于区间$\left[o'_l,o'_u\right]$，o'_l、o'_u分别为协调者的意见下限和意见上限，由于$\left[o'_l,o'_u\right]$等价于干脆数$o'_l+\mu\left(o'_u-o'_l\right)$，$0\leqslant\mu\leqslant1$，因此可转化为如下模型：

$$\min(\beta-\gamma)$$
$$\text{s.t.}\begin{cases}\Pr\left\{\sum_{i=1}^{m}\omega_i\left|o_i^l+\mu_i\left(o_i^u-o_i^l\right)-o'\right|\leqslant\beta\right\}\geqslant\alpha_1\\ \Pr\left\{\sum_{i=1}^{m}\omega_i\left|o_i^l+\mu_i\left(o_i^u-o_i^l\right)-o'\right|\geqslant\gamma\right\}\geqslant\alpha_2\\ 0\leqslant\alpha_1\leqslant1\\ 0\leqslant\alpha_2\leqslant1\end{cases}\tag{5-12}$$

5.2.3　三约束成本共识模型

在群体决策中，协调者基本是一个群体/组织的领导者或者核心人物，他/她具有极高的威望和让人信服的能力，能影响参与决策过程的决策者的意见偏好，从而主导/改变集体中群体决策的发展方向。在有些情况下，协调者需要引导(控制)某些决策个体，确保这些决策个体的意见o_s $(s\in S\subseteq M)$与其意见o'偏差不至于过大，即意见距离偏差在一定范围内，表示为$\left|o_s-o'\right|\leqslant\zeta$，$s\in S\subseteq M$。在 5.2.2 节约束的基础上，构建带有意见约束的随机分布的共识模型如下：

$$\min(\beta-\gamma)$$
$$\text{s.t.}\begin{cases}\Pr\left\{\sum_{i=1}^{m}\omega_i\left|o_i-o'\right|\leqslant\beta\right\}\geqslant\alpha_1\\ \Pr\left\{\sum_{i=1}^{m}\omega_i\left|o_i-o'\right|\geqslant\gamma\right\}\geqslant\alpha_2\\ \left|o_s-o'\right|\leqslant\zeta,\quad s\in S\subseteq M\\ 0\leqslant\alpha_1\leqslant1\\ 0\leqslant\alpha_2\leqslant1\end{cases}\tag{5-13}$$

同样,本章将不确定意见分为区间值与服从某种分布两种情况,进行分类考虑。

情形 1:决策个体意见不确定,分布情况未知,协调者意见服从某种分布。

$$
\min(\beta-\gamma)
$$
$$
\text{s.t.}\begin{cases}\Pr\left\{\sum_{i=1}^{m}\omega_i\left|o_i-o'\right|\leqslant\beta\right\}\geqslant\alpha_1\\ \Pr\left\{\sum_{i=1}^{m}\omega_i\left|o_i-o'\right|\geqslant\gamma\right\}\geqslant\alpha_2\\ \left|o_s-o'\right|\leqslant\zeta,\quad s\in S\subseteq M\\ o_i\in\left[o_i^l,o_i^u\right],\quad i\in M\\ 0\leqslant\alpha_1\leqslant1\\ 0\leqslant\alpha_2\leqslant1\end{cases}\tag{5-14}
$$

其中,协调者的意见 o' 服从某种分布,o_i 为介于区间 $\left[o_i^l,o_i^u\right]$ 的决策意见,o_i^l 、o_i^u 分别为第 i 个决策者的意见下限和意见上限,由于 $\left[o_i^l,o_i^u\right]$ 等价于干脆数 $o_i^l+\mu_i\left(o_i^u-o_i^l\right),0\leqslant\mu_i\leqslant1$,因此可转化为如下模型:

$$
\min(\beta-\gamma)
$$
$$
\text{s.t.}\begin{cases}\Pr\left\{\sum_{i=1}^{m}\omega_i\left|o_i^l+\mu_i\left(o_i^u-o_i^l\right)-o'\right|\leqslant\beta\right\}\geqslant\alpha_1\\ \Pr\left\{\sum_{i=1}^{m}\omega_i\left|o_i^l+\mu_i\left(o_i^u-o_i^l\right)-o'\right|\geqslant\gamma\right\}\geqslant\alpha_2\\ \left|o_s-o'\right|\leqslant\zeta,\quad s\in S\subseteq M\\ 0\leqslant\alpha_1\leqslant1\\ 0\leqslant\alpha_2\leqslant1\end{cases}\tag{5-15}
$$

其中,o' 服从某种分布。

情形 2:决策个体意见服从某种分布,协调者意见不确定,分布情况未知。

$$
\min(\beta-\gamma)
$$
$$
\text{s.t.}\begin{cases}\Pr\left\{\sum_{i=1}^{m}\omega_i\left|o_i-\left[o_l'+\mu\left(o_u'-o_l'\right)\right]\right|\leqslant\beta\right\}\geqslant\alpha_1\\ \Pr\left\{\sum_{i=1}^{m}\omega_i\left|o_i-\left[o_l'+\mu\left(o_u'-o_l'\right)\right]\right|\geqslant\gamma\right\}\geqslant\alpha_2\\ \left|o_s-o'\right|\leqslant\zeta,\quad s\in S\subseteq M\\ 0\leqslant\alpha_1\leqslant1\\ 0\leqslant\alpha_2\leqslant1\end{cases}\tag{5-16}
$$

5.3　基于遗传算法的概率规划方法

概率规划常用来处理带有概率约束的目标规划问题。为了获得上述章节所构建的服从随机分布的多约束成本共识模型的最优解，本节开发一种新型的基于遗传算法的概率规划方法——该方法的总体框架在于将概率规划融入目标规划问题中，核心在于采用遗传算法来模拟概率约束。

遗传算法首次由 Holland(1992)提出，它模拟达尔文生物进化(优胜劣汰)的过程，应用于最优化搜索和最优化求解的过程。从提出到推广应用的历史过程中，遗传算法在组合优化、机器学习、信号处理、自适应控制和人工生命等领域都有了很大的应用推广。本节利用遗传算法的核心理念，提出基于遗传算法的概率规划方法，步骤如下：

(1) 基于遗传算法，在给定变量的区间内随机生成初始群落。

(2) 随机生成服从某一随机分布的变量。

(3) 结合随机变量的初始群落，评估所有生成的变量是否满足约束条件，若是，则跳转至(5)；若不是，则跳转至(4)。

(4) 经过选择繁衍、交叉变异，进入迭代周期并跳转至(2)。

(5) 收集所有可行的群落并从中挑选，选择出最优结果。

5.4　本 章 小 结

本章根据决策个体或者协调者意见的分布特征，构建基于随机分布的带有预算概率约束的成本共识模型。该随机优化模型的目标函数为最小化(最大化)某置信水平共识的预算值，从而获得该置信水平下总预算的变动区间。模型的约束条件包括：为达成共识所耗费费用低于协调者预算上限的概率不小于某置信水平；为达成共识所耗费费用高于决策个体补偿下限的概率不小于某置信水平；限定协调者与其中决策个体意见距离偏差约束不超过某个阈值。此外，本章在随机优化共识决策模型求解中引入遗传算法，该算法不仅具有较好的收敛性，还能够较好地模拟共识决策过程，并获得随机优化共识模型的满意解。

第 6 章　基于效用函数的直觉模糊偏好关系排序建模

直觉模糊数以隶属度、非隶属度和犹豫度三维信息刻画事物的不确定性，能够贴切地描述决策者的心理偏好。因此，本章通过引入或者构建合适的效用函数，研究基于不同效用函数的直觉模糊偏好关系的排序模型，并证明其一致性。

6.1　问题描述

6.1.1　几类复杂的典型效用函数

在非结构性决策问题中，令决策个体 $d_i(i\in M)$ 对备选方案的意见区间为 $o_i=\left[o_i^l,o_i^u\right]$。意见区间 $o_i=\left[o_i^l,o_i^u\right]$ 中的任一数值 $x\in\left[o_i^l,o_i^u\right]$ 对应于决策个体 d_i 的一个效用值 $\lambda(x)$。其中，本章主要研究风险偏好型效用函数和风险规避型效用函数，如图 6-1 所示。

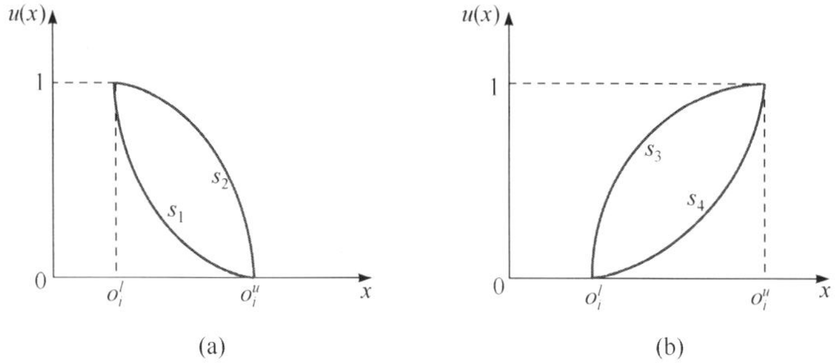

图 6-1　风险偏好型效用函数和风险规避型效用函数

根据图 6-1，曲线 s_1 可假设为效用函数 $\lambda_1(x)$，曲线上任意一点 $x\in\left[o_i^l,o_i^u\right]$ 满足 $\lambda_1'(x)\leqslant 0$，$\lambda_1''(x)\geqslant 0$；曲线 s_2 可假设为效用函数 $\lambda_2(x)$，曲线上任意一点 $x\in\left[o_i^l,o_i^u\right]$ 满足 $\lambda_2'(x)\leqslant 0$，$\lambda_2''(x)\leqslant 0$；曲线 s_3 可假设为效用函数 $\lambda_3(x)$，曲线上任意一点 $x\in\left[o_i^l,o_i^u\right]$ 满足 $\lambda_3'(x)\geqslant 0$，$\lambda_3''(x)\leqslant 0$；曲线 s_4 可假设为效用函数 $\lambda_4(x)$，曲线上任意一点 $x\in\left[o_i^l,o_i^u\right]$ 满足 $\lambda_4'(x)\geqslant 0$，$\lambda_4''(x)\geqslant 0$。显而易见，由于曲线 s_1 和曲线 s_4 的边际效用值随着决策者意见的增大而增大，因此称效用函数 $\lambda_1(x)$ 和效

用函数 $\lambda_4(x)$ 为风险偏好型效用函数；相对地，由于曲线 s_2 和曲线 s_3 的边际效用值随着决策者意见的增大而减小，因此称效用函数 $\lambda_2(x)$ 和效用函数 $\lambda_3(x)$ 为风险规避型效用函数。

在错综复杂的群体决策中，决策者意见所呈现的效用函数往往是多种类型的结合。例如，由 Kahneman 和 Tversky (1979) 在 1979 年提出的 S 型效用函数，$\lambda(x)$ $\left(x\in[o_i^l,o_i^u]\right)$ 在区间 $[o_i^l,o_i^m]$ 满足 $\lambda'(x)\geqslant 0,\lambda''(x)\geqslant 0$；而在区间 $[o_i^m,o_i^u]$ 满足 $\lambda'(x)\geqslant 0,\lambda''(x)\leqslant 0$。因此，S 型效用函数在区间 $[o_i^l,o_i^m]$ 上为风险偏好型，在 $[o_i^m,o_i^u]$ 上为风险规避型，如图 6-2 所示。

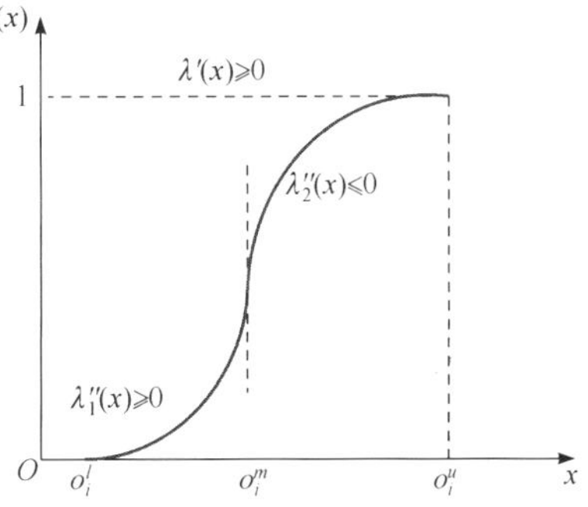

图 6-2　S 型效用函数

除了以上三类典型的风险偏好型效用函数，还有更多适应不同现实决策的复杂效用函数类型。在群体决策的大背景下，本章采用三类特殊的非线性效用函数——抛物线型效用函数(Feng and Lai，2014)、基于正弦函数的 S 型效用函数(Feng and Lai，2014)以及双曲绝对风险厌恶(HARA)效用函数(Jung and Kim，2012)，探究在风险偏好型效用函数或者在风险规避型效用函数下决策者意见的表达形式。

抛物线型效用函数：令 o_i 表示决策者 i 的意见，$\lambda(o_i)$ 表示决策者 i 意见的效用水平，$0\leqslant\lambda(o_i)\leqslant 1$ 则表示其意见效用水平最低值为 0，最高值为 1。并且假设 b_{i1}、b_{i2} 分别为第 i 个决策者意见区间内的已知临界点(参考点)。抛物线型效用函数主要分为以下两种：①左偏型抛物线效用函数，表现为决策者的意见越小，其效用越高；②右偏型抛物线效用函数，表现为决策者的意见越大，其效用越高。抛物线型效用函数如表 6-1 和图 6-3 所示。

表 6-1　抛物线型效用函数

类型	左偏型	右偏型
效用函数	$\lambda(x)=\left(\dfrac{b_{i2}-x}{b_{i2}-b_{i1}}\right)^2$， $b_{i1}\leqslant x\leqslant b_{i2}$	$\lambda(x)=\left(\dfrac{x-b_{i1}}{b_{i2}-b_{i1}}\right)^2$， $b_{i1}\leqslant x\leqslant b_{i2}$
决策者意见	$x=b_{i2}-\sqrt{\lambda(x)}(b_{i2}-b_{i1})$， $b_{i1}\leqslant x\leqslant b_{i2}$	$x=\sqrt{\lambda(x)}(b_{i2}-b_{i1})+b_{i1}$， $b_{i1}\leqslant x\leqslant b_{i2}$

基于正弦函数的 S 型效用函数：同样，令 o_i 表示决策者 i 的意见，$\lambda(o_i)$ 表示决策者 i 意见的效用水平，$0\leqslant\lambda(o_i)\leqslant 1$ 则表示其意见效用水平最低值为 0，最高值为 1。并且假设 b_{i1}、b_{i2}、b_{i3} 分别为第 i 个决策者意见区间内的已知临界点(参考点)或者拐点。S 型效用函数主要分为以下两种：①左偏型 S 型效用函数，表现为虽

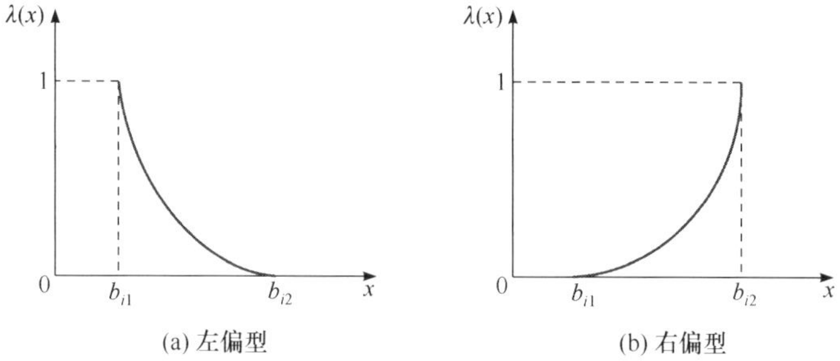

图 6-3　左偏型抛物线效用函数和右偏型抛物线效用函数

然决策者的效用水平始终呈递减趋势，但边际效用先递减后递增，即决策者的风险态度由风险规避型转变为风险偏好型；②右偏型 S 型效用函数，表现为虽然决策者的效用水平始终呈递增趋势，但边际效用先递增后递减，即决策者的风险态度由风险偏好型转变为风险规避型。S 型效用函数如表 6-2 和图 6-4 所示。

表 6-2　S 型效用函数

类型	左偏型	右偏型
效用函数	$\lambda(x)=\dfrac{1-\sin\left(\dfrac{\pi}{b_{i3}-b_{i1}}(x-b_{i2})\right)}{2}$，$b_{i1}\leqslant x\leqslant b_{i3}$	$\lambda(x)=\dfrac{1+\sin\left(\dfrac{\pi}{b_{i3}-b_{i1}}(x-b_{i2})\right)}{2}$，$b_{i1}\leqslant x\leqslant b_{i3}$
决策者意见	$u(x)=\dfrac{(b_{i3}-b_{i1})\arcsin\big(1-2\lambda(x)\big)+b_{i2}}{\pi}$，$b_{i1}\leqslant x\leqslant b_{i3}$	$u(x)=\dfrac{(b_{i3}-b_{i1})\arcsin\big(2\lambda(x)-1\big)+b_{i2}}{\pi}$，$b_{i1}\leqslant x\leqslant b_{i3}$

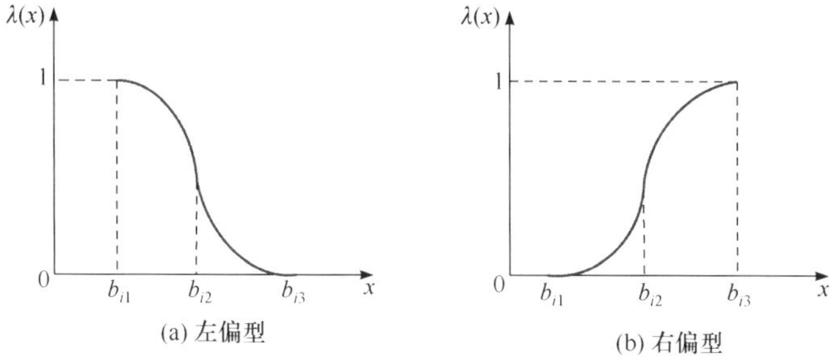

图 6-4　左偏型 S 型效用函数和右偏型 S 型效用函数

双曲绝对风险厌恶(HARA)效用函数：同样，令 o_i 表示决策者 i 的意见，$\lambda(o_i)$ 表示决策者 i 意见的效用水平，$0\leqslant\lambda(o_i)\leqslant 1$ 则表示其意见效用水平最低值为 0，最高值为 1。并且假设 β 、η 、γ 分别为三个特定的参数(表 6-3)，双曲绝对风险厌恶效用函数(Jung and Kim，2012)可定义为 $\lambda(o_i)=\dfrac{1-\tau}{\beta\tau}\left(\dfrac{\beta}{1-\tau}o_i+\eta\right)^{\tau}$，$\beta>0$，$\eta>0$，$\tau\in(-\infty,0)\cup(0,1)$。

表 6-3　不同 β 、η 、γ 取值下双曲绝对风险厌恶的三类特定效用函数

类型	$\eta=0,\beta=1$	$\eta=0,\beta=1,\gamma\to 0$,	$\eta=0,\gamma\to-\infty$
	幂效用函数	对数效用函数	指数效用函数
效用函数	$\lambda(x)=\dfrac{x^{\gamma}}{\gamma}$ ， $\gamma\in(-\infty,0)\cup(0,1)$	$\lambda(x)=\ln o_i$	$\lambda(x)=\mathrm{e}^{-\beta x}$ ， $\beta>0$
决策者意见	$x=\sqrt[\gamma]{\gamma\lambda(x)}$	$x=\mathrm{e}^{\lambda(x)}$	$x=-\dfrac{\ln\lambda(x)}{\beta}$

6.1.2　模糊偏好关系

区间模糊偏好关系及一致性定义同第 2 章。

由于 $\overline{r}_{ij}$ 为区间数，所以必须将其转化为干脆数值：

(1) 不考虑决策者偏好，可令 $\overline{r}_{ij}=\theta_{ij}r_{ijl}+(1-\theta_{ij})r_{iju}$ ，其中 $0\leqslant\theta_{ij}\leqslant 1$ 。

(2) 考虑决策者偏好，即假设决策者针对区间 $\overline{r}_{ij}$ 的取值是有偏好的， $\overline{r}_{ij}$ 在区间 $\left[r_{ijl},r_{iju}\right]$ 的每一个取值代表决策者的一个效用。不妨假设这个效用函数为 $\lambda=f(x)$ ，满足 $f(x)$ 在区间 $\left[r_{ijl},r_{iju}\right]$ 连续可微， $f'(x)>0$ 且 $f''(x)<0$ 。显然，针对决策者的每一个效用值 λ 必对应决策者的一个判断值 $x=f^{-1}(\lambda)$ ，其中 $\lambda\in[0,1],x\in[r_{ijl},r_{iju}]$ 。因此， $\overline{r}_{ij}$ 可记为 $\overline{r}_{ij}=f^{-1}(\lambda)$ 。

直觉模糊集(Atanassov，1999)从隶属度、非隶属度和不确定程度三方面描述信息，在处理模糊、不确定信息时具有很强的灵活性和实用性，关于直觉模糊偏好关系、直觉模糊判断矩阵及其与区间模糊偏好关系的数学等价关系已在第 2 章讨论，本章不再论述。考虑直觉模糊判断矩阵

$$R=(\mu_{ij},\nu_{ij},\pi_{ij})_{n\times n}=\begin{pmatrix}(\mu_{11},\nu_{11},\pi_{11}) & (\mu_{12},\nu_{12},\pi_{12}) & \cdots & (\mu_{1n},\nu_{1n},\pi_{1n})\\(\mu_{21},\nu_{21},\pi_{21}) & (\mu_{22},\nu_{22},\pi_{22}) & \cdots & (\mu_{2n},\nu_{2n},\pi_{2n})\\\vdots & \vdots & & \vdots\\(\mu_{n1},\nu_{n1},\pi_{n1}) & (\mu_{n2},\nu_{n2},\pi_{n2}) & \cdots & (\mu_{nn},\nu_{nn},\pi_{nn})\end{pmatrix}$$

的等价矩阵为 $A=\left[a_{ijl},a_{iju}\right]_{n\times n}$ ， $B=\left[b_{ijl},b_{iju}\right]_{n\times n}$ ，其中 $a_{ijl}+b_{iju}=1$ ， $b_{ijl}+a_{iju}=1$ 。

定理 6-1　假设直觉模糊偏好关系 R 的等价隶属度矩阵 $A=(a_{ij})_{n\times n}$ 和非隶属度矩阵 $B=(b_{ij})_{n\times n}$ 满足效用函数 $\lambda^{A}=f(a_{ij})$ 和 $\lambda^{B}=f(b_{ij})$ ，因此有 $a_{ij}=f^{-1}(\lambda^{A})$ ， $b_{ij}=f^{-1}(\lambda^{B})$ ，存在 $f^{-1}(\lambda^{A})+f^{-1}(\lambda^{B})=1$ 。

证明　矩阵 R 判断元素 $r_{ij}=\left(\mu_{ij},\nu_{ij},\pi_{ij}\right)$ 的等价隶属度区间为 $a_{ij}=\left[a_{ijl},a_{iju}\right]$ 和非隶属度区间为 $b_{ij}=\left[b_{ijl},b_{iju}\right]$ ，可得

$$b_{ij}=f^{-1}(\lambda^{B})=[b_{ijl},b_{iju}]=1-[a_{ijl},a_{iju}]=1-a_{ij}=1-f^{-1}(\lambda^{A})$$

因此，$f^{-1}\left(\lambda^{A}\right)+f^{-1}\left(\lambda^{B}\right)=1$。

定理 6-2　假设直觉模糊偏好关系 R 的等价隶属度矩阵 $A=(a_{ij})_{n\times n}$ 和非隶属度矩阵 $B=(b_{ij})_{n\times n}$ 满足效用函数 $\lambda^{A}=f(a_{ij})$ 和 $\lambda^{B}=f(b_{ij})$，且设它们分别存在权重向量 $\omega^{A}=(\omega_1^{A},\omega_2^{A},\cdots,\omega_n^{A})^{\mathrm{T}}$ 及 $\omega^{B}=(\omega_1^{B},\omega_2^{B},\cdots,\omega_n^{B})^{\mathrm{T}}$，使得

$$\frac{\omega_i^{A}}{\omega_i^{A}+\omega_j^{A}}=f^{-1}(\lambda^{A}),\quad i,j\in N$$

$$\frac{\omega_i^{B}}{\omega_i^{B}+\omega_j^{B}}=f^{-1}(\lambda^{B}),\quad i,j\in N$$

其中，$\sum_{i=1}^{n}\omega_i^{A}=1(0\leqslant\omega_i^{A}\leqslant1),\sum_{i=1}^{n}\omega_i^{B}=1(0\leqslant\omega_i^{B}\leqslant1)$。则称直觉模糊关系 R 为满足该效用函数的乘性一致性直觉模糊偏好关系。

证明　由 $\lambda^{A}=f(a_{ij})$，$\lambda^{B}=f(b_{ij})$，则 $a_{ij}=f^{-1}(\lambda^{A})$，$b_{ij}=f^{-1}(\lambda^{B})$。再由 $a_{ij}=\dfrac{\omega_i^{A}}{\omega_i^{A}+\omega_j^{A}}$，$b_{ij}=\dfrac{\omega_i^{B}}{\omega_i^{B}+\omega_j^{B}}$，显然隶属度矩阵 $A=\left(a_{ij}\right)_{n\times n}$ 和非隶属度矩阵 $B=(b_{ij})_{n\times n}$ 满足乘性一致性。因此，相对应的直觉模糊偏好关系 R 满足乘性一致性。

6.2　基于非线性效用的直觉模糊偏好关系最优排序建模

由于在现实决策中，判断矩阵的不一致性影响决策的合理性。因此，判断矩阵的一致性分析必不可少。非线性效用函数(风险偏好型效用函数或者风险规避型效用函数)能够有效地表示不同决策者的偏好效用。因此，本节兼顾一致性研究与效用偏好研究，用 a_{ij} 表示决策者给出满足非线性效用函数的直觉模糊实际判断值，而 $a_{ij}^{*}=\dfrac{\omega_i}{\omega_i+\omega_j}$ 表示符合乘性一致性的理想判断值。在满足决策者不同效用的基础下，以最小化服从乘性一致性的理想判断值与直觉模糊实际判断值的偏差为目标函数，提出不同效用函数的直觉模糊偏好关系最优排序建模方法。

6.2.1　基于非线性效用函数的直觉模糊偏好关系最优排序建模步骤

步骤 1：在群体决策中，设决策者 d_k 给出的直觉模糊偏好关系判断矩阵为 $R^{k}=\left(r_{ij}^{k}\right)_{n\times n}=\left(\mu_{ij}^{k},\nu_{ij}^{k},\pi_{ij}^{k}\right)_{n\times n}$。

步骤 2：将直觉模糊偏好关系判断矩阵 R^{k} 转化为与之等价的隶属度区间模糊偏好关系矩阵 $A^{k}=(a_{ij}^{k})_{n\times n}=(\mu_{ij}^{k},\mu_{ij}^{k}+\pi_{ij}^{k})_{n\times n}$ 与非隶属度区间模糊偏好关系矩阵 $B^{k}=(b_{ij}^{k})_{n\times n}=(\nu_{ij}^{k},\nu_{ij}^{k}+\pi_{ij}^{k})_{n\times n}$。

步骤 3：构建与隶属度区间模糊偏好关系矩阵 A^k 和非隶属度区间模糊偏好关系矩阵 B^k 相符的决策意见效用函数 $\lambda_A^k = f(a_{ij}^k)_{n\times n}$ 和 $\lambda_B^k = f(b_{ij}^k)_{n\times n}$。

步骤 4：假设 $\omega^A = (\omega_1^A, \omega_2^A, \cdots, \omega_n^A)^{\mathrm{T}}$ 和 $\omega^B = (\omega_1^B, \omega_2^B, \cdots, \omega_n^B)^{\mathrm{T}}$ 为隶属度区间模糊偏好关系矩阵 A^k 和非隶属度区间模糊偏好关系矩阵 B^k 对应的排序权重向量，分别构建不同非线性效用函数下的直觉模糊偏好关系最优排序模型为

$$\min \sum_{i,j\in N, i\neq j} \varepsilon_{ij}^A$$

$$\text{s.t.}\begin{cases} \left| a_{ij}^k - \dfrac{\omega_i^A}{\omega_i^A + \omega_j^A} \right| \leqslant \varepsilon_{ij}^A, \quad i,j\in N & (6\text{-}1\text{-}1) \\ a_{ij}^k = f^{-1}\left(\lambda_A^k\right), \quad 0 \leqslant \lambda_A^k \leqslant 1; i,j\in N & (6\text{-}1\text{-}2) \\ \sum_{i=1}^n \omega_i^A = 1, \quad 0 \leqslant \omega_i^A \leqslant 1; i,j\in N & (6\text{-}1\text{-}3) \end{cases} \tag{6-1}$$

$$\min \sum_{i,j\in N, i\neq j} \varepsilon_{ij}^B$$

$$\text{s.t.}\begin{cases} \left| b_{ij}^k - \dfrac{\omega_i^B}{\omega_i^B + \omega_j^B} \right| \leqslant \varepsilon_{ij}^B, \quad i,j\in N & (6\text{-}2\text{-}1) \\ b_{ij}^k = f^{-1}\left(\lambda_B^k\right), \quad 0 \leqslant \lambda_B^k \leqslant 1; i,j\in N & (6\text{-}2\text{-}2) \\ \sum_{i=1}^n \omega_i^B = 1, \quad 0 \leqslant \omega_i^B \leqslant 1; i,j\in N & (6\text{-}2\text{-}3) \end{cases} \tag{6-2}$$

模型(6-1)和(6-2)分别对应基于非线性效用函数的隶属度区间模糊偏好关系和非隶属度区间模糊偏好关系的最优排序模型。在模型(6-1)中，约束(6-1-1)代表实际值 a_{ij}^k 与服从乘性一致性的理想值 $\dfrac{\omega_i^A}{\omega_i^A + \omega_j^A}$ 之间的距离偏差不超过阈值 ε_{ij}^A；约束(6-1-2)代表实际判断值 a_{ij}^k 满足效用函数 $f^{-1}(\lambda^A)$；约束(6-1-3)则为排序权重的限制条件。因此，模型(6-1)的目标函数为最小化隶属度区间模糊偏好关系矩阵中所有元素的阈值和 $\sum_{i,j\in N, i\neq j} \varepsilon_{ij}^A$。同样，模型(6-2)的解释类似于模型(6-1)。

6.2.2　不同非线性效用函数约束下的直觉模糊偏好关系最优排序模型

1. 基于抛物线型效用函数的直觉模糊偏好关系最优排序模型

以右偏型抛物线效用函数为例，根据表 6-1，可得出如下隶属度区间模糊偏

好矩阵 $A^k=(a_{ij}^k)_{n\times n}=(\mu_{ij}^k,\mu_{ij}^k+\pi_{ij}^k)_{n\times n}$ 和非隶属度区间模糊偏好矩阵 $B^k=(b_{ij}^k)_{n\times n}=(\nu_{ij}^k,\nu_{ij}^k+\pi_{ij}^k)_{n\times n}$ 的最优排序模型：

$$\min \sum_{i,j\in N,i\neq j} \varepsilon_{ij}^A$$

$$\text{s.t.}\begin{cases}\left|a_{ij}^k-\dfrac{\omega_i^A}{\omega_i^A+\omega_j^A}\right|\leqslant \varepsilon_{ij}^A, & i,j\in N\\ a_{ij}^k=\sqrt{\lambda_A^k}\left(\mu_{ij}^k+\pi_{ij}^k-\mu_{ij}^k\right)+\mu_{ij}^k, & 0\leqslant \lambda_A^k\leqslant 1;i,j\in N\\ \sum\limits_{i=1}^n \omega_i^A=1, & 0\leqslant \omega_i^A\leqslant 1;i,j\in N\end{cases} \tag{6-3}$$

$$\min \sum_{i,j\in N,i\neq j} \varepsilon_{ij}^B$$

$$\text{s.t.}\begin{cases}\left|b_{ij}^k-\dfrac{\omega_i^B}{\omega_i^B+\omega_j^B}\right|\leqslant \varepsilon_{ij}^B, & i,j\in N\\ b_{ij}^k=\sqrt{\lambda_B^k}\left(\nu_{ij}^k+\pi_{ij}^k-\nu_{ij}^k\right)+\nu_{ij}^k, & 0\leqslant \lambda_B^k\leqslant 1;i,j\in N\\ \sum\limits_{i=1}^n \omega_i^B=1, & 0\leqslant \omega_i^B\leqslant 1;i,j\in N\end{cases} \tag{6-4}$$

2. 基于 S 型效用函数的直觉模糊偏好关系共识优化模型

以右偏型 S 型效用函数为例，根据表 6-2，可得出如下隶属度区间模糊偏好矩阵 $A^k=\left(a_{ij}^k\right)_{n\times n}=\left[\mu_{ij}^k,\mu_{ij}^k+\pi_{ij}^k\right]_{n\times n}$ 和非隶属度区间模糊偏好矩阵 $B^k=\left(b_{ij}^k\right)_{n\times n}=\left[\nu_{ij}^k,\nu_{ij}^k+\pi_{ij}^k\right]_{n\times n}$ 的最优排序模型：

$$\min \sum_{i,j\in N,i\neq j} \varepsilon_{ij}^A$$

$$\text{s.t.}\begin{cases}\left|a_{ij}^k-\dfrac{\omega_i^A}{\omega_i^A+\omega_j^A}\right|\leqslant \varepsilon_{ij}^A, & i,j\in N\\ a_{ij}^k=\dfrac{\mu_{ij}^k+\pi_{ij}^k-\mu_{ij}^k}{\pi}\arcsin\left(2\lambda_A^k-1\right)+\dfrac{\mu_{ij}^k+\pi_{ij}^k+\mu_{ij}^k}{2}, & 0\leqslant \lambda_A^k\leqslant 1;i,j\in N\\ \sum\limits_{i=1}^n \omega_i^A=1, & 0\leqslant \omega_i^A\leqslant 1;i,j\in N\end{cases}$$

(6-5)

$$\min \sum_{i,j\in N,i\neq j} \varepsilon_{ij}^{B}$$

$$\text{s.t.}\begin{cases} \left| b_{ij}^{k} - \dfrac{\omega_i^B}{\omega_i^B + \omega_j^B} \right| \leqslant \varepsilon_{ij}^{B}, & i,j\in N \\ b_{ij}^{k} = \dfrac{\nu_{ij}^{k} + \pi_{ij}^{k} - \nu_{ij}^{k}}{\pi} \arcsin\left(2\lambda_B^k - 1\right) + \dfrac{\nu_{ij}^{k} + \pi_{ij}^{k} + \nu_{ij}^{k}}{2}, & 0\leqslant \lambda_B^k \leqslant 1; i,j\in N \\ \sum_{i=1}^{n} \omega_i^B = 1, & 0\leqslant \omega_i^B \leqslant 1; i,j\in N \end{cases}$$

(6-6)

3. 非线性效用函数下的直觉模糊偏好关系最优排序模型的相关定理

以右偏型抛物线效用函数为例，最小化满足乘性一致性的理想判断值与实际判断值的距离偏差，模型(6-3)和(6-4)等价转换为

$$\min \sum_{i,j\in N,i\neq j} \varepsilon_{ij}^{A}$$

$$\text{s.t.}\begin{cases} \left| \sqrt{\lambda_A^k}\left(\mu_{ij}^{k} + \pi_{ij}^{k} - \mu_{ij}^{k}\right) + \mu_{ij}^{k} - \dfrac{\omega_i^A}{\omega_i^A + \omega_j^A} \right| \leqslant \varepsilon_{ij}^{A}, & i,j\in N \\ \sum_{i=1}^{n} \omega_i^A = 1, & 0\leqslant \omega_i^A \leqslant 1; 0\leqslant \lambda_A^k \leqslant 1; i,j\in N \end{cases}$$

(6-7)

$$\min \sum_{i,j\in N,i\neq j} \varepsilon_{ij}^{B}$$

$$\text{s.t.}\begin{cases} \left| \sqrt{\lambda_B^k}\left(\nu_{ij}^{k} + \pi_{ij}^{k} - \nu_{ij}^{k}\right) + \nu_{ij}^{k} - \dfrac{\omega_i^B}{\omega_i^B + \omega_j^B} \right| \leqslant \varepsilon_{ij}^{B}, & i,j\in N \\ \sum_{i=1}^{n} \omega_i^B = 1, & 0\leqslant \omega_i^B \leqslant 1; 0\leqslant \lambda_B^k \leqslant 1; i,j\in N \end{cases}$$

(6-8)

已知

$$\begin{aligned} \sqrt{\lambda_B^k}\left(\nu_{ij}^{k} + \pi_{ij}^{k} - \nu_{ij}^{k}\right) + \nu_{ij}^{k} &= b_{ij} = \left[b_{ij}^{l}, b_{ij}^{u}\right] = 1 - \left[a_{ij}^{l}, a_{ij}^{u}\right] \\ &= 1 - a_{ij} = 1 - \sqrt{\lambda_A^k}\left(\mu_{ij}^{k} + \pi_{ij}^{k} - \mu_{ij}^{k}\right) - \mu_{ij}^{k} \end{aligned}$$

则可得

$$\begin{aligned}&\left|\frac{\omega_i^B}{\omega_i^B+\omega_j^B}-\left[\sqrt{\lambda_B^k}\left(v_{ij}^k+\pi_{ij}^k-v_{ij}^k\right)+v_{ij}^k\right]\right|\\&=\left|1-\frac{\omega_j^B}{\omega_i^B+\omega_j^B}-\left\{1-\left[\sqrt{\lambda_B^k}\left(v_{ij}^k+\pi_{ij}^k-v_{ij}^k\right)+v_{ij}^k\right]\right\}\right|\\&=\left|-\frac{\omega_j^B}{\omega_i^B+\omega_j^B}+\left[\sqrt{\lambda_A^k}\left(\mu_{ij}^k+\pi_{ij}^k-\mu_{ij}^k\right)+\mu_{ij}^k\right]\right|\\&=\left|\frac{\omega_j^B}{\omega_i^B+\omega_j^B}-\sqrt{\lambda_A^k}\left(\mu_{ij}^k+\pi_{ij}^k-\mu_{ij}^k\right)+\mu_{ij}^k\right|\end{aligned}\tag{6-9}$$

若令 $\dfrac{\omega_i^A}{\omega_i^A+\omega_j^A}=x_{ij}$，$\dfrac{\omega_j^B}{\omega_i^B+\omega_j^B}=y_{ji}$，表达式(6-9)等同于模型(6-7)中的第一个约束，因此可得如下定理。

定理 6-3　满足乘性一致性的直觉模糊偏好关系 R 的等价隶属度矩阵 A 和非隶属度矩阵 B 的基于非线性效用函数的最优排序模型的解和最优值相同。

证明　根据定理 6-1 有

$$b_{ij}=f^{-1}\left(\lambda^B\right)=\left[b_{ijl},b_{iju}\right]=1-\left[a_{ijl},a_{iju}\right]=1-a_{ij}=1-f^{-1}\left(\lambda^A\right)$$

即

$$\begin{aligned}&\left|\frac{\omega_i^B}{\omega_i^B+\omega_j^B}-f^{-1}\left(\lambda^B\right)\right|=\left|1-\frac{\omega_j^B}{\omega_i^B+\omega_j^B}-\left[1-f^{-1}\left(\lambda^A\right)\right]\right|\\&=\left|-\frac{\omega_j^B}{\omega_i^B+\omega_j^B}+f^{-1}\left(\lambda^A\right)\right|=\left|\frac{\omega_j^B}{\omega_i^B+\omega_j^B}-f^{-1}\left(\lambda^A\right)\right|\end{aligned}\tag{6-10}$$

令 $\dfrac{\omega_i^A}{\omega_i^A+\omega_j^A}=x_{ij}$，$\dfrac{\omega_j^B}{\omega_i^B+\omega_j^B}=y_{ji}$，表达式(6-10)等价于模型(6-1)中的约束(6-1-1)。

定理 6-4　由基于非线性效用函数的最优排序模型求出的满足乘性一致性的直觉模糊偏好关系 R 等价隶属度矩阵 A 和非隶属度矩阵 B 的权重大小呈逆序关系。

证明　根据定理 6-2，可得 $\dfrac{\omega_i^A}{\omega_i^A+\omega_j^A}=\dfrac{\omega_j^B}{\omega_i^B+\omega_j^B}$，即 $\dfrac{\omega_i^A}{\omega_j^A}=\dfrac{\omega_j^B}{\omega_i^B}$。因此，在模型(6-7)中，若有排序向量 $\omega_{\sigma1}^A\geqslant\omega_{\sigma2}^A\geqslant\cdots\geqslant\omega_{\sigma i}^A\geqslant\cdots\geqslant\omega_{\sigma n}^A(i\in N)$，根据 $\dfrac{\omega_i^A}{\omega_j^A}=\dfrac{\omega_j^B}{\omega_i^B}$，得到模型(6-8)的权重向量满足 $\omega_{\sigma1}^B\geqslant\omega_{\sigma2}^B\geqslant\cdots\geqslant\omega_{\sigma i}^B\geqslant\cdots\geqslant\omega_{\sigma n}^B(i\in N)$。

6.3　效用优先下或者偏差优先下的直觉模糊偏好关系最优排序建模

由于决策者的模糊判断满足某一效用函数，实现效用最大化也是每一个决策者期望的目标之一。因此，本节在实现单一目标(最小化服从乘性一致性的理想判断值与直觉模糊实际判断值的距离偏差)的基础上，进一步研究兼顾效用最大化目标和距离偏差最小化目标的直觉模糊偏好关系最优排序建模方法。

在广义实数域内，非阿基米德无穷小量 τ 小于任何正数但大于零。在基于非线性效用函数的直觉模糊偏好关系最优排序模型中引入非阿基米德无穷小量 τ (Charnes，1952)，分别构建效用优先下的直觉模糊偏好关系最优排序模型和偏差优先下的直觉模糊偏好关系最优排序模型。

6.3.1　效用优先下的直觉模糊偏好关系最优排序模型

在模型(6-1)和(6-2)的基础上，效用优先最大化目标，即在距离偏差 ε_{ij}^{A} 中引入非阿基米德无穷小量 τ，实现效用优先下的直觉模糊偏好最优排序：

$$\min\left(-\lambda_A^k + \sum_{i,j\in N, i\neq j} \tau\varepsilon_{ij}^{A}\right)$$
$$\text{s.t.}\begin{cases}\left|a_{ij}^k - \dfrac{\omega_i^A}{\omega_i^A + \omega_j^A}\right| \leqslant \varepsilon_{ij}^A, & i,j\in N \\ a_{ij}^k = f^{-1}\left(\lambda_A^k\right), & 0\leqslant \lambda_A^k \leqslant 1; i,j\in N \\ \sum\limits_{i=1}^{n}\omega_i^A = 1, & 0\leqslant \omega_i^A \leqslant 1; i,j\in N\end{cases} \tag{6-11}$$

$$\min\left(-\lambda_B^k + \sum_{i,j\in N, i\neq j} \tau\varepsilon_{ij}^{B}\right)$$
$$\text{s.t.}\begin{cases}\left|b_{ij}^k - \dfrac{\omega_i^B}{\omega_i^B + \omega_j^B}\right| \leqslant \varepsilon_{ij}^B, & i,j\in N \\ b_{ij}^k = f^{-1}\left(\lambda_B^k\right), & 0\leqslant \lambda_B^k \leqslant 1; i,j\in N \\ \sum\limits_{i=1}^{n}\omega_i^B = 1, & 0\leqslant \omega_i^B \leqslant 1; i,j\in N\end{cases} \tag{6-12}$$

在模型(6-11)和(6-12)中，目标函数表示在距离偏差的影响下实现效用的最大化。

6.3.2 偏差优先下的直觉模糊偏好关系最优排序建模

优先最小化服从乘性一致性的理想判断值与直觉模糊实际判断值的距离偏差目标，即在效用 λ_k 中引入非阿基米德无穷小量 τ，实现距离偏差优先下的直觉模糊偏好最优排序为

$$\min\left(\sum_{i,j\in N,i\neq j}\varepsilon_{ij}^{A}-\tau\lambda_{A}^{k}\right)$$
$$\text{s.t.}\begin{cases}\left|a_{ij}^{k}-\dfrac{\omega_i^A}{\omega_i^A+\omega_j^A}\right|\leqslant\varepsilon_{ij}^{A}, & i,j\in N\\ a_{ij}^{k}=f^{-1}\left(\lambda_{A}^{k}\right), & 0\leqslant\lambda_{A}^{k}\leqslant1;i,j\in N\\ \sum\limits_{i=1}^{n}\omega_i^A=1, & 0\leqslant\omega_i^A\leqslant1;i,j\in N\end{cases}\tag{6-13}$$

$$\min\left(\sum_{i,j\in N,i\neq j}\varepsilon_{ij}^{B}-\tau\lambda_{B}^{k}\right)$$
$$\text{s.t.}\begin{cases}\left|b_{ij}^{k}-\dfrac{\omega_i^B}{\omega_i^B+\omega_j^B}\right|\leqslant\varepsilon_{ij}^{B}, & i,j\in N\\ b_{ij}^{k}=f^{-1}\left(\lambda_{B}^{k}\right), & 0\leqslant\lambda_{B}^{k}\leqslant1;i,j\in N\\ \sum\limits_{i=1}^{n}\omega_i^B=1, & 0\leqslant\omega_i^B\leqslant1;i,j\in N\end{cases}\tag{6-14}$$

在模型(6-13)和(6-14)中，目标函数表示在效用的影响下实现距离偏差的最小化。

推论 6-1 假设直觉模糊偏好关系 R 的等价隶属度矩阵 $A=(a_{ij})_{n\times n}$ 和非隶属度矩阵 $B=(b_{ij})_{n\times n}$ 满足以下任一效用函数：右偏型抛物线效用函数、右偏型 S 型效用函数、幂效用函数、对数效用函数、指数效用函数，则存在偏差优先下的直觉模糊偏好关系最优排序模型与直觉模糊偏好关系最优排序模型的最优解相等。

6.4 本 章 小 结

基于对直觉模糊偏好关系的排序建模问题研究，本章引入决策者效用偏好(如

抛物线型效用函数、S 型效用函数、双曲绝对风险厌恶效用函数等)，通过构建实际判断(采用效用函数表征)与一致性判断之间的最小偏差函数，分别构建了基于效用的隶属度区间偏好关系与非隶属度区间偏好关系模型，研究了两类模型之间的最优排序关系。

此外，本章在模型中引入非阿基米德无穷小量，构建了效用优先下或者偏差优先下的直觉模糊偏好关系最优排序模型，实现多目标规划的优先级求解，以满足方案排序的不同优先级目标。

第7章 服从正态分布的直觉模糊判断矩阵排序研究

假设决策者关于方案的两两比较值为服从正态分布的随机变量，本章首先利用决策者直觉模糊判断的一致性关系，建立基于机会约束的最优排序模型；然后根据隶属度与非隶属度之间的关系，研究连续区间隶属度判断、非隶属度判断排序向量之间的关联关系；最后将带有一致性机会约束的直觉模糊判断矩阵的最优化排序建模方法推广至群体直觉模糊判断。

7.1 隶属度、非隶属度区间模糊判断矩阵的最优排序

令

$$R=(r_{ij})_{n\times n}=((\mu_{ij},\nu_{ij},\pi_{ij}))_{n\times n}=\begin{pmatrix}(\mu_{11},\nu_{11},\pi_{11}) & (\mu_{12},\nu_{12},\pi_{12}) & \cdots & (\mu_{1n},\nu_{1n},\pi_{1n})\\(\mu_{21},\nu_{21},\pi_{21}) & (\mu_{22},\nu_{22},\pi_{22}) & \cdots & (\mu_{2n},\nu_{2n},\pi_{2n})\\ \vdots & \vdots & & \vdots\\(\mu_{n1},\nu_{n1},\pi_{n1}) & (\mu_{n2},\nu_{n2},\pi_{n2}) & \cdots & (\mu_{nn},\nu_{nn},\pi_{nn})\end{pmatrix}$$

为 X 上的一个直觉模糊判断矩阵。R 的等价隶属度、非隶属度区间模糊判断矩阵分别为 $A=(a_{ij})_{n\times n}=\left(\left[a_{ijl},a_{iju}\right]\right)_{n\times n}$，$B=(b_{ij})_{n\times n}=\left(\left[b_{ijl},b_{iju}\right]\right)_{n\times n}$，其中 $a_{ijl}+b_{iju}=1$，$b_{ijl}+a_{iju}=1$。

由第2章，令 $\omega=\left(\omega_1,\omega_2,\cdots,\omega_n\right)^{\mathrm{T}}$ 为隶属度区间模糊判断矩阵 A 的排序向量，且矩阵 A 满足乘性一致性，显然 $\dfrac{\omega_i}{\omega_i+\omega_j}=a_{ij}(i,j\in N)$ 对某些 $\alpha_{ij}(0\leqslant\alpha_{ij}\leqslant 1)$ 成立。若 A 不满足非一致性，则 $\dfrac{\omega_i}{\omega_i+\omega_j}$ 与 $\alpha_{ij}a_{ijl}+\left(1-\alpha_{ij}\right)a_{iju}$ 的距离偏差 ε_{ij} 越小越好，因此，可构造隶属度区间模糊判断矩阵的最优排序模型如下：

$$\min\sum_{i,j\in N,i<j}\varepsilon_{ij}$$
$$\text{s.t.}\begin{cases}\left|\dfrac{\omega_i}{\omega_i+\omega_j}-\left[\alpha_{ij}a_{ijl}+(1-\alpha_{ij})a_{iju}\right]\right|\leqslant\varepsilon_{ij}, & i,j\in N\\ 0\leqslant\alpha_{ij}\leqslant 1, & i,j\in N\\ \sum_{i=1}^{n}\nu_i=1, & \omega_i\geqslant 0,i\in N\end{cases}\tag{7-1}$$

同理，若令 $\nu=(\nu_1,\nu_2,\cdots,\nu_n)^{\mathrm{T}}$ 为非隶属度区间模糊判断矩阵 B 的排序向量，且若 B 满足乘性一致性，显然 $\dfrac{\nu_i}{\nu_i+\nu_j}=b_{ij}(i,j\in N)$ 对某些 $\beta_{ij}(0\leqslant\beta_{ij}\leqslant1)$ 成立。若 B 满足乘性非一致性，显然 $\dfrac{\nu_i}{\nu_i+\nu_j}$ 与 $\beta_{ij}b_{ijl}+(1-\beta_{ij})b_{iju}$ 的距离偏差 ς_{ij} 越小越好，因此可构造非隶属度区间模糊判断矩阵的最优排序模型如下：

$$\min\sum_{i,j\in N,i<j}\varsigma_{ij}$$
$$\text{s.t.}\begin{cases}\left|\dfrac{\nu_i}{\nu_i+\nu_j}-\left[\beta_{ij}b_{ijl}+(1-\beta_{ij})b_{iju}\right]\right|\leqslant\varsigma_{ij}, & i,j\in N\\ 0\leqslant\beta_{ij}\leqslant1, & i,j\in N\\ \sum_{i=1}^{n}\nu_i=1, & \nu_i\geqslant0,i\in N\end{cases}\tag{7-2}$$

定理 7-1 非隶属度区间模糊判断矩阵的最优排序模型(7-2)等价于模型(7-3)，即

$$\min\sum_{i,j\in N,i<j}\varsigma_{ij}$$
$$\text{s.t.}\begin{cases}\left|\dfrac{\nu_j}{\nu_i+\nu_j}-\left[\alpha_{ij}a_{ijl}+(1-\alpha_{ij})a_{iju}\right]\right|\leqslant\varsigma_{ij}, & i,j\in N\\ 0\leqslant\alpha_{ij}\leqslant1, & i,j\in N\\ \sum_{i=1}^{n}\nu_i=1, & \nu_i\geqslant0,i\in N\end{cases}\tag{7-3}$$

模型(7-3)实际上建立了隶属度区间模糊判断矩阵排序与非隶属度区间模糊判断矩阵排序之间的关系。

在模型(7-1)与(7-3)中，若令 $s_{ij}=\dfrac{\omega_i}{\omega_i+\omega_j}$，$t_{ji}=\dfrac{\nu_j}{\nu_i+\nu_j}$，则模型(7-1)与(7-3)是完全等价的两个非线性模型。

定理 7-2 若令 $s_{ij}=\dfrac{\omega_i}{\omega_i+\omega_j}$，$t_{ji}=\dfrac{\nu_j}{\nu_i+\nu_j}$，则模型(7-1)与(7-3)完全等价。因此，模型(7-1)与(7-3)有相同的最优解，即 $s_{ij}^{*}=t_{ji}^{*}$、$\varepsilon_{ij}^{*}=\varsigma_{ij}^{*}$ 有相同的最优值，即 $\sum\limits_{i,j\in N,i<j}\varepsilon_{ij}^{*}=\sum\limits_{i,j\in N,i<j}\varsigma_{ij}^{*}$，$i,j\in N$。

在模型(7-1)与(7-2)中，人们更为关心的是隶属度区间模糊判断矩阵权重 ω_i 及非隶属度区间模糊判断矩阵权重 ν_i 之间的关系。

推论 7-1 通过模型(7-1)与(7-2)求得的方案排序呈逆序关系。

第 2 章指出，直觉模糊判断矩阵满足乘性一致性当且仅当其等价矩阵 A 或 B 皆满足乘性一致性。

7.2 服从正态分布的区间、直觉模糊判断矩阵

在实际决策中，尽管决策者能够给出针对方案间两两比较的区间判断值，但无法给出更准确的数值，只能确定其满足一定的概率分布，如正态分布等。假设决策者关于两两方案的偏好信息是服从独立正态分布的随机变量，其取值的上、下限分别对应与直觉模糊判断矩阵等价的(非)隶属度区间模糊判断矩阵对应位置元素的区间的上、下限。根据“3σ 准则”，该随机变量落在(非)隶属度区间模糊判断矩阵元素区间内的概率为 99.73%。因此，本部分用服从正态分布的随机变量近似代替区间数。

7.2.1 区间数与正态分布的关系

设随机变量 X 服从正态分布，均值为 μ 、方差为 σ ，即 $X \sim N\left(\mu,\sigma^2\right)$，其密度函数为 $f\left(x\right)=\frac{1}{\sqrt{2\pi}\sigma}\mathrm{e}^{-\frac{(x-\mu)^2}{2\sigma^2}}$ ，其分布函数为 $\varPhi\left(x\right)$。根据“3σ 准则”，正态分布变量 X 的取值落在 $\left(\mu-3\sigma,\mu+3\sigma\right)$ 内的概率为 99.73%(图 7-1)，即 $P\left\{\mu-3\sigma \leqslant X \leqslant \mu+3\sigma\right\}=\varPhi\left(3\right)-\varPhi\left(-3\right)=99.73\%$ (Chen et al.，2016；Dong et al.，2016)。根据“小概率事件”原理，X 落在 $\left(\mu-3\sigma,\mu+3\sigma\right)$ 之外的概率小于 3‰，在实际问题中常认为相应事件几乎不可能发生。

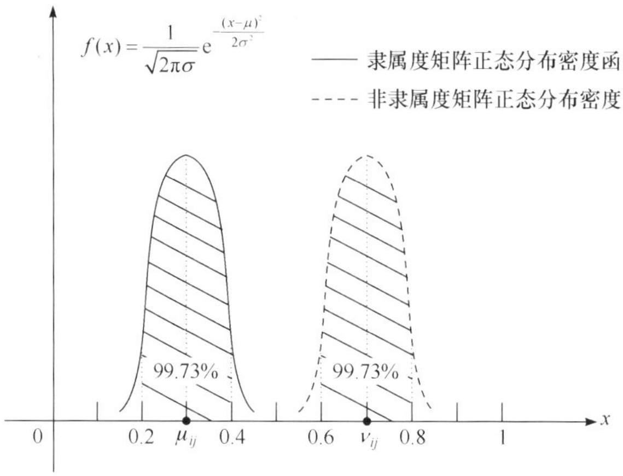

图 7-1 区间数与正态分布的关系

由于区间数值本身源于模糊判断的结果或者随机抽样，我们仅知道区间数的范围(上界与下界)，但很难确定更具体的取值。因此，用随机变量代替特定的区间是合理的。考虑到正态分布具有良好的性质，因此可以用服从正态分布 $N\left(\mu,\sigma^2\right)$ 的随机变量 ξ 近似地替代区间数 $\left[a^-,a^+\right]$，它们之间存在如下等价关系：

$$\left[a^-,a^+\right]=\left[\mu-3\sigma,\mu+3\sigma\right],\ \mu=\frac{a^-+a^+}{2},\ \sigma=\frac{a^+-a^-}{6} \tag{7-4}$$

例如，基于“3σ 准则”，与区间数 $I=[0.6,0.9]$ 等价的随机变量 ξ 满足 $\xi\sim N\left(0.75,0.05^2\right)$。

7.2.2　服从正态分布的区间模糊判断矩阵

假设决策者给出的关于决策方案 x_i 优于决策方案 x_j 的区间判断 $\overline{r}_{ij}$ 在区间 $\left[\overline{r}_{ijl},\overline{r}_{iju}\right]$ 服从正态分布，即 $\overline{r}_{ij}\sim N\left(\mu_{ij},{\sigma_{ij}}^2\right)$，满足 $\mu_{ij}+\mu_{ji}=1$ 及 $\sigma_{ij}=\sigma_{ji}$，称 $\tilde{R}\sim N\left(\mu_{ij},{\sigma_{ij}}^2\right)_{n\times n}$ 为区间模糊判断矩阵 $\overline{R}$ 的近似等价矩阵。

7.2.3　服从正态分布的直觉模糊判断矩阵

设 $A=\left(\overline{a}_{ij}\right)_{n\times n}=\left(\left[a_{ijl},a_{iju}\right]\right)_{n\times n}$，$B=\left(\overline{b}_{ij}\right)_{n\times n}=\left(\left[b_{ijl},b_{iju}\right]\right)_{n\times n}$ 分别为直觉模糊判断矩阵 R 的隶属度与非隶属度区间模糊判断矩阵。根据 7.2.2 节，矩阵 A 近似等价于服从正态分布矩阵 $\tilde{A}=\left(\tilde{a}_{ij}\right)_{n\times n}$，其中 $\tilde{a}_{ij}\sim N\left(\mu_{ij},\sigma_{ij}^2\right)$，满足 $\mu_{ij}+\mu_{ji}=1$，$\sigma_{ij}=\sigma_{ji}$。矩阵 B 近似等价于服从正态分布矩阵 $\tilde{B}=\left(\tilde{b}_{ij}\right)_{n\times n}$，其中 $\tilde{b}_{ij}\sim N\left(\nu_{ij},\left(\sigma'_{ij}\right)^2\right)$，也有 $\nu_{ij}+\nu_{ji}=1$，$\sigma'_{ij}=\sigma'_{ji}$。

定理 7-3　$\mu_{ij}+\nu_{ij}=1,\quad \mu_{ij}=\nu_{ji}$。

定理 7-4　$\sigma_{ij}=\sigma'_{ij}$。

推论 7-2　矩阵 B 的近似等价正态分布矩阵 $\tilde{B}=\left(\tilde{b}_{ij}\right)_{n\times n}$，满足 $\tilde{b}_{ij}\sim N\left(1-\mu_{ij},\sigma_{ij}^2\right)$。

7.3　服从正态分布的直觉模糊判断矩阵排序建模

7.3.1　带有机会约束的直觉模糊判断矩阵排序建模

分别考虑直觉模糊判断矩阵 R 的等价区间模糊判断矩阵 A 、B 及其对应的正

态分布矩阵 $\tilde{A}$ 与 $\tilde{B}$ 。对于正态分布矩阵 $\tilde{A}$ 中随机变量 $\tilde{a}_{ij}$ 的每一个取值，对应决策者关于方案 i 与方案 j 的一个判断。这里仍然假设 $\omega=\left(\omega_1,\omega_2,\cdots,\omega_n\right)^{\mathrm{T}}$ 为 $\tilde{A}$ 的排序向量，理想的决策应该使理想判断 $\dfrac{\omega_i}{\omega_i+\omega_j}$ 与随机变量 $\tilde{a}_{ij}$ 的每一个取值的差距尽可能小；进而视事件 $\dfrac{\omega_i}{\omega_i+\omega_j}$ 与随机变量 $\tilde{a}_{ij}$ 的距离偏差不超过 ξ_{ij} 的概率不低于 α_{ij} 为机会约束，构建基于机会约束的正态分布隶属度区间模糊判断矩阵的最优排序模型如下：

$$\min \sum_{i<j,i,j\in N}\xi_{ij}$$

$$\text{s.t.}\begin{cases}\Pr\left\{\left|\dfrac{\omega_i}{\omega_i+\omega_j}-\tilde{a}_{ij}\right|\leqslant\xi_{ij}\right\}\geqslant\alpha_{ij}, & i,j\in N\\ \tilde{a}_{ij}\sim N\left(\mu_{ij},\sigma_{ij}^2\right), & i,j\in N\\ \sum\limits_{i=1}^{n}\omega_i=1, & i\in N\\ \omega_i,\xi_{ij}\geqslant 0, & i,j\in N\end{cases}\tag{7-5}$$

其中，$\alpha_{ij}\left(0\leqslant\alpha_{ij}\leqslant 1\right)$ 为满足距离偏差约束的概率，$\left|\dfrac{\omega_i}{\omega_i+\omega_j}-\tilde{a}_{ij}\right|$ 为服从正态分布的判断(真实值) $\tilde{a}_{ij}$ 与理想值 $\dfrac{\omega_i}{\omega_i+\omega_j}$ 之间的偏差程度，假设该偏差程度不超过阈值 ξ_{ij}，目标函数表示在概率 α_{ij} 下所有阈值 ξ_{ij} 的和越小越好。

定理 7-5 在模型(7-5)中，目标函数值为概率的增函数。

类似地，对于服从正态分布矩阵 $\tilde{B}$ 中随机变量 $\tilde{b}_{ij}$ 的每一个取值，对应决策者关于方案 i 与方案 j 的一个判断。这里仍然假设 $\nu=\left(\nu_1,\nu_2,\cdots,\nu_n\right)^{\mathrm{T}}$ 为 $\tilde{B}$ 的排序向量，理想的决策应该为理想判断 $\dfrac{\nu_i}{\nu_i+\nu_j}$ 与随机变量 $\tilde{b}_{ij}$ 的每一个取值的差距尽可能小；进而视事件 $\dfrac{\nu_i}{\nu_i+\nu_j}$ 与随机变量 $\tilde{b}_{ij}$ 的距离偏差不超过 ς_{ij} 的概率不低于 α_{ij} 为机会约束，构建基于机会约束的正态分布非隶属度区间模糊判断矩阵的最优排序模型如下：

$$\min \sum_{i<j,i,j\in N} \varsigma_{ij}$$
$$\text{s.t.}\begin{cases} \Pr\left\{\left|\dfrac{v_i}{v_i+v_j}-\tilde{b}_{ij}\right| \leqslant \varsigma_{ij}\right\} \geqslant \alpha_{ij}, & i,j\in N \\ \tilde{b}_{ij} \sim N\left(v_{ij},\sigma_{ij}^2\right), & i,j\in N \\ \sum_{i=1}^{n} v_i = 1, & i\in N \\ v_i,\varsigma_{ij} \geqslant 0, & i,j\in N \end{cases} \tag{7-6}$$

其中，α_{ij} 为概率，$\left|\dfrac{v_i}{v_i+v_j}-\tilde{b}_{ij}\right|$ 为服从正态分布的判断(判断的真实值)$\tilde{b}_{ij}$ 与理想判断值 $\dfrac{v_i}{v_i+v_j}$ 的偏差程度，规定该偏差程度不超过阈值 ς_{ij}，目标函数为在不小于一定的概率 α_{ij} 的情况下所有阈值 ς_{ij} 的和越小越好。

当 $\mu=0$ 、$\sigma=1$ 时，称随机变量 X 服从标准正态分布，其概率密度和分布函数分别用 $\varphi(x)$ 、$\Phi(x)$ 表示，即有 $\varphi(x)=\dfrac{1}{\sqrt{2\pi}}\mathrm{e}^{-\frac{x^2}{2}}$ ，$\Phi(x)=\dfrac{1}{\sqrt{2\pi}}\int_{-\infty}^{x}\mathrm{e}^{-\frac{t^2}{2}}\mathrm{d}t$ 。易知 $\Phi(-x)=1-\Phi(x)$ ，$-\Phi^{-1}(\alpha)=\Phi^{-1}(1-\alpha)$ 。

定理 7-6　在模型(7-6)中，目标函数值为概率的增函数。

在机会约束规划领域，Charnes 和 Cooper 已经取得了许多研究成果(Charnes and Cooper，1959)，本研究将机会约束规划模型转化为等价的确定性非线性规划模型。

定理 7-7　模型(7-5)的第一个约束可以转化为确定性不等式，即

$$\Pr\left\{\left|\frac{\omega_i}{\omega_i+\omega_j}-\tilde{a}_{ij}\right| \leqslant \xi_{ij}\right\} \geqslant \alpha_{ij}$$
$$\Leftrightarrow \Phi\left(\frac{\xi_{ij}+\left(\dfrac{\omega_i}{\omega_i+\omega_j}-\mu_{ij}\right)}{\sigma_{ij}}\right)+\Phi\left(\frac{\xi_{ij}-\left(\dfrac{\omega_i}{\omega_i+\omega_j}-\mu_{ij}\right)}{\sigma_{ij}}\right) \geqslant \alpha_{ij}+1$$

由定理 7-7，易得到定理 7-8 和定理 7-9。

定理 7-8　带有机会约束的正态分布隶属度区间模糊判断矩阵的最优排序模型(7-5)等价于如下确定性非线性规划模型：

$$\min \sum_{i<j,i,j\in N} \xi_{ij}$$

$$\text{s.t.}\begin{cases} \Phi\left(\dfrac{\xi_{ij}+\left(\dfrac{\omega_i}{\omega_i+\omega_j}-\mu_{ij}\right)}{\sigma_{ij}}\right)+\Phi\left(\dfrac{\xi_{ij}-\left(\dfrac{\omega_i}{\omega_i+\omega_j}-\mu_{ij}\right)}{\sigma_{ij}}\right)\geqslant \alpha_{ij}+1, & i,j\in N \\ \sum_{i=1}^{n}\omega_i=1, & i\in N \\ \omega_i,\xi_{ij}\geqslant 0, & i,j\in N \end{cases} \tag{7-7}$$

定理 7-9 带有机会约束的正态分布非隶属度区间模糊判断矩阵的最优排序模型(7-6)等价于如下确定性非线性规划模型：

$$\min \sum_{i<j,i,j\in N} \varsigma_{ij}$$

$$\text{s.t.}\begin{cases} \Phi\left(\dfrac{\varsigma_{ij}+\left(\dfrac{\nu_i}{\nu_i+\nu_j}-\nu_{ij}\right)}{\sigma_{ij}}\right)-\Phi\left(\dfrac{-\varsigma_{ij}+\left(\dfrac{\nu_i}{\nu_i+\nu_j}-\nu_{ij}\right)}{\sigma_{ij}}\right)\geqslant \alpha_{ij}, & i,j\in N \\ \sum_{i=1}^{n}\nu_i=1, & i\in N \\ \nu_i,\varsigma_{ij}\geqslant 0, & i,j\in N \end{cases} \tag{7-8}$$

推论 7-3 带有机会约束的正态分布非隶属度判断矩阵的最优排序模型(7-6)等价于如下确定性非线性规划模型：

$$\min \sum_{i<j,i,j\in N} \varsigma_{ij}$$

$$\text{s.t.}\begin{cases} \Phi\left(\dfrac{\varsigma_{ij}+\left(\dfrac{\nu_j}{\nu_i+\nu_j}-\mu_{ij}\right)}{\sigma_{ij}}\right)+\Phi\left(\dfrac{\varsigma_{ij}-\left(\dfrac{\nu_j}{\nu_i+\nu_j}-\mu_{ij}\right)}{\sigma_{ij}}\right)\geqslant 1+\alpha_{ij}, & i,j\in N \\ \sum_{i=1}^{n}\nu_i=1, & i\in N \\ \nu_i,\varsigma_{ij}\geqslant 0, & i,j\in N \end{cases} \tag{7-9}$$

实际上，模型(7-7)与(7-9)是完全等价的两个非线性模型。

定理 7-10 若令 $s_{ij}=\dfrac{\omega_i}{\omega_i+\omega_j}$，$t_{ji}=\dfrac{\nu_j}{\nu_i+\nu_j}$，则模型(7-7)与(7-9)完全等价。因此，模型(7-7)与(7-9)有相同的最优解，即 $s_{ij}^*=t_{ji}^*$，$\xi_{ij}^*=\varsigma_{ij}^*$，$i,j\in N$；有相同的最

优值，即 $\sum\limits_{i<j,i,j\in N}\xi_{ij}^{*}=\sum\limits_{i<j,i,j\in N}\varsigma_{ij}^{*}$ 。

同样，在模型(7-7)与(7-9)中，人们希望建立隶属度区间模糊判断矩阵权重 ω_i 及非隶属度区间模糊判断矩阵权重 v_i 之间的关系。

推论 7-4　通过模型(7-7)与(7-8)求得的方案排序呈逆序关系。

7.3.2 带有机会约束的直觉模糊判断矩阵目标规划排序建模

基于目标规划的思想，对于正态分布隶属度矩阵 A ，对模型(7-5)中判断的理想值 $\dfrac{\omega_i}{\omega_i+\omega_j}$ 与真实值 $\tilde{a}_{ij}$ 的差值约束做如下处理：

$$\left|\frac{\omega_i}{\omega_i+\omega_j}-\tilde{a}_{ij}\right|\leqslant\xi_{ij}\Leftrightarrow-\xi_{ij}\leqslant\frac{\omega_i}{\omega_i+\omega_j}-\tilde{a}_{ij}\leqslant\xi_{ij}$$

若 $\dfrac{\omega_i}{\omega_i+\omega_j}-\tilde{a}_{ij}$ 超过 ξ_{ij} ，则希望偏差变量 d_{ij}^{+} 越小越好；类似地，若 $\dfrac{\omega_i}{\omega_i+\omega_j}-\tilde{a}_{ij}$ 小于 $-\xi_{ij}$ ，则希望偏差变量 d_{ij}^{-} 越小越好。构建基于机会约束的正态分布隶属度矩阵的目标规划最优排序模型如下：

$$\min\sum_{i<j,i,j\in N}\left(d_{ij}^{+}+d_{ij}^{-}+\xi_{ij}\right)$$

$$\text{s.t.}\begin{cases}\Pr\left\{\dfrac{\omega_i}{\omega_i+\omega_j}-\tilde{a}_{ij}-\xi_{ij}\leqslant d_{ij}^{+}\right\}\geqslant\alpha_{ij}, & i,j\in N\\ \Pr\left\{-\dfrac{\omega_i}{\omega_i+\omega_j}+\tilde{a}_{ij}-\xi_{ij}\leqslant d_{ij}^{-}\right\}\geqslant\alpha_{ij}, & i,j\in N\\ \tilde{a}_{ij}\sim N\left(\mu_{ij},\sigma_{ij}^{2}\right), & i,j\in N\\ \sum\limits_{i=1}^{n}\omega_i=1, & i\in N\\ \omega_i\geqslant0, & i\in N\\ d_{ij}^{+},d_{ij}^{-},\xi_{ij}\geqslant0, & i,j\in N\end{cases}\tag{7-10}$$

定理 7-11　在模型(7-10)中，目标函数值为概率的增函数。

同理，对于正态分布非隶属度矩阵 B ，可构建基于机会约束的正态分布非隶属度矩阵目标规划最优排序模型如下：

$$\min \sum_{i<j,i,j\in N}\left(e_{ij}^{+}+e_{ij}^{-}+\varsigma_{ij}\right)$$

$$\text{s.t.}\begin{cases}\Pr\left\{\dfrac{v_i}{v_i+v_j}-\tilde{b}_{ij}-\varsigma_{ij}\leqslant e_{ij}^{+}\right\}\geqslant\alpha_{ij}, & i,j\in N\\ \Pr\left\{-\dfrac{v_i}{v_i+v_j}+\tilde{b}_{ij}-\varsigma_{ij}\leqslant e_{ij}^{-}\right\}\geqslant\alpha_{ij}, & i,j\in N\\ \tilde{b}_{ij}\sim N\left(v_{ij},\sigma_{ij}^{2}\right), & i,j\in N\\ \sum_{i=1}^{n}v_i=1, & i\in N\\ v_i\geqslant 0, & i\in N\\ e_{ij}^{+},e_{ij}^{-},\varsigma_{ij}\geqslant 0, & i,j\in N\end{cases}\tag{7-11}$$

定理 7-12 在模型(7-11)中，目标函数值为概率的增函数。

定理 7-13 机会约束的正态分布隶属度矩阵目标规划最优排序模型(7-10)可转化为如下等价模型：

$$\min \sum_{i<j,i,j\in N}\left(d_{ij}^{+}+d_{ij}^{-}+\xi_{ij}\right)$$

$$\text{s.t.}\begin{cases}\dfrac{\omega_i}{\omega_i+\omega_j}-\mu_{ij}\leqslant-\sigma_{ij}\Phi^{-1}\left(\alpha_{ij}\right)+d_{ij}^{+}+\xi_{ij}, & i,j\in N\\ -\dfrac{\omega_i}{\omega_i+\omega_j}+\mu_{ij}\leqslant-\sigma_{ij}\Phi^{-1}\left(\alpha_{ij}\right)+d_{ij}^{-}+\xi_{ij}, & i,j\in N\\ \sum_{i=1}^{n}\omega_i=1, & \omega_i\geqslant 0,i\in N\\ d_{ij}^{+},d_{ij}^{-},\xi_{ij}\geqslant 0, & i,j\in N\end{cases}\tag{7-12}$$

定理 7-14 机会约束的正态分布非隶属度矩阵目标规划最优排序模型(7-11)可转化为如下等价模型：

$$\min \sum_{i<j,i,j\in N}\left(e_{ij}^{+}+e_{ij}^{-}+\varsigma_{ij}\right)$$

$$\text{s.t.}\begin{cases}\dfrac{v_i}{v_i+v_{j.}}-v_{ij}\leqslant-\sigma_{ij}\Phi^{-1}\left(\alpha_{ij}\right)+e_{ij}^{+}+\varsigma_{ij}, & i,j\in N\\ -\dfrac{v_i}{v_i+v_j}+v_{ij}\leqslant-\sigma_{ij}\Phi^{-1}\left(\alpha_{ij}\right)+e_{ij}^{-}+\varsigma_{ij}, & i,j\in N\\ \sum_{i=1}^{n}v_i=1, & v_i\geqslant 0,i\in N\\ e_{ij}^{+},e_{ij}^{-},\varsigma_{ij}\geqslant 0, & i,j\in N\end{cases}\tag{7-13}$$

推论 7-5　机会约束的正态分布非隶属度矩阵目标规划最优排序模型(7-11)可转化为如下等价模型：

$$\min \sum_{i<j,i,j\in N}\left(e_{ij}^{+}+e_{ij}^{-}+\varsigma_{ij}\right)$$

$$\text{s.t.}\begin{cases}-\dfrac{\nu_j}{\nu_i+\nu_j}+\mu_{ij}\leqslant -\sigma_{ij}\Phi^{-1}\left(\alpha_{ij}\right)+e_{ij}^{+}+\varsigma_{ij}, & i,j\in N\\ \dfrac{\nu_j}{\nu_i+\nu_j}-\mu_{ij}\leqslant -\sigma_{ij}\Phi^{-1}\left(\alpha_{ij}\right)+e_{ij}^{-}+\varsigma_{ij}, & i,j\in N\\ \sum\limits_{i=1}^{n}\nu_i=1, & \nu_i\geqslant 0,i\in N\\ e_{ij}^{+},e_{ij}^{-},\varsigma_{ij}\geqslant 0, & i,j\in N\end{cases} \tag{7-14}$$

定理 7-15　在模型(7-12)与(7-14)中，若令 $s_{ij}=\dfrac{\omega_i}{\omega_i+\omega_j}$，$t_{ji}=\dfrac{\nu_j}{\nu_i+\nu_j}$，则模型(7-12)与(7-14)完全等价。因此，模型(7-12)与(7-14)有相同的最优解，即 $s_{ij}^{*}=t_{ji}^{*}$，$\xi_{ij}^{*}=\varsigma_{ij}^{*}$，$i,j\in N$；且有相同的最优值，即 $\sum\limits_{i<j,i,j\in N}\xi_{ij}^{*}=\sum\limits_{i<j,i,j\in N}\varsigma_{ij}^{*}$。

同样，在模型(7-12)与(7-14)中，人们希望建立正态分布隶属度判断矩阵权重 ω_i 及正态分布非隶属度判断矩阵权重 ν_i 之间的关系。

推论 7-6　通过模型(7-12)与(7-13)求得的方案排序呈逆序关系。

7.4　服从正态分布的群直觉模糊判断矩阵最优排序建模

7.4.1　基于机会约束的群直觉模糊判断矩阵的最优排序建模

令 $M=\{1,2,\cdots,m\}$，假设群体决策中有 m 个决策者针对方案集 $X=\{x_1,x_2,\cdots,x_n\}$ 给出它们的直觉模糊判断矩阵 $R^k=\left(\mu_{ij}^k,\nu_{ij}^k,\pi_{ij}^k\right)$，它们各自的权重已知，为 ϖ_k，$k\in M$。令 $A^k=\left(\bar{a}_{ij}^k\right)_{n\times n}=\left(\left[a_{ijl}^k,a_{iju}^k\right]\right)_{n\times n}$，$B^k=\left(\bar{b}_{ij}^k\right)_{n\times n}=\left(\left[b_{ijl}^k,b_{iju}^k\right]\right)_{n\times n}$ 为直觉模糊判断矩阵 R^k 的等价隶属度区间模糊判断矩阵和非隶属度区间模糊判断矩阵。根据 7.2 节的内容可知，A^k 近似等价于正态分布隶属度判断矩阵 $\tilde{A}^k=\left(\tilde{a}_{ij}^k\right)_{n\times n}$，其中 $\tilde{a}_{ij}^k\sim N\left(\mu_{ij}^k,\left(\sigma_{ij}^k\right)^2\right)$，满足 $\mu_{ij}^k+\mu_{ji}^k=1$，$\sigma_{ij}^k=\sigma_{ji}^k$。$B^k$ 近似等价于正态分布非隶属

度判断矩阵 $\tilde{B}^k=\left(\tilde{b}_{ij}^k\right)_{n\times n}$，其中 $\tilde{b}_{ij}^k \sim N\left(v_{ij}^k,\left(\sigma_{ij}'^k\right)^2\right)$，满足 $v_{ij}^k+v_{ji}^k=1$，$\sigma_{ij}'^k=\sigma_{ji}'^k$。正态分布群体决策隶属度判断矩阵记为 $\tilde{A}^*=\left(\tilde{a}_{ij}^*\right)_{n\times n}$，正态分布群体决策非隶属度判断矩阵记为 $\tilde{B}^*=\left(\tilde{b}_{ij}^*\right)_{n\times n}$，其中 $\tilde{a}_{ij}^*=\sum_{k=1}^m \varpi_k \tilde{a}_{ij}^k$，$\tilde{b}_{ij}^*=\sum_{k=1}^m \varpi_k \tilde{b}_{ij}^k$。下面说明 $\tilde{a}_{ij}^*\left(\tilde{b}_{ij}^*\right)$ 仍然服从正态分布。

对于 $\tilde{a}_{ij}^k \sim N\left(\mu_{ij}^k,\left(\sigma_{ij}^k\right)^2\right)$，根据正态分布的加法运算法则，有 $\varpi_k \tilde{a}_{ij}^k \sim N\left(\varpi_k \mu_{ij}^k, {\varpi_k}^2\left(\sigma_{ij}^k\right)^2\right)$，$\sum_{k=1}^m \varpi_k \tilde{a}_{ij}^k \sim N\left(\sum_{k=1}^m \varpi_k \mu_{ij}^k, \sum_{k=1}^m {\varpi_k}^2\left(\sigma_{ij}^k\right)^2\right)$。即 $\tilde{a}_{ij}^* \sim N\left(\tilde{\mu}_{ij},\left(\tilde{\sigma}_{ij}\right)^2\right)= N\left(\sum_{k=1}^m \varpi_k \mu_{ij}^k, \sum_{k=1}^m {\varpi_k}^2\left(\sigma_{ij}^k\right)^2\right)$，其中 $\tilde{\sigma}_{ij}=\sqrt{\sum_{k=1}^m {\varpi_k}^2\left(\sigma_{ij}^k\right)^2}$。同样可得 $\tilde{b}_{ij}^* \sim N\left(\tilde{v}_{ij},\left(\tilde{\sigma}_{ij}'\right)^2\right)= N\left(\sum_{k=1}^m \varpi_k v_{ij}^k, \sum_{k=1}^m {\varpi_k}^2\left(\sigma_{ij}'\right)^2\right)$，其中 $\tilde{\sigma}_{ij}'=\sqrt{\sum_{k=1}^m {\varpi_k}^2\left(\sigma_{ij}'^k\right)^2}$。

定理 7-16　群体决策(非)隶属度判断值 $\tilde{a}_{ij}^*\left(\tilde{b}_{ij}^*\right)$ 依然服从正态分布。

定理 7-17　$\tilde{\mu}_{ij}+\tilde{v}_{ij}=1,\quad \tilde{\mu}_{ij}=\tilde{v}_{ji}$。

定理 7-18　$\tilde{\sigma}_{ij}=\tilde{\sigma}_{ij}'$。

这里仍然假设 $\omega=\left(\omega_1,\omega_2,\cdots,\omega_n\right)^{\mathrm{T}}$ 为 $\tilde{A}^*$ 的排序向量，与模型(7-5)类似，带有机会约束的正态分布隶属度群区间模糊判断矩阵的最优排序模型为

$$
\begin{aligned}
&\min \sum_{i<j,i,j\in N} \eta_{ij} \\
&\text{s.t.}\begin{cases}
\Pr\left\{\left|\dfrac{\omega_i}{\omega_i+\omega_j}-\tilde{a}_{ij}^*\right| \leqslant \eta_{ij}\right\} \geqslant \rho_{ij} \\
\tilde{a}_{ij}^* \sim N\left(\tilde{\mu}_{ij},\tilde{\sigma}_{ij}^2\right), \quad i,j\in N \\
\sum_{i=1}^n \omega_i=1, \qquad i\in N \\
\omega_i,\eta_{ij}\geqslant 0, \qquad i,j\in N
\end{cases}
\end{aligned}
\tag{7-15}
$$

其中，$\rho_{ij}\left(0\leqslant \rho_{ij}\leqslant 1\right)$ 为一致性条件约束的概率。$\left|\dfrac{\omega_i}{\omega_i+\omega_j}-\tilde{a}_{ij}^*\right|$ 为正态分布判断 $\tilde{a}_{ij}^*$ 与理想判断 $\dfrac{\omega_i}{\omega_i+\omega_j}$ 之间的偏差程度，假设该偏差不超过阈值 η_{ij}，目标函数表示在概率 ρ_{ij} 下，所有阈值 η_{ij} 的和越小越好。

定理 7-19　在模型(7-15)中，目标函数值为概率的增函数。

类似地，仍然假设 $v=(v_1,v_2,\cdots,v_n)^{\mathrm{T}}$ 为 $\tilde{B}^*$ 的排序向量，带有机会约束的正态分布非隶属度群区间模糊判断矩阵的最优排序模型为

$$\min\sum_{i<j,i,j\in N}\varsigma_{ij}$$
$$\text{s.t.}\begin{cases}\Pr\left\{\left|\dfrac{v_i}{v_i+v_j}-\tilde{b}_{ij}^*\right|\leqslant\varsigma_{ij}\right\}\geqslant\rho_{ij}\\ \tilde{b}_{ij}^*\sim N\left(\tilde{v}_{ij},\tilde{\sigma}_{ij}^2\right),\quad i,j\in N\\ \sum\limits_{i=1}^{n}v_i=1,\qquad i\in N\\ v_i,\varsigma_{ij}\geqslant 0,\qquad i,j\in N\end{cases}\tag{7-16}$$

其中，$\rho_{ij}\left(0\leqslant\rho_{ij}\leqslant 1\right)$ 为一致性条件约束的概率，$\left|\dfrac{v_i}{v_i+v_j}-\tilde{b}_{ij}^*\right|$ 为正态分布判断 $\tilde{b}_{ij}^*$ 与理想判断 $\dfrac{v_i}{v_i+v_j}$ 之间的偏差程度，假设该偏差不超过阈值 ς_{ij}，目标函数表示在概率 ρ_{ij} 下，所有阈值 ς_{ij} 的和越小越好。

定理 7-20　在模型(7-16)中，目标函数值为概率的增函数。

定理 7-21　带有机会约束的正态分布隶属度群区间模糊判断矩阵的最优排序模型(7-15)等价于如下确定性非线性规划模型：

$$\min\sum_{i<j,i,j\in N}\eta_{ij}$$
$$\text{s.t.}\begin{cases}\varPhi\left(\dfrac{\eta_{ij}+\left(\dfrac{\omega_i}{\omega_i+\omega_j}-\sum\limits_{k=1}^{m}\varpi_k\mu_{ij}^k\right)}{\sqrt{\sum\limits_{k=1}^{m}{\varpi_k}^2\left(\sigma_{ij}^k\right)^2}}\right)+\varPhi\left(\dfrac{\eta_{ij}-\left(\dfrac{\omega_i}{\omega_i+\omega_j}-\sum\limits_{k=1}^{m}\varpi_k\mu_{ij}^k\right)}{\sqrt{\sum\limits_{k=1}^{m}{\varpi_k}^2\left(\sigma_{ij}^k\right)^2}}\right)\geqslant\rho_{ij}+1\\ \sum\limits_{i=1}^{n}\omega_i=1,\quad i\in N\\ \omega_i,\eta_{ij}\geqslant 0,\quad i,j\in N\end{cases}\tag{7-17}$$

定理 7-22　带有机会约束的正态分布非隶属度群区间模糊判断矩阵的最优排序模型(7-16)等价于如下确定性非线性规划模型：

$$\min \sum_{i<j,i,j\in N} \varsigma_{ij}$$

$$\text{s.t.}\begin{cases}\varPhi\left(\dfrac{\varsigma_{ij}+\left(\dfrac{\nu_i}{\nu_i+\nu_j}-\sum\limits_{k=1}^{m}\varpi_k\nu_{ij}^k\right)}{\sqrt{\sum\limits_{k=1}^{m}\varpi_k^{\ 2}\left(\sigma_{ij}^k\right)^2}}\right)-\varPhi\left(\dfrac{-\varsigma_{ij}+\left(\dfrac{\nu_j}{\nu_i+\nu_j}-\sum\limits_{k=1}^{m}\varpi_k\nu_{ij}^k\right)}{\sqrt{\sum\limits_{k=1}^{m}\varpi_k^{\ 2}\left(\sigma_{ij}^k\right)^2}}\right)\geqslant\rho_{ij}\\ \sum\limits_{i=1}^{n}\omega_i=1,\quad i\in N\\ \nu_i,\varsigma_{ij}\geqslant 0,\quad i,j\in N\end{cases}$$

(7-18)

推论 7-7　带有机会约束的正态分布非隶属度群判断矩阵的最优排序模型(7-18)等价于如下确定性非线性规划模型：

$$\min \sum_{i<j,i,j\in N} \varsigma_{ij}$$

$$\text{s.t.}\begin{cases}\varPhi\left(\dfrac{\varsigma_{ij}+\left(\dfrac{\nu_j}{\nu_i+\nu_j}-\sum\limits_{k=1}^{m}\varpi_k\mu_{ij}^k\right)}{\sqrt{\sum\limits_{k=1}^{m}\varpi_k^{\ 2}\left(\sigma_{ij}^k\right)^2}}\right)+\varPhi\left(\dfrac{\varsigma_{ij}-\left(\dfrac{\nu_j}{\nu_i+\nu_j}-\sum\limits_{k=1}^{m}\varpi_k\mu_{ij}^k\right)}{\sqrt{\sum\limits_{k=1}^{m}\varpi_k^{\ 2}\left(\sigma_{ij}^k\right)^2}}\right)\geqslant 1+\rho_{ij}\\ \sum\limits_{i=1}^{n}\nu_i=1,\quad i\in N\\ \nu_i,\varsigma_{ij}\geqslant 0,\quad i,j\in N\end{cases}\tag{7-19}$$

实际上，模型(7-17)与(7-19)是完全等价的两个非线性模型。

定理 7-23　若令 $s_{ij}=\dfrac{\omega_i}{\omega_i+\omega_j}$ ，$t_{ji}=\dfrac{\nu_j}{\nu_i+\nu_j}$ ，则模型(7-17)与(7-19)完全等价。因此，模型(7-17)与(7-19)有相同的最优解，即 $s_{ij}^*=t_{ji}^*$ ，$\eta_{ij}^*=\varsigma_{ij}^*$ ，$i,j\in N$ ；有相同的最优值，即 $\sum\limits_{i<j,i,j\in N}\eta_{ij}^*=\sum\limits_{i<j,i,j\in N}\varsigma_{ij}^*$ 。

同样，在模型(7-17)与(7-18)中，希望建立隶属度群区间模糊判断矩阵权重 ω_i 及非隶属度群区间模糊判断矩阵权重 ν_i 之间的关系。

推论 7-8　通过模型(7-17)与(7-18)求得的方案排序呈逆序关系。

7.4.2　基于正态分布加法运算法则的群直觉模糊判断矩阵目标规划排序建模

由于此节内容与 7.3 节部分内容相似，只列出基于目标规划与机会约束的正态分布隶属度及正态分布非隶属度群区间模糊判断矩阵的两个重要结论。

定理 7-24　带有机会约束的正态分布隶属度群判断矩阵目标规划最优排序模型为

$$\min \sum_{i<j,i,j\in N}\left(\tilde{d}_{ij}^{+}+\tilde{d}_{ij}^{-}+\eta_{ij}\right)$$

$$\text{s.t.}\begin{cases}\dfrac{\omega_i}{\omega_i+\omega_j}-\sum\limits_{k=1}^{m}\varpi_k\mu_{ij}^{k}\leqslant-\sqrt{\sum\limits_{k=1}^{m}\varpi_k^{\,2}\left(\sigma_{ij}^{k}\right)^{2}}\Phi^{-1}\left(\rho_{ij}\right)+\tilde{d}_{ij}^{+}+\eta_{ij}, & i,j\in N\\ -\dfrac{\omega_i}{\omega_i+\omega_j}+\sum\limits_{k=1}^{m}\varpi_k\mu_{ij}^{k}\leqslant-\sqrt{\sum\limits_{k=1}^{m}\varpi_k^{\,2}\left(\sigma_{ij}^{k}\right)^{2}}\Phi^{-1}\left(\rho_{ij}\right)+\tilde{d}_{ij}^{-}+\eta_{ij}, & i,j\in N\\ \sum\limits_{i=1}^{n}\omega_i=1, & \omega_i\geqslant0,i\in N\\ \tilde{d}_{ij}^{+},\tilde{d}_{ij}^{-},\eta_{ij}\geqslant0, & i,j\in N\end{cases}\tag{7-20}$$

定理 7-25　带有机会约束的正态分布非隶属度群判断矩阵目标规划最优排序模型为

$$\min \sum_{i<j,i,j\in N}\left(\tilde{e}_{ij}^{+}+\tilde{e}_{ij}^{-}+\varsigma_{ij}\right)$$

$$\text{s.t.}\begin{cases}\dfrac{\nu_i}{\nu_i+\nu_j}-\sum\limits_{k=1}^{m}\varpi_k\nu_{ij}^{k}\leqslant-\sqrt{\sum\limits_{k=1}^{m}\varpi_k^{\,2}\left(\sigma_{ij}^{k}\right)^{2}}\Phi^{-1}\left(\rho_{ij}\right)+\tilde{e}_{ij}^{+}+\varsigma_{ij}, & i,j\in N\\ -\dfrac{\nu_i}{\nu_i+\nu_j}+\sum\limits_{k=1}^{m}\varpi_k\nu_{ij}^{k}\leqslant-\sqrt{\sum\limits_{k=1}^{m}\varpi_k^{\,2}\left(\sigma_{ij}^{k}\right)^{2}}\Phi^{-1}\left(\rho_{ij}\right)+\tilde{e}_{ij}^{-}+\varsigma_{ij}, & i,j\in N\\ \sum\limits_{i=1}^{n}\nu_i=1, & \nu_i\geqslant0,i\in N\\ \tilde{e}_{ij}^{+},\tilde{e}_{ij}^{-},\varsigma_{ij}\geqslant0, & i,j\in N\end{cases}\tag{7-21}$$

7.5　算　　例

在决策系统中，假设有 3 位决策者 d_1、d_2、d_3，通过对方案 x_1、x_2、x_3、x_4 进行两两比较，给出它们各自的直觉模糊判断矩阵 R_1、R_2、R_3。

$$R_1=\begin{pmatrix}(0.5,0.5,0) & (0.2,0.6,0.2) & (0.3,0.4,0.3) & (0.5,0.3,0.2)\\ (0.6,0.2,0.2) & (0.5,0.5,0) & (0.7,0.1,0.2) & (0.6,0.2,0.2)\\ (0.4,0.3,0.3) & (0.1,0.7,0.2) & (0.5,0.5,0) & (0.7,0.2,0.1)\\ (0.3,0.5,0.2) & (0.2,0.6,0.2) & (0.2,0.7,0.1) & (0.5,0.5,0)\end{pmatrix}$$

$$R_2=\begin{pmatrix} (0.5,0.5,0) & (0.3,0.5,0.2) & (0.5,0.4,0.1) & (0.4,0.6,0) \\ (0.5,0.3,0.2) & (0.5,0.5,0) & (0.5,0.3,0.2) & (0.2,0.7,0.1) \\ (0.4,0.5,0.1) & (0.3,0.5,0.2) & (0.5,0.5,0) & (0.3,0.5,0.2) \\ (0.6,0.4,0) & (0.7,0.2,0.1) & (0.5,0.3,0.2) & (0.5,0.5,0) \end{pmatrix}$$

$$R_3=\begin{pmatrix} (0.5,0.5,0) & (0.4,0.5,0.1) & (0.2,0.7,0.1) & (0.5,0.4,0.1) \\ (0.5,0.4,0.1) & (0.5,0.5,0) & (0.6,0.2,0.2) & (0.4,0.5,0.1) \\ (0.7,0.2,0.1) & (0.2,0.6,0.2) & (0.5,0.5,0) & (0.3,0.5,0.2) \\ (0.4,0.5,0.1) & (0.5,0.4,0.1) & (0.5,0.3,0.2) & (0.5,0.5,0) \end{pmatrix}$$

令 A^k 、$B^k(k=1,2,3)$ 分别为第 k 个决策者的直觉模糊判断的等价隶属度、非隶属度区间模糊判断矩阵，$\overline{A}^k$ 、$\overline{B}^k(k=1,2,3)$ 分别为它们的近似等价正态分布隶属度、非隶属度矩阵。则

$$A^1=\begin{pmatrix} [0.5,0.5] & [0.2,0.4] & [0.3,0.6] & [0.5,0.7] \\ [0.6,0.8] & [0.5,0.5] & [0.7,0.9] & [0.6,0.8] \\ [0.4,0.7] & [0.1,0.3] & [0.5,0.5] & [0.7,0.8] \\ [0.3,0.5] & [0.2,0.4] & [0.2,0.3] & [0.5,0.5] \end{pmatrix}$$

$$A^2=\begin{pmatrix} [0.5,0.5] & [0.3,0.5] & [0.5,0.6] & [0.4,0.4] \\ [0.5,0.7] & [0.5,0.5] & [0.5,0.7] & [0.2,0.3] \\ [0.4,0.5] & [0.3,0.5] & [0.5,0.5] & [0.3,0.5] \\ [0.6,0.6] & [0.7,0.8] & [0.5,0.7] & [0.5,0.5] \end{pmatrix}$$

$$A^3=\begin{pmatrix} [0.5,0.5] & [0.4,0.5] & [0.2,0.3] & [0.5,0.6] \\ [0.5,0.6] & [0.5,0.5] & [0.6,0.8] & [0.4,0.5] \\ [0.7,0.8] & [0.2,0.4] & [0.5,0.5] & [0.3,0.5] \\ [0.4,0.5] & [0.5,0.6] & [0.5,0.7] & [0.5,0.5] \end{pmatrix}$$

$$B^1=\begin{pmatrix} [0.5,0.5] & [0.6,0.8] & [0.4,0.7] & [0.3,0.5] \\ [0.2,0.4] & [0.5,0.5] & [0.1,0.3] & [0.2,0.4] \\ [0.3,0.6] & [0.7,0.9] & [0.5,0.5] & [0.2,0.3] \\ [0.5,0.7] & [0.6,0.8] & [0.7,0.8] & [0.5,0.5] \end{pmatrix}$$

$$B^2=\begin{pmatrix} [0.5,0.5] & [0.5,0.7] & [0.4,0.5] & [0.6,0.6] \\ [0.3,0.5] & [0.5,0.5] & [0.3,0.5] & [0.7,0.8] \\ [0.5,0.6] & [0.5,0.7] & [0.5,0.5] & [0.5,0.7] \\ [0.4,0.4] & [0.2,0.3] & [0.3,0.5] & [0.5,0.5] \end{pmatrix}$$

$$B^3=\begin{pmatrix}[0.5,0.5] & [0.5,0.6] & [0.7,0.8] & [0.4,0.5]\\ [0.4,0.5] & [0.5,0.5] & [0.2,0.4] & [0.5,0.6]\\ [0.2,0.3] & [0.6,0.8] & [0.5,0.5] & [0.5,0.7]\\ [0.5,0.6] & [0.4,0.5] & [0.3,0.5] & [0.5,0.5]\end{pmatrix}$$

$$\bar{A}^1\sim\begin{pmatrix}N(0.5000,0.0000) & N(0.3000,0.0333) & N(0.4500,0.0500) & N(0.6000,0.0333)\\ N(0.7000,0.0333) & N(0.5000,0.0000) & N(0.8000,0.0333) & N(0.7000,0.0333)\\ N(0.5500,0.0500) & N(0.2000,0.0333) & N(0.5000,0.0000) & N(0.7500,0.0167)\\ N(0.4000,0.0333) & N(0.3000,0.0333) & N(0.2500,0.0167) & N(0.5000,0.0000)\end{pmatrix}$$

$$\bar{A}^2\sim\begin{pmatrix}N(0.5000,0.0000) & N(0.4000,0.0333) & N(0.5500,0.0167) & N(0.4000,0.0000)\\ N(0.6000,0.0333) & N(0.5000,0.0000) & N(0.6000,0.0333) & N(0.2500,0.0167)\\ N(0.4500,0.0167) & N(0.4000,0.0333) & N(0.5000,0.0000) & N(0.4000,0.0333)\\ N(0.6000,0.0000) & N(0.7500,0.0167) & N(0.6000,0.0333) & N(0.5000,0.0000)\end{pmatrix}$$

$$\bar{A}^3\sim\begin{pmatrix}N(0.5000,0.0000) & N(0.4500,0.0167) & N(0.2500,0.0167) & N(0.5500,0.0167)\\ N(0.5500,0.0167) & N(0.5000,0.0000) & N(0.7000,0.0333) & N(0.4500,0.0167)\\ N(0.7500,0.0167) & N(0.3000,0.0333) & N(0.5000,0.0000) & N(0.4000,0.0333)\\ N(0.4500,0.0167) & N(0.5500,0.0167) & N(0.6000,0.0333) & N(0.5000,0.0000)\end{pmatrix}$$

$$\bar{B}^1\sim\begin{pmatrix}N(0.5000,0.0000) & N(0.7000,0.0333) & N(0.5500,0.0500) & N(0.4000,0.0333)\\ N(0.3000,0.0333) & N(0.5000,0.0000) & N(0.2000,0.0333) & N(0.3000,0.0333)\\ N(0.4500,0.0500) & N(0.8000,0.0333) & N(0.5000,0.0000) & N(0.2500,0.0167)\\ N(0.6000,0.0333) & N(0.7000,0.0333) & N(0.7500,0.0167) & N(0.5000,0.0000)\end{pmatrix}$$

$$\bar{B}^2\sim\begin{pmatrix}N(0.5000,0.0000) & N(0.6000,0.0333) & N(0.4500,0.0167) & N(0.6000,0.0000)\\ N(0.4000,0.0333) & N(0.5000,0.0000) & N(0.4000,0.0333) & N(0.7500,0.0167)\\ N(0.5500,0.0167) & N(0.6000,0.0333) & N(0.5000,0.0000) & N(0.6000,0.0333)\\ N(0.4000,0.0000) & N(0.2500,0.0167) & N(0.4000,0.0333) & N(0.5000,0.0000)\end{pmatrix}$$

$$\bar{B}^3\sim\begin{pmatrix}N(0.5000,0.0000) & N(0.5500,0.0167) & N(0.7500,0.0167) & N(0.4500,0.0167)\\ N(0.4500,0.0167) & N(0.5000,0.0000) & N(0.3000,0.0333) & N(0.5500,0.0167)\\ N(0.2500,0.0167) & N(0.7000,0.0333) & N(0.5000,0.0000) & N(0.6000,0.0333)\\ N(0.5500,0.0167) & N(0.4500,0.0167) & N(0.4000,0.0333) & N(0.5000,0.0000)\end{pmatrix}$$

7.5.1　隶属度、非隶属度直觉模糊判断矩阵排序向量求解

令 $\omega_i^{A^k}$ 、$\omega_i^{B^k}$ $(i\in N)$ 为第 k 个决策者的直觉模糊判断矩阵的等价正态分布隶属度、非隶属度判断矩阵的排序向量。根据模型(7-12)和(7-13)，表 7-1 总结了概率 α 取值分别为 0.9973、0.9015、0.8023、0.7017 和 0.6026(选取这些数值的原因，是

这些数值出现在统计学正态分布的表格里面)时正态分布隶属度、非隶属度判断矩阵的权向量和最优目标值。其中，$\Phi^{-1}(0.9973)=2.78$，$\Phi^{-1}(0.9015)=1.29$，$\Phi^{-1}(0.8023)=0.85$，$\Phi^{-1}(0.7017)=0.53$，$\Phi^{-1}(0.6026)=0.26$。

表 7-1　正态分布隶属度、非隶属度区间模糊判断矩阵的权向量及最优目标值

$\omega_i^{A^k}/\alpha$	0.9973	0.9015	0.8023	0.7017	0.6026	$\omega_i^{B^k}/\alpha$	0.9973	0.9015	0.8023	0.7017	0.6026
$\omega_1^{A^1}$	0.1915	0.1915	0.1915	0.1915	0.1915	$\omega_1^{B^1}$	0.2669	0.2669	0.2669	0.2669	0.2669
$\omega_2^{A^1}$	0.4468	0.4468	0.4468	0.4468	0.4468	$\omega_2^{B^1}$	0.1144	0.1144	0.1144	0.1144	0.1144
$\omega_3^{A^1}$	0.2340	0.2340	0.2340	0.2340	0.2340	$\omega_3^{B^1}$	0.2184	0.2184	0.2184	0.2184	0.2184
$\omega_4^{A^1}$	0.1277	0.1277	0.1277	0.1277	0.1277	$\omega_4^{B^1}$	0.4003	0.4003	0.4003	0.4003	0.4003
D^1	0.8803	0.5825	0.4944	0.4303	0.3766	E^1	0.8803	0.5825	0.4944	0.4303	0.3766
$\omega_1^{A^2}$	0.2200	0.2200	0.2200	0.2200	0.2200	$\omega_1^{B^2}$	0.2700	0.2700	0.2700	0.2700	0.2700
$\omega_2^{A^2}$	0.2700	0.2700	0.2700	0.2700	0.2700	$\omega_2^{B^2}$	0.2200	0.2200	0.2200	0.2200	0.2200
$\omega_3^{A^2}$	0.1800	0.1800	0.1800	0.1800	0.1800	$\omega_3^{B^2}$	0.3300	0.3300	0.3300	0.3300	0.3300
$\omega_4^{A^2}$	0.3300	0.3300	0.3300	0.3300	0.3300	$\omega_4^{B^2}$	0.1800	0.1800	0.1800	0.1800	0.1800
D^2	0.6666	0.4680	0.4093	0.3666	0.3307	E^2	0.6666	0.4680	0.4093	0.3666	0.3307
$\omega_1^{A^3}$	0.2122	0.2122	0.2122	0.2122	0.2122	$\omega_1^{B^3}$	0.2864	0.2864	0.2864	0.2864	0.2864
$\omega_2^{A^3}$	0.2594	0.2594	0.2594	0.2594	0.2594	$\omega_2^{B^3}$	0.2343	0.2343	0.2343	0.2343	0.2343
$\omega_3^{A^3}$	0.2113	0.2113	0.2113	0.2113	0.2113	$\omega_3^{B^3}$	0.2876	0.2876	0.2876	0.2876	0.2876
$\omega_4^{A^3}$	0.3170	0.3170	0.3170	0.3170	0.3170	$\omega_4^{B^3}$	0.1917	0.1917	0.1917	0.1917	0.1917
D^3	0.9198	0.7210	0.6624	0.6198	0.5836	E^3	0.9198	0.7210	0.6624	0.6198	0.5836

注：$D^k=\sum_{i\neq j,j\in\{1,2,3,4\}}\left(d_{ij}^{k+}+d_{ij}^{k-}+\xi_{ij}^k\right)$，$E^k=\sum_{i\neq j,j\in\{1,2,3,4\}}\left(e_{ij}^{k+}+e_{ij}^{k-}+\varsigma_{ij}^k\right)$，$k=1,2,3$。

由表 7-1 可知，尽管机会约束中的概率取值不同，但根据模型(7-12)求出的正态分布隶属度区间模糊判断矩阵的权向量的最优解相同，根据模型(7-13)求出的正态分布非隶属度区间模糊判断矩阵的权向量的最优解相同；根据模型(7-12)求出的正态分布隶属度区间模糊判断矩阵方案排序与根据模型(7-13)求出的正态分布非隶属度区间模糊判断矩阵方案排序呈逆序关系。以直觉模糊判断矩阵 R_1 为例，对于不同的概率取值，根据隶属度矩阵 A^1 求解的备选方案的排序都为 $x_2\succ x_3\succ x_1\succ x_4$，根据非隶属度矩阵 B^1 求解的备选方案的排序都为 $x_4\succ x_1\succ x_3\succ x_2$。结果表明，根据隶属度矩阵和非隶属度矩阵求出的备选方案的排序呈现逆序关系，从而推论 7-3 至推论 7-6 得以验证。

表 7-1 中，正态分布隶属度区间模糊判断矩阵阈值偏差之和随着一致性约束实现概率的增加而增加(图 7-2 和图 7-3)。概率的取值越大，意味着实现理想判断的要求越高。在这种情况下，只有当理想判断值与真实判断值之间的偏差足够大，即当现实判断中偏差的阈值允许增加的情况时，一致性约束才可以充分实现。

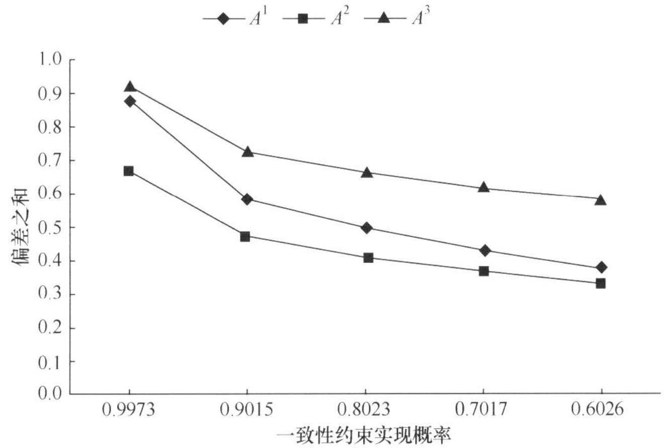

图 7-2　正态分布隶属度区间模糊判断矩阵阈值偏差之和与一致性约束实现概率之间的关系

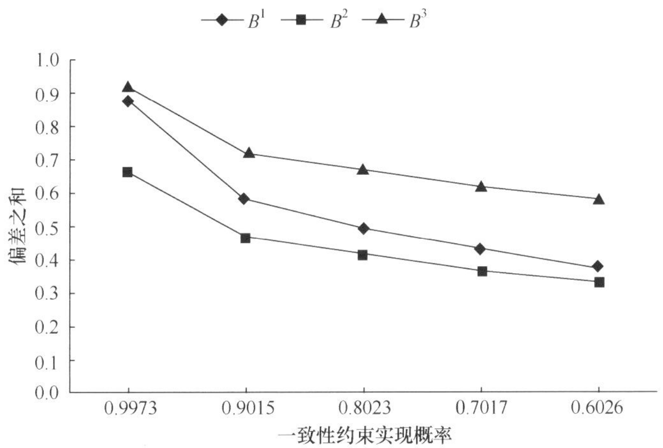

图 7-3　正态分布非隶属度区间模糊判断矩阵阈值偏差之和与一致性约束实现概率之间的关系

7.5.2　隶属度、非隶属度群区间模糊判断矩阵排序向量求解

假设三人权重分别为 0.5、0.2 和 0.3，则根据“正态分布加法运算法则”集结后的正态分布隶属度群判断矩阵和正态分布非隶属度群判断矩阵分别为

$$\tilde{A}^*\sim\begin{pmatrix} N\left(0.5000,0.0000^2\right) & N\left(0.3650,0.0186^2\right) & N\left(0.4100,0.0257^2\right) & N\left(0.5450,0.0174^2\right) \\ N\left(0.6350,0.0186^2\right) & N\left(0.5000,0.0000^2\right) & N\left(0.7300,0.0205^2\right) & N\left(0.5350,0.0177^2\right) \\ N\left(0.5900,0.0257^2\right) & N\left(0.2700,0.0205^2\right) & N\left(0.5000,0.0000^2\right) & N\left(0.5750,0.0146^2\right) \\ N\left(0.4550,0.0174^2\right) & N\left(0.4650,0.0177^2\right) & N\left(0.4250,0.0146^2\right) & N\left(0.5000,0.0000^2\right) \end{pmatrix}$$

$$\tilde{B}^*\sim\begin{pmatrix} N\left(0.5000,0.0000^2\right) & N\left(0.6350,0.0186^2\right) & N\left(0.5900,0.0257^2\right) & N\left(0.4550,0.0174^2\right) \\ N\left(0.3650,0.0186^2\right) & N\left(0.5000,0.0000^2\right) & N\left(0.2700,0.0205^2\right) & N\left(0.4650,0.0177^2\right) \\ N\left(0.4100,0.0257^2\right) & N\left(0.7300,0.0205^2\right) & N\left(0.5000,0.0000^2\right) & N\left(0.4250,0.0146^2\right) \\ N\left(0.5450,0.0174^2\right) & N\left(0.5350,0.0177^2\right) & N\left(0.5750,0.0146^2\right) & N\left(0.5000,0.0000^2\right) \end{pmatrix}$$

集结后的正态分布隶属度、正态分布非隶属度群判断矩阵 $\tilde{A}^*$、$\tilde{B}^*$ 的方案排序向量分别为 ω_i^A、$\omega_i^B(i=1,2,3,4)$，在概率 α 取值分别为 0.9973、0.9015、0.8023、0.7017 和 0.6026 的情况下，根据模型(7-20)及(7-21)可分别求得正态分布隶属度、正态分布非隶属度群判断矩阵的最优排序向量和最优目标值，如表 7-2 所示。

表 7-2　正态分布隶属度、正态分布非隶属度群判断矩阵的最优排序向量和最优目标值

$\omega_i^{\tilde{A}^*}/\alpha$	0.9973	0.9015	0.8023	0.7017	0.6026	$\omega_i^{\tilde{B}^*}/\alpha$	0.9973	0.9015	0.8023	0.7017	0.6026
$\omega_1^{\tilde{A}^*}$	0.2126	0.2126	0.2126	0.2126	0.2126	$\omega_1^{\tilde{B}^*}$	0.2734	0.2734	0.2734	0.2734	0.2734
$\omega_2^{\tilde{A}^*}$	0.3698	0.3698	0.3698	0.3698	0.3698	$\omega_2^{\tilde{B}^*}$	0.1571	0.1571	0.1571	0.1571	0.1571
$\omega_3^{\tilde{A}^*}$	0.2401	0.2401	0.2401	0.2401	0.2401	$\omega_3^{\tilde{B}^*}$	0.2420	0.2420	0.2420	0.2420	0.2420
$\omega_4^{\tilde{A}^*}$	0.1775	0.1775	0.1775	0.1775	0.1775	$\omega_4^{\tilde{B}^*}$	0.3275	0.3275	0.3275	0.3275	0.3275
$\sum_{i\neq j,i,j\in N}\left(\tilde{d}_{ij}^{+}+\tilde{d}_{ij}^{-}+\eta_{ij}\right)$	0.6426	0.4718	0.4213	0.3848	0.3537	$\sum_{i\neq j,i,j\in N}\left(\tilde{e}_{ij}^{+}+\tilde{e}_{ij}^{-}+\varsigma_{ij}\right)$	0.6426	0.4718	0.4213	0.3848	0.3537

从表 7-2 可以看出，尽管机会约束的概率取值不同，但是根据模型(7-20)求出的正态分布隶属度群判断矩阵的权重向量的最优解相同，根据模型(7-21)求出的正态分布非隶属度群判断矩阵的权重向量的最优解相同；根据模型(7-20)求出的正态分布隶属度群判断矩阵的方案排序与根据模型(7-21)求出的正态分布非隶属度群判断矩阵的方案排序呈逆序关系：正态分布隶属度群判断矩阵 $\tilde{A}^*$ 的方案排序为

$x_2 \succ x_3 \succ x_1 \succ x_4$，正态分布非隶属度群体决策判断矩阵 $\tilde{B}^*$ 的方案排序为 $x_4 \succ x_1 \succ x_3 \succ x_2$(其中“$\succ$”表示优于)，即由正态分布隶属度、正态分布非隶属度群判断矩阵求出的备选方案排序呈逆序关系。同时由表 7-1 和表 7-2 可以看出，由群判断矩阵求出的方案排序受权重较大的决策者影响较大，也可看出目标函数为概率的增函数。

7.6 本章小结

本章研究了服从正态分布的(群)直觉模糊判断矩阵的方案排序问题。基于直觉模糊判断矩阵和区间模糊判断矩阵之间的等价数学关系，构建了(群)直觉模糊判断矩阵的等价隶属度、非隶属度(群)区间模糊判断矩阵。假设专家关于两两方案的判断信息是服从独立正态分布的随机变量，借助“3σ 准则”，在乘性一致性的基础上，构建了带有机会约束的(群)直觉模糊判断矩阵的最优排序模型，并建立了其等价确定性非线性规划模型，讨论了其等价正态分布隶属度、正态分布非隶属度(群)区间模糊判断矩阵最优排序向量之间的关联关系。在一定概率下，模型以决策者的实际判断值与满足一致性的理想判断值的偏差不超过偏差阈值为机会约束，以最小偏差阈值的和为目标。

本章构建的等价确定性非线性规划模型有助于降低计算成本，更容易获得方案的排序向量；引入了基于乘性一致性的不确定随机变量的机会约束，为合理模拟现实决策环境中的不确定性和模糊性提供一种新的方法。本章贡献如下：

(1) 基于直觉模糊判断矩阵和区间模糊判断矩阵的数学等价关系，采用服从正态分布的随机变量近似代替(非)隶属度区间模糊判断矩阵中的偏好信息，引入机会约束规划构建此直觉模糊判断矩阵的排序模型，建立了基于机会约束规划的直觉模糊判断矩阵的确定性非线性规划模型。

(2) 以决策者的实际偏好信息与理想一致性偏好信息的偏差不小于某个概率为事件，通过调节概率控制一致性实现的严格程度，即概率的取值越大，允许的偏差程度越大，一致性实现的要求就越宽松。

(3) 研究了服从正态分布的直觉模糊判断矩阵的等价隶属度、非隶属度区间模糊判断矩阵排序向量之间的关联关系，并就它们之间存在的逆序关系给出严格的数学证明。

(4) 将以上结论推广到群直觉模糊判断矩阵的研究中。

第 8 章　服从不确定正态分布的直觉模糊判断矩阵排序研究

在第 7 章的研究中，根据“区间的加法运算法则”和“3σ 准则”集结的群区间模糊判断矩阵(群直觉模糊判断矩阵的等价区间形式)的均值 μ 与根据“正态分布的加法运算法则”和“3σ 准则”计算出来的均值 μ 是相等的，同为 $\sum_{k=1}^{m}\omega_k\mu_{ij}^k$；但是两种方法计算出来的方差 σ 不等，根据第一种方法计算出的方差为 $\sum_{k=1}^{m}\omega_k\mu_{ij}^k$，根据第二种方法计算出来的方差为 $\sqrt{\sum_{k=1}^{m}\omega_k^2(\sigma_{ij}^k)^2}$。其中，$\omega_k$ 为第 k 个决策者的权重，μ_{ij}^k 为第 k 个决策者 (i,j) 位置上正态分布变量的均值，σ_{ij}^k 为第 k 个决策者 (i,j) 位置上正态分布变量的方差，$k\in M$。方差的放大实质上导致群直觉模糊判断矩阵的等价群区间模糊判断矩阵的区间数元素的放大，进一步导致信息失真。为了减少信息失真，本章在第 7 章内容的基础上，运用“不确定正态分布理论”对群体决策直觉模糊判断矩阵的信息进行集结，并将由此方法得到的排序结果与根据“正态分布的加法运算法则”得到的排序结果进行对比分析。

8.1　基于目标规划的直觉模糊判断矩阵最优排序建模

8.1.1　隶属度、非隶属度区间模糊判断矩阵最优排序建模

若令 $\omega=\left(\omega_1,\omega_2,\cdots,\omega_n\right)^{\mathrm{T}}$ 为隶属度区间模糊判断矩阵 A 的排序向量，若 A 不满足一致性条件，则 $\dfrac{\omega_i}{\omega_i+\omega_j}$ 与 $\alpha_{ij}\alpha_{ijl}+(1-\alpha_{ij})\alpha_{iju}$ 的距离偏差 ε_{ij} 越小越好，因此可构造隶属度区间模糊判断矩阵的最优排序模型如下：

$$\min \sum_{i,j\in N,i<j} \varepsilon_{ij}$$

$$\text{s.t.}\begin{cases} \left|\dfrac{\omega_i}{\omega_i+\omega_j}-\left[\alpha_{ij}a_{ijl}+(1-\alpha_{ij})a_{iju}\right]\right| \leqslant \varepsilon_{ij}, & i,j\in N \\ 0\leqslant \alpha_{ij}\leqslant 1, & i,j\in N \\ \sum_{i=1}^{n}\omega_i=1, & \omega_i\geqslant 0, i\in N \end{cases} \tag{8-1}$$

同理，若令 $\nu=(\nu_1,\nu_2,\cdots,\nu_n)^{\mathrm{T}}$ 为非隶属度区间模糊判断矩阵 B 的排序向量，若 B 非一致，显然 $\dfrac{\nu_i}{\nu_i+\nu_j}$ 与 $\beta_{ij}b_{ijl}+(1-\beta_{ij})b_{iju}$ 的距离偏差 ς_{ij} 越小越好，因此可构造非隶属度区间模糊判断矩阵的最优排序模型如下：

$$\min \sum_{i,j\in N,i<j} \varsigma_{ij}$$

$$\text{s.t.}\begin{cases} \left|\dfrac{\nu_i}{\nu_i+\nu_j}-\left[\beta_{ij}b_{ijl}+(1-\beta_{ij})b_{iju}\right]\right| \leqslant \varsigma_{ij}, & i,j\in N \\ 0\leqslant \beta_{ij}\leqslant 1, & i,j\in N \\ \sum_{i=1}^{n}\nu_i=1, & \nu_i\geqslant 0, i\in N \end{cases} \tag{8-2}$$

8.1.2　基于目标规划的非乘性一致性直觉模糊判断矩阵排序建模

在实际情形下，专家的判断意见很难达到完全一致，下面引入目标规划方法，求解非乘性一致性直觉模糊判断矩阵的权重向量。针对直觉模糊判断矩阵的等价区间模糊判断矩阵，分别构建基于目标规划的隶属度及非隶属度区间模糊判断矩阵最优排序模型。

基于目标规划的隶属度区间模糊判断矩阵的最优排序模型如下：

$$\min \sum_{i\neq j,i,j\in N}\left(d_{ij}^{+}+d_{ij}'^{-}\right)$$

$$\text{s.t.}\begin{cases} \dfrac{\omega_i}{\omega_i+\omega_j}-a_{iju}-d_{ij}^{+}+d_{ij}^{-}=0, & i,j\in N \\ \dfrac{\omega_i}{\omega_i+\omega_j}-a_{ijl}-d_{ij}'^{+}+d_{ij}'^{-}=0, & i,j\in N \\ \sum_{i=1}^{n}\omega_i=1 \\ \omega_i,d_{ij}^{+},d_{ij}^{-},d_{ij}'^{+},d_{ij}'^{-}\geqslant 0 \end{cases} \tag{8-3}$$

其中，d_{ij}^{+} 表示理想值 $\dfrac{\omega_i}{\omega_i+\omega_j}$ 超过实际值 a_{iju} 的量，若超出，则差距 d_{ij}^{+} 越小越好，此时 d_{ij}^{-} 取值为 0；$d_{ij}'^{-}$ 表示 $\dfrac{\omega_i}{\omega_i+\omega_j}$ 小于实际值 a_{ijl} 的量，若小于，则差距 $d_{ij}'^{-}$ 越小越好，此时 $d_{ij}'^{+}$ 取值为 0。

基于目标规划的非隶属度区间模糊判断矩阵的最优排序模型如下：

$$\min \sum_{i\neq j,i,j\in N}\left(e_{ij}^{+}+e_{ij}'^{-}\right)$$

$$\text{s.t.}\begin{cases}\dfrac{\nu_i}{\nu_i+\nu_j}-b_{iju}-e_{ij}^{+}+e_{ij}^{-}=0, & i,j\in N\\ \dfrac{\nu_i}{\nu_i+\nu_j}-b_{ijl}-e_{ij}'^{+}+e_{ij}'^{-}=0, & i,j\in N\\ \sum\limits_{i=1}^{n}\nu_i=1 \\ \nu_i,e_{ij}^{+},e_{ij}^{-},e_{ij}'^{+},e_{ij}'^{-}\geqslant 0\end{cases} \tag{8-4}$$

其中，e_{ij}^{+} 表示理想值 $\dfrac{\nu_i}{\nu_i+\nu_j}$ 超过实际值 b_{iju} 的量，若超出，则差距 e_{ij}^{+} 越小越好，此时 e_{ij}^{-} 取值为 0；e_{ij}^{-} 表示 $\dfrac{\nu_i}{\nu_i+\nu_j}$ 小于实际值 b_{ijl} 的量，若小于，则差距 $e_{ij}'^{-}$ 越小越好，此时 e_{ij}^{+} 取值为 0。

8.2 服从不确定正态分布的区间、直觉模糊判断矩阵排序建模

8.2.1 区间数与不确定正态分布的关系

设随机变量 X 服从不确定正态分布，即 $X\sim N(e,\sigma)$，其分布函数为 $\Phi(x)=\left(1+\exp\left(\dfrac{\pi(e-x)}{\sqrt{3}\sigma}\right)\right)^{-1}$，$x\in R, e,\sigma\in R$，$\sigma>0$ (Liu，2015)。若 $\Phi(x)$ 为标准正态分布的分布函数，根据“3σ 准则”，不确定正态分布变量 X 的取值落在 $[\mu-3\sigma,\mu+3\sigma]$ 内的不确定测度为

$$\begin{aligned}&\Phi(e+3\sigma)-\Phi(e-3\sigma)\\&=\left(1+\exp\left(\frac{\pi\left(e-(e+3\sigma)\right)}{\sqrt{3}\sigma}\right)\right)^{-1}-\left(1+\exp\left(\frac{\pi\left(e-(e-3\sigma)\right)}{\sqrt{3}\sigma}\right)\right)^{-1}\\&=\left(1+\exp\left(\frac{-3\pi}{\sqrt{3}}\right)\right)^{-1}-\left(1+\exp\left(\frac{3\pi}{\sqrt{3}}\right)\right)^{-1}=99.14\%\end{aligned}$$

即 $M\{\mu-3\sigma\leqslant X\leqslant\mu+3\sigma\}=\Phi(3)-\Phi(-3)=99.14\%$。根据“小概率事件”原理，$X$ 落在 $[\mu-3\sigma,\mu+3\sigma]$ 之外的可能性极小，在实际问题中常认为相应的事件几乎不可能发生。

由于区间数本身源于模糊判断的结果或者源于随机抽样，我们仅知道区间数的范围(上界与下界)，但很难确定更具体的取值——区间数既可以视为模糊数，又可以视为随机变量。因此，用随机变量代替特定的区间数是合理的。考虑到不确定正态分布具有良好的性质，对于一个服从正态分布 $N(e,\sigma)$ 的随机变量 ξ，根据 3σ 原理，其落在区间 $[\mu-3\sigma,\mu+3\sigma]$ 的可能性是 99.14%。因此，可以用服从不确定正态分布 $N(e,\sigma)$ 的随机变量 ξ 近似替代区间数 $a=[a^-,a^+]$，它们之间存在如下等价关系：

$$a=[a^-,a^+]=[\mu-3\sigma,\mu+3\sigma],\quad \mu=\frac{a^-+a^+}{2},\quad \sigma=\frac{a^+-a^-}{6}\tag{8-5}$$

例如，与区间数 $I=[0.6,0.9]$ 等价的服从不确定正态分布变量 ξ 满足 $\xi\sim N(0.75,0.05)$。

8.2.2　服从不确定正态分布的区间模糊判断矩阵

在实际决策中，尽管决策者给出了针对方案间两两比较的区间判断值，但是无法给出更准确的数值，只能确定其判断的大致分布，如不确定正态分布等。假设决策者给出的关于决策方案 x_i 优于决策方案 x_j 的区间判断 $\bar{r}_{ij}$ 服从不确定正态分布，即 $\bar{r}_{ij}\sim N(e_{ij},\sigma_{ij})$。

8.2.3　服从不确定正态分布的直觉模糊判断矩阵

设 $A=(\bar{a}_{ij})_{n\times n}=\left([a_{ijl},a_{iju}]\right)_{n\times n}$，$B=(\bar{b}_{ij})_{n\times n}=\left([b_{ijl},b_{iju}]\right)_{n\times n}$ 分别为直觉模糊判断矩阵 R 的隶属度与非隶属度区间模糊判断矩阵。根据 8.2.1 节，矩阵 A 近似等价于服从不确定正态分布矩阵 $\tilde{A}=(\tilde{a}_{ij})_{n\times n}$，其中 $\tilde{a}_{ij}\sim N(\mu_{ij},\sigma_{ij})$，满足 $\mu_{ij}+\mu_{ji}=1$，$\sigma_{ij}=\sigma_{ji}$。矩阵 B 近似等价于服从不确定正态分布矩阵 $\tilde{B}=(\tilde{b}_{ij})_{n\times n}$，其中 $\tilde{b}_{ij}\sim N(\nu_{ij},\sigma'_{ij})$，也有 $\nu_{ij}+\nu_{ji}=1$，$\sigma'_{ij}=\sigma'_{ji}$。

定理 8-1 $\mu_{ij}+\nu_{ij}=1,\quad \mu_{ij}=\nu_{ji}$。

定理 8-2 $\sigma_{ij}=\sigma'_{ij}$。

推论 8-1 矩阵 B 的近似等价不确定正态分布矩阵 $\tilde{B}=(\tilde{b}_{ij})_{n\times n}$，满足 $\tilde{b}_{ij}\sim N(1-\mu_{ij},\sigma_{ij})$。

8.2.4 服从不确定正态分布的直觉模糊判断矩阵排序建模

1) 带有机会约束的直觉模糊判断矩阵排序建模

考虑直觉模糊判断矩阵 R 的区间模糊等价矩阵 A、B 及其对应的不确定正态分布矩阵 $\tilde{A}$ 与 $\tilde{B}$，对于不确定正态分布矩阵 $\tilde{A}$ 中不确定变量 $\tilde{a}_{ij}$ 的每一个取值，对应决策者关于方案 x_i 与方案 x_j 的一个判断。这里仍然假设 $\omega=(\omega_1,\omega_2,\cdots,\omega_n)^{\mathrm{T}}$ 为 $\tilde{A}$ 的排序向量，理想的决策应该为理想判断 $\dfrac{\omega_i}{\omega_i+\omega_j}$ 与随机变量 $\tilde{a}_{ij}$ 的每一个取值的差距尽可能小；进而视事件 $\dfrac{\omega_i}{\omega_i+\omega_j}$ 与不确定变量 $\tilde{a}_{ij}$ 的距离偏差不超过 ξ_{ij} 的不确定测度不低于 α_{ij} 为不确定机会约束，构建基于机会约束的不确定正态分布隶属度矩阵的最优排序模型如下：

$$\min \sum_{i\neq j,i,j\in N}\xi_{ij}$$
$$\text{s.t.}\begin{cases} M\left\{\left|\dfrac{\omega_i}{\omega_i+\omega_j}-\tilde{a}_{ij}\right|\leqslant\xi_{ij}\right\}\geqslant\alpha_{ij}, & i,j\in N \\ \tilde{a}_{ij}\sim N(\mu_{ij},\sigma_{ij}), & i,j\in N \\ \sum\limits_{i=1}^{n}\omega_i=1, & i\in N \\ \omega_i,\xi_{ij}\geqslant 0, & i,j\in N \end{cases} \tag{8-6}$$

其中，$\alpha_{ij}(0\leqslant\alpha_{ij}\leqslant 1)$ 为置信水平，$\left|\dfrac{\omega_i}{\omega_i+\omega_j}-\tilde{a}_{ij}\right|$ 为服从不确定正态分布判断 $\tilde{a}_{ij}$ 与理想值 $\dfrac{\omega_i}{\omega_i+\omega_j}$ 的偏差程度，假设该偏差程度不超过阈值 ξ_{ij}，目标函数表示在置信水平 α_{ij} 下，不确定变量 $\tilde{a}_{ij}$ 与理想值 $\dfrac{\omega_i}{\omega_i+\omega_j}$ 的所有差距的和越小越好。

类似地，对于服从不确定正态分布矩阵 $\tilde{B}$ 中随机变量 $\tilde{b}_{ij}$ 的每一个取值，对应

决策者关于方案 x_i 与方案 x_j 的一个判断。这里仍然假设 $\nu=(\nu_1,\nu_2,\cdots,\nu_n)^{\mathrm{T}}$ 为 $\tilde{B}$ 的排序向量，理想的决策应该为理想判断 $\dfrac{\nu_i}{\nu_i+\nu_j}$ 与不确定变量 $\tilde{b}_{ij}$ 的每一个取值的差距尽可能小；进而视事件 $\dfrac{\nu_i}{\nu_i+\nu_j}$ 与不确定变量 $\tilde{b}_{ij}$ 的距离偏差不超过 ς_{ij} 的不确定测度不低于 α_{ij} 为机会约束，构建基于机会约束的不确定正态分布非隶属度判断矩阵的最优排序模型如下：

$$
\min \sum_{i\neq j,i,j\in N} \varsigma_{ij}
$$
$$
\text{s.t.}\begin{cases}
M\left\{\left|\dfrac{\nu_i}{\nu_i+\nu_j}-\tilde{b}_{ij}\right|\leqslant \varsigma_{ij}\right\}\geqslant \alpha_{ij}, & i,j\in N\\
\tilde{b}_{ij}\sim N(\nu_{ij},\sigma_{ij}), & i,j\in N\\
\sum_{i=1}^{n}\nu_i=1, & i\in N\\
\nu_i,\varsigma_{ij}\geqslant 0, & i,j\in N
\end{cases}
\tag{8-7}
$$

其中，α_{ij} 为置信水平，$\left|\dfrac{\nu_i}{\nu_i+\nu_j}-\tilde{b}_{ij}\right|$ 为真实值 $\tilde{b}_{ij}$ 与理想值 $\dfrac{\nu_i}{\nu_i+\nu_j}$ 的偏差程度，规定该偏差程度不超过阈值 ς_{ij}，目标函数为在不小于一定的置信水平 α_{ij} 的情况下，真实值 $\tilde{b}_{ij}$ 与理想值 $\dfrac{\nu_i}{\nu_i+\nu_j}$ 的所有差距的和越小越好。

定理 8-3　带有机会约束的不确定正态分布隶属度区间模糊判断矩阵的最优排序模型(8-6)的等价确定性非线性规划模型如下：

$$
\min \sum_{i\neq j,i,j\in N} \xi_{ij}
$$
$$
\text{s.t.}\begin{cases}
\left(1+\exp\left(\dfrac{\pi\left(\mu_{ij}-\left(\xi_{ij}+\dfrac{\omega_i}{\omega_i+\omega_j}\right)\right)}{\sqrt{3}\sigma_{ij}}\right)\right)^{-1}-\left(1+\exp\left(\dfrac{\pi\left(\mu_{ij}-\left(-\xi_{ij}+\dfrac{\omega_i}{\omega_i+\omega_j}\right)\right)}{\sqrt{3}\sigma_{ij}}\right)\right)^{-1}\geqslant \alpha_{ij}, & i,j\in N\\
\tilde{a}_{ij}\sim N(\mu_{ij},\sigma_{ij}^2), & i,j\in N\\
\sum_{i=1}^{n}\omega_i=1, & i\in N\\
\omega_i,\xi_{ij}\geqslant 0, & i,j\in N
\end{cases}
\tag{8-8}
$$

同理，模型(8-7)可转化为模型(8-9)。

定理 8-4 带有机会约束的不确定正态分布非隶属度区间模糊判断矩阵的最优排序模型(8-7)的等价确定性非线性规划模型如下：

$$\min \sum_{i\neq j,i,j\in N} \varsigma_{ij}$$

$$\text{s.t.}\begin{cases}\left(1+\exp\left(\dfrac{\pi\left(\nu_{ij}-\left(\varsigma_{ij}+\dfrac{\nu_i}{\nu_i+\nu_j}\right)\right)}{\sqrt{3}\sigma_{ij}}\right)\right)^{-1}-\left(1+\exp\left(\dfrac{\pi\left(\nu_{ij}-\left(-\varsigma_{ij}+\dfrac{\nu_i}{\nu_i+\nu_j}\right)\right)}{\sqrt{3}\sigma_{ij}}\right)\right)^{-1}\geqslant\alpha_{ij}, & i,j\in N\\ \tilde{b}_{ij}\sim N(\nu_{ij},\sigma_{ij}), & i,j\in N\\ \sum_{i=1}^{n}\nu_i=1, & i\in N\\ \nu_i,\varsigma_{ij}\geqslant 0, & i,j\in N\end{cases}$$

(8-9)

进而，由推论 8-1，模型(8-9)等价于模型(8-10)。

推论 8-2 带有机会约束的不确定正态分布非隶属度区间模糊判断矩阵的最优排序模型(8-9)等价于如下确定性非线性规划模型：

$$\min \sum_{i\neq j,i,j\in N} \varsigma_{ij}$$

$$\text{s.t.}\begin{cases}\left(1+\exp\left(\dfrac{\pi\left(-\mu_{ij}-\varsigma_{ij}+\dfrac{\nu_i}{\nu_i+\nu_j}\right)}{\sqrt{3}\sigma_{ij}}\right)\right)^{-1}-\left(1+\exp\left(\dfrac{\pi\left(-\mu_{ij}+\varsigma_{ij}+\dfrac{\nu_i}{\nu_i+\nu_j}\right)}{\sqrt{3}\sigma_{ij}}\right)\right)^{-1}\geqslant\alpha_{ij}, & i,j\in N\\ \tilde{b}_{ij}\sim N(1-\mu_{ij},\sigma_{ij}), & i,j\in N\\ \sum_{i=1}^{n}\nu_i=1, & i\in N\\ \nu_i,\varsigma_{ij}\geqslant 0, & i,j\in N\end{cases}$$

(8-10)

上述模型在计算上仍然相对复杂，下面给出更为简单的直觉模糊判断矩阵目标规划排序模型。

2) 带有机会约束的直觉模糊判断矩阵目标规划排序模型

基于目标规划的思想，对于不确定正态分布隶属度矩阵 A，对模型(8-6)中理想值 $\dfrac{\omega_i}{\omega_i+\omega_j}$ 与真实值 $\tilde{a}_{ij}$ 的差值约束做如下处理：

$$\left|\frac{\omega_i}{\omega_i+\omega_j}-\tilde{a}_{ij}\right| \leqslant \xi_{ij} \Leftrightarrow -\xi_{ij} \leqslant \frac{\omega_i}{\omega_i+\omega_j}-\tilde{a}_{ij} \leqslant \xi_{ij}$$

若 $\frac{\omega_i}{\omega_i+\omega_j}-\tilde{a}_{ij}$ 超过 ξ_{ij}，则希望偏差变量 d_{ij}^{+} 越小越好；类似地，若 $\frac{\omega_i}{\omega_i+\omega_j}-\tilde{a}_{ij}$ 小于 $-\xi_{ij}$，则希望偏差变量 d_{ij}^{-} 越小越好。构建基于机会约束与目标规划的不确定正态分布隶属度矩阵最优排序模型如下：

$$\begin{aligned}
&\min \sum_{i\neq j,i,j\in N}\left(d_{ij}^{+}+d_{ij}^{-}+\xi_{ij}\right)\\
&\text{s.t.}\begin{cases}
M\left\{\dfrac{\omega_i}{\omega_i+\omega_j}-\tilde{a}_{ij}-\xi_{ij}\leqslant d_{ij}^{+}\right\}\geqslant\alpha_{ij}, & i,j\in N\\
M\left\{-\dfrac{\omega_i}{\omega_i+\omega_j}+\tilde{a}_{ij}-\xi_{ij}\leqslant d_{ij}^{-}\right\}\geqslant\alpha_{ij}, & i,j\in N\\
\tilde{a}_{ij}\sim N(\mu_{ij},\sigma_{ij}), & i,j\in N\\
\sum_{i=1}^{n}\omega_i=1, & \omega_i\geqslant 0,i\in N\\
d_{ij}^{+},d_{ij}^{-},\xi_{ij}\geqslant 0, & i,j\in N
\end{cases}
\end{aligned}\tag{8-11}$$

同理，对于不确定正态分布非隶属度矩阵 B，可构建基于机会约束与目标规划的不确定正态分布非隶属度矩阵最优排序模型如下：

$$\begin{aligned}
&\min \sum_{i\neq j,i,j\in N}\left(e_{ij}^{+}+e_{ij}^{-}+\varsigma_{ij}\right)\\
&\text{s.t.}\begin{cases}
M\left\{\dfrac{\nu_i}{\nu_i+\nu_j}-\tilde{b}_{ij}-\varsigma_{ij}\leqslant e_{ij}^{+}\right\}\geqslant\alpha_{ij}, & i,j\in N\\
M\left\{-\dfrac{\nu_i}{\nu_i+\nu_j}+\tilde{b}_{ij}-\varsigma_{ij}\leqslant e_{ij}^{-}\right\}\geqslant\alpha_{ij}, & i,j\in N\\
\tilde{b}_{ij}\sim N(\nu_{ij},\sigma_{ij}), & i,j\in N\\
\sum_{i=1}^{n}\nu_i=1, & \nu_i\geqslant 0,i\in N\\
e_{ij}^{+},e_{ij}^{-},\varsigma_{ij}\geqslant 0, & i,j\in N
\end{cases}
\end{aligned}\tag{8-12}$$

定理 8-5 基于机会约束与目标规划的不确定正态分布隶属度矩阵最优排序

模型(8-11)可转化为如下确定性非线性等价形式：

$$\min \sum_{i \neq j, i, j \in N} \left(d_{ij}^{+} + d_{ij}^{-} + \xi_{ij}\right)$$

$$\text{s.t.}\begin{cases} \mu_{ij} + d_{ij}^{+} + \xi_{ij} - \dfrac{\omega_i}{\omega_i + \omega_j} \geqslant \dfrac{\sqrt{3}\sigma_{ij}}{\pi} \ln \dfrac{\alpha_{ij}}{1-\alpha_{ij}}, & i, j \in N \\ \mu_{ij} - d_{ij}^{-} - \xi_{ij} - \dfrac{\omega_i}{\omega_i + \omega_j} \leqslant \dfrac{\sqrt{3}\sigma_{ij}}{\pi} \ln \dfrac{\alpha_{ij}}{1-\alpha_{ij}}, & i, j \in N \\ \tilde{a}_{ij} \sim N(\mu_{ij}, \sigma_{ij}), & i, j \in N \\ \sum_{i=1}^{n} \omega_i = 1, & \omega_i \geqslant 0, i \in N \\ d_{ij}^{+}, d_{ij}^{-}, \xi_{ij} \geqslant 0, & i, j \in N \end{cases} \tag{8-13}$$

同理，可得矩阵 B 基于机会约束与目标规划的不确定正态分布非隶属度矩阵最优排序模型(8-12)的确定性等价形式。

定理 8-6 基于机会约束与目标规划的不确定正态分布非隶属度矩阵最优排序模型(8-12)可转化为如下等价形式：

$$\min \sum_{i \neq j, i, j \in N} \left(e_{ij}^{+} + e_{ij}^{-} + \varsigma_{ij}\right)$$

$$\text{s.t.}\begin{cases} \nu_{ij} + e_{ij}^{+} + \varsigma_{ij} - \dfrac{\nu_i}{\nu_i + \nu_j} \geqslant \dfrac{\sqrt{3}\sigma_{ij}}{\pi} \ln \dfrac{\alpha_{ij}}{1-\alpha_{ij}}, & i, j \in N \\ \nu_{ij} - e_{ij}^{-} - \varsigma_{ij} - \dfrac{\nu_i}{\nu_i + \nu_j} \leqslant \dfrac{\sqrt{3}\sigma_{ij}}{\pi} \ln \dfrac{\alpha_{ij}}{1-\alpha_{ij}}, & i, j \in N \\ \tilde{b}_{ij} \sim N(\nu_{ij}, \sigma_{ij}), & i, j \in N \\ \sum_{i=1}^{n} \nu_i = 1, & \nu_i \geqslant 0, i \in N \\ e_{ij}^{+}, e_{ij}^{-}, \varsigma_{ij} \geqslant 0, & i, j \in N \end{cases} \tag{8-14}$$

根据推论 8-1，可得与模型(8-14)等价的模型(8-15)。

推论 8-3 基于机会约束与目标规划的不确定正态分布非隶属度矩阵最优排序模型(8-14)也可转化为如下等价形式：

$$\min \sum_{i\neq j,i,j\in N}\left(e_{ij}^{+}+e_{ij}^{-}+\varsigma_{ij}\right)$$

$$\text{s.t.}\begin{cases}\mu_{ij}+e_{ij}^{-}+\varsigma_{ij}-\dfrac{\nu_j}{\nu_i+\nu_j}\geqslant\dfrac{\sqrt{3}\sigma_{ij}}{\pi}\ln\dfrac{\alpha_{ij}}{1-\alpha_{ij}}, & i,j\in N\\ \mu_{ij}-e_{ij}^{+}-\varsigma_{ij}-\dfrac{\nu_j}{\nu_i+\nu_j}\leqslant\dfrac{\sqrt{3}\sigma_{ij}}{\pi}\ln\dfrac{\alpha_{ij}}{1-\alpha_{ij}}, & i,j\in N\\ \tilde{b}_{ij}\sim N(1-\mu_{ij},\sigma_{ij}), & i,j\in N\\ \sum_{i=1}^{n}\nu_i=1, & \nu_i\geqslant 0,i\in N\\ e_{ij}^{+},e_{ij}^{-},\varsigma_{ij}\geqslant 0, & i,j\in N\end{cases} \tag{8-15}$$

定理 8-7 若令 $s_{ij}=\dfrac{\omega_i}{\omega_i+\omega_j}$，$t_{ji}=\dfrac{\nu_j}{\nu_i+\nu_j}$，则模型(8-13)与(8-15)完全等价。因此，模型(8-13)与(8-15)有相同的最优解，即 $s_{ij}^{*}=t_{ji}^{*}$，$\xi_{ij}^{*}=\varsigma_{ij}^{*}$，$i,j\in N$；且有相同的最优值，即 $\sum\limits_{i\neq j,i,j\in N}(d_{ij}^{+}+d_{ij}^{-}+\xi_{ij})=\sum\limits_{i\neq j,i,j\in N}(e_{ij}^{+}+e_{ij}^{-}+\varsigma_{ij})$。

同样，在模型(8-13)与(8-15)中，人们希望建立隶属度、非隶属度区间模糊判断矩阵权重 ω_i 与 ν_i 之间的关系。

推论 8-4 通过模型(8-13)与(8-15)求得的方案排序呈逆序关系。

8.3 基于不确定正态分布的群直觉模糊判断矩阵排序建模

设有 m 个决策者参与群体决策，每个决策者针对备选方案 $X=\{x_1,x_2,\cdots,x_n\}$ 给出自己的判断矩阵 $R^k=\left(\mu_{ij}^k,\nu_{ij}^k,\pi_{ij}^k\right)_{n\times n}$，决策者对应的权重为 ω_k，$k\in M$。对于第 k 个直觉模糊判断矩阵，与其等价的隶属度区间模糊判断矩阵记为 $A^k=(\overline{a}_{ij}^k)_{n\times n}=\left([a_{ijl}^k,a_{iju}^k]\right)_{n\times n}$，与其等价的非隶属度区间模糊判断矩阵记为 $B^k=(\overline{b}_{ij}^k)_{n\times n}=\left([b_{ijl}^k,b_{iju}^k]\right)_{n\times n}$，$k\in M$。显然，若区间模糊判断矩阵中的每个元素对应一个服从不确定正态分布的随机变量，则可记为

$$A^k=(\overline{a}_{ij}^k)_{n\times n}=\left([a_{ijl}^k,a_{iju}^k]\right)_{n\times n}\sim\left(N\left(\mu_{ij}^k,\sigma_{ij}^k\right)\right)_{n\times n}$$

$$B^k=(\overline{b}_{ij}^k)_{n\times n}=\left([b_{ijl}^k,b_{iju}^k]\right)_{n\times n}\sim\left(N\left(\nu_{ij}^k,\sigma_{ij}^k\right)\right)_{n\times n}$$

m 个决策者的隶属度矩阵 A^k 和非隶属度矩阵 B^k 可分别集结为 $A=(a_{ij})_{n\times n}$，

$B=(b_{ij})_{n\times n}$，其中 $a_{ij}=\sum_{k=1}^{m}\omega_k\bar{a}_{ij}^k$，$b_{ij}=\sum_{k=1}^{m}\omega_k\bar{b}_{ij}^k$。下面证明 a_{ij}、b_{ij} 仍然服从不确定正态分布。首先，引入如下引理。

引理 8-1　设 $\xi_1\sim N(e_1,\sigma_1)$，$\xi_2\sim N(e_2,\sigma_2)$ 且相互独立，则：

(1) $\xi_1+\xi_2\sim N(e_1+e_2,\sigma_1+\sigma_2)$，即 $N(e_1,\sigma_1)+N(e_2,\sigma_2)=N(e_1+e_2,\sigma_1+\sigma_2)$；

(2) 正态随机变量 $N(e,\sigma)$ 和系数 $k>0$ 的乘积 $N(ke,k\sigma)$ 依旧是正态随机变量，即 $kN(e,\sigma)=N(ke,k\sigma)$。

由引理 8-1 的(1)、(2)，令 $k=k_1+k_2$，则

$$
\begin{aligned}
&kN(e,\sigma)\\
&=(k_1+k_2)N(e,\sigma)\\
&=N\left((k_1+k_2)e,(k_1+k_2)\sigma\right)\\
&=N\left(k_1e+k_2e,k_1\sigma+k_2\sigma\right)\\
&=N\left(k_1e,k_1\sigma\right)+N\left(k_2\sigma\right)\\
&=k_1N\left(e,\sigma\right)+k_2N\left(e,\sigma\right)
\end{aligned}
$$

成立。

定理 8-8　隶属度群判断 a_{ij}、非隶属度群判断 b_{ij} 仍然服从不确定正态分布。

设集结后的隶属度群判断矩阵 A、非隶属度群判断矩阵 B 关于 m 个方案的排序向量分别为 $\lambda=(\lambda_1,\lambda_2,\cdots,\lambda_n)^{\mathrm{T}}$，$\lambda_i>0$，$\gamma=(\gamma_1,\gamma_2,\cdots,\gamma_n)^{\mathrm{T}}$，$\gamma_i>0$，则根据模型(8-11)和(8-12)，可求解群体决策中方案的排序向量。

构建基于机会约束与目标规划的不确定正态分布隶属度群判断矩阵最优排序模型如下：

$$
\min \sum_{i\neq j,i,j\in N}\left(d_{ij}^{+*}+d_{ij}^{-*}+\xi_{ij}^{*}\right)
$$

$$
\text{s.t.}\begin{cases}
M\left\{\dfrac{\lambda_i}{\lambda_i+\lambda_j}-\tilde{a}_{ij}^{*}-\xi_{ij}^{*}\leqslant d_{ij}^{+*}\right\}\geqslant\alpha_{ij}, & i,j\in N\\
M\left\{-\dfrac{\lambda_i}{\lambda_i+\lambda_j}+\tilde{a}_{ij}^{*}-\xi_{ij}^{*}\leqslant d_{ij}^{-*}\right\}\geqslant\alpha_{ij}, & i,j\in N\\
\tilde{a}_{ij}^{*}\sim N\left(\sum_{k=1}^{m}\omega_k\mu_{ij}^{k},\sum_{k=1}^{m}\omega_k\sigma_{ij}^{k}\right), & i,j\in N\\
\sum_{i=1}^{n}\lambda_i=1, & i\in N\\
\lambda_i,d_{ij}^{+*},d_{ij}^{-*},\xi_{ij}^{*}\geqslant 0, & i,j\in N
\end{cases}
\tag{8-16}
$$

定理 8-9　基于机会约束与目标规划的不确定正态分布隶属度群判断矩阵最优排序模型(8-16)等价于如下确定性非线性群判断矩阵最优排序模型：

$$\min \sum_{i\neq j,i,j\in N}\left(d_{ij}^{+*}+d_{ij}^{-*}+\xi_{ij}^{*}\right)$$

$$\text{s.t.}\begin{cases}\sum_{k=1}^{m}\omega_k\mu_{ijl}^{k}+d_{ij}^{+*}+\xi_{ij}^{*}-\dfrac{\lambda_i}{\lambda_i+\lambda_j}\geqslant\dfrac{\sqrt{3}\sum_{k=1}^{m}\omega_k\sigma_{ij}^{k}}{\pi}\ln\dfrac{\alpha_{ij}}{1-\alpha_{ij}}, & i,j\in N\\ \sum_{k=1}^{m}\omega_k\mu_{ijl}^{k}-d_{ij}^{-*}-\xi_{ij}^{*}-\dfrac{\lambda_i}{\lambda_i+\lambda_j}\leqslant\dfrac{\sqrt{3}\sum_{k=1}^{m}\omega_k\sigma_{ij}^{k}}{\pi}\ln\dfrac{\alpha_{ij}}{1-\alpha_{ij}}, & i,j\in N\\ \tilde{a}_{ij}^{*}\sim N\left(\sum_{k=1}^{m}\omega_k\mu_{ij}^{k},\sum_{k=1}^{m}\omega_k\sigma_{ij}^{k}\right), & i,j\in N\\ \sum_{i=1}^{n}\lambda_i=1, & \lambda_i\geqslant 0,i\in N\\ d_{ij}^{+*},d_{ij}^{-*},\xi_{ij}^{*}\geqslant 0, & i,j\in N\end{cases}\tag{8-17}$$

同理，构建基于机会约束与目标规划的不确定正态分布非隶属度群判断矩阵最优排序模型如下：

$$\min \sum_{i\neq j,i,j\in N}\left(e_{ij}^{+*}+e_{ij}^{-*}+\varsigma_{ij}^{*}\right)$$

$$\text{s.t.}\begin{cases}M\left\{\dfrac{\gamma_i}{\gamma_i+\gamma_j}-\tilde{b}_{ij}^{*}-\varsigma_{ij}^{*}\leqslant e_{ij}^{+*}\right\}\geqslant\alpha_{ij}, & i,j\in N\\ M\left\{-\dfrac{\gamma_i}{\gamma_i+\gamma_j}+\tilde{b}_{ij}^{*}-\varsigma_{ij}^{*}\leqslant e_{ij}^{-*}\right\}\geqslant\alpha_{ij}, & i,j\in N\\ \tilde{b}_{ij}^{*}\sim N\left(\sum_{k=1}^{m}\omega_k\nu_{ijl}^{k},\sum_{k=1}^{m}\omega_k\sigma_{iju}^{k}\right), & i,j\in N\\ \sum_{i=1}^{n}\gamma_i=1, & i\in N\\ \gamma_i,d_{ij}^{+},d_{ij}^{-},\xi_{ij}\geqslant 0, & i,j\in N\end{cases}\tag{8-18}$$

定理 8-10　基于机会约束与目标规划的不确定正态分布非隶属度群判断矩阵最优排序模型(8-18)等价于如下确定性非线性群判断矩阵最优排序模型：

$$\min \sum_{i\neq j,i,j\in N}\left(e_{ij}^{+*}+e_{ij}^{-*}+\varsigma_{ij}^{*}\right)$$

$$\text{s.t.}\begin{cases}\sum_{k=1}^{m}\omega_k v_{ij}^k+e_{ij}^{+*}+\varsigma_{ij}^{*}-\dfrac{\gamma_i}{\gamma_i+\gamma_j}\geqslant\dfrac{\sqrt{3}\sum_{k=1}^{m}\omega_k\sigma_{ij}^k}{\pi}\ln\dfrac{\alpha_{ij}}{1-\alpha_{ij}}, & i,j\in N\\ \sum_{k=1}^{m}\omega_k v_{ij}^k-e_{ij}^{-*}-\varsigma_{ij}^{*}-\dfrac{\gamma_i}{\gamma_i+\gamma_j}\leqslant\dfrac{\sqrt{3}\sum_{k=1}^{m}\omega_k\sigma_{ij}^k}{\pi}\ln\dfrac{\alpha_{ij}}{1-\alpha_{ij}}, & i,j\in N\\ \tilde{b}_{ij}^{*}\sim N\left(\sum_{k=1}^{m}\omega_k v_{ij}^k,\sum_{k=1}^{m}\omega_k\sigma_{ij}^k\right), & i,j\in N\\ \sum_{i=1}^{n}\gamma_i=1, & \gamma_i\geqslant 0,i\in N\\ e_{ij}^{+*},e_{ij}^{-*},\varsigma_{ij}^{*}\geqslant 0, & i,j\in N\end{cases}\tag{8-19}$$

推论 8-5 基于机会约束与目标规划的不确定正态分布非隶属度群判断矩阵最优排序模型的等价确定性非线性群判断矩阵最优排序模型(8-19)也可转化为如下等价形式：

$$\min \sum_{i\neq j,i,j\in N}\left(e_{ij}^{+*}+e_{ij}^{-*}+\varsigma_{ij}^{*}\right)$$

$$\text{s.t.}\begin{cases}\sum_{k=1}^{m}\omega_k \mu_{ij}^k+e_{ij}^{+*}+\varsigma_{ij}^{*}-\dfrac{\gamma_j}{\gamma_i+\gamma_j}\geqslant\dfrac{\sqrt{3}\sum_{k=1}^{m}\omega_k\sigma_{ij}^k}{\pi}\ln\dfrac{\alpha_{ij}}{1-\alpha_{ij}}, & i,j\in N\\ \sum_{k=1}^{m}\omega_k \mu_{ij}^k-e_{ij}^{-*}-\varsigma_{ij}^{*}-\dfrac{\gamma_j}{\gamma_i+\gamma_j}\leqslant\dfrac{\sqrt{3}\sum_{k=1}^{m}\omega_k\sigma_{ij}^k}{\pi}\ln\dfrac{\alpha_{ij}}{1-\alpha_{ij}}, & i,j\in N\\ \tilde{b}_{ij}^{*}\sim N\left(\sum_{k=1}^{m}\omega_k\left(1-\mu_{ij}^k\right),\sum_{k=1}^{m}\omega_k\sigma_{ij}^k\right), & i,j\in N\\ \sum_{i=1}^{n}\gamma_i=1, & \gamma_i\geqslant 0,i\in N\\ e_{ij}^{+*},e_{ij}^{-*},\varsigma_{ij}^{*}\geqslant 0, & i,j\in N\end{cases}\tag{8-20}$$

定理 8-11 若令 $x_{ij}=\dfrac{\lambda_i}{\lambda_i+\lambda_j}$， $y_{ji}=\dfrac{\gamma_j}{\gamma_i+\gamma_j}$，则模型(8-17)与(8-20)完全等价。因此，模型(8-17)与(8-20)有相同的最优解，即 $x_{ij}^{*}=y_{ij}^{*}$， $\xi_{ij}^{*}=\varsigma_{ij}^{*}$， $i,j\in N$；有相

同的最优值，即 $\sum_{i\neq j,i,j\in N}(d_{ij}^{+*}+d_{ij}^{-*}+\xi_{ij}^{*})=\sum_{i\neq j,i,j\in N}(e_{ij}^{+*}+e_{ij}^{-*}+\varsigma_{ij}^{*})$。

同样，在模型(8-17)与(8-20)中，人们希望建立隶属度群区间模糊判断矩阵、非隶属度群区间模糊判断矩阵权重 λ_i 与 γ_i 之间的关系。

推论 8-6　通过模型(8-17)与(8-20)求得的方案排序呈逆序关系。

8.4　算例及应用

在决策系统中，假设有 3 位决策者 d_1、d_2、d_3，通过对方案 x_1、x_2、x_3、x_4 进行成对比较，给出他/她们各自的判断矩阵 R_1、R_2、R_3。

$$R_1=\begin{pmatrix}(0.5,0.5,0) & (0.2,0.6,0.2) & (0.3,0.4,0.3) & (0.5,0.3,0.2)\\ (0.6,0.2,0.2) & (0.5,0.5,0) & (0.7,0.1,0.2) & (0.6,0.2,0.2)\\ (0.4,0.3,0.3) & (0.1,0.7,0.2) & (0.5,0.5,0) & (0.7,0.2,0.1)\\ (0.3,0.5,0.2) & (0.2,0.6,0.2) & (0.2,0.7,0.1) & (0.5,0.5,0)\end{pmatrix}$$

$$R_2=\begin{pmatrix}(0.5,0.5,0) & (0.3,0.5,0.2) & (0.5,0.4,0.1) & (0.4,0.6,0)\\ (0.5,0.3,0.2) & (0.5,0.5,0) & (0.5,0.3,0.2) & (0.2,0.7,0.1)\\ (0.4,0.5,0.1) & (0.3,0.5,0.2) & (0.5,0.5,0) & (0.3,0.5,0.2)\\ (0.6,0.4,0) & (0.7,0.2,0.1) & (0.5,0.3,0.2) & (0.5,0.5,0)\end{pmatrix}$$

$$R_3=\begin{pmatrix}(0.5,0.5,0) & (0.4,0.5,0.1) & (0.2,0.7,0.1) & (0.5,0.4,0.1)\\ (0.5,0.4,0.1) & (0.5,0.5,0) & (0.6,0.2,0.2) & (0.4,0.5,0.1)\\ (0.7,0.2,0.1) & (0.2,0.6,0.2) & (0.5,0.5,0) & (0.3,0.5,0.2)\\ (0.4,0.5,0.1) & (0.5,0.4,0.1) & (0.5,0.3,0.2) & (0.5,0.5,0)\end{pmatrix}$$

令 A^k、$B^k(k=1,2,3)$ 分别为第 k 个决策者的直觉模糊判断的等价隶属度、非隶属度区间模糊判断矩阵，$\overline{A}^k$、$\overline{B}^k(k=1,2,3)$ 分别为它们的近似等价不确定正态分布隶属度、正态分布非隶属度矩阵。则

$$A^1=\begin{pmatrix}[0.5,0.5] & [0.2,0.4] & [0.3,0.6] & [0.5,0.7]\\ [0.6,0.8] & [0.5,0.5] & [0.7,0.9] & [0.6,0.8]\\ [0.4,0.7] & [0.1,0.3] & [0.5,0.5] & [0.7,0.8]\\ [0.3,0.5] & [0.2,0.4] & [0.2,0.3] & [0.5,0.5]\end{pmatrix}$$

$$A^2=\begin{pmatrix}[0.5,0.5] & [0.3,0.5] & [0.5,0.6] & [0.4,0.4]\\ [0.5,0.7] & [0.5,0.5] & [0.5,0.7] & [0.2,0.3]\\ [0.4,0.5] & [0.3,0.5] & [0.5,0.5] & [0.3,0.5]\\ [0.6,0.6] & [0.7,0.8] & [0.5,0.7] & [0.5,0.5]\end{pmatrix}$$

$$A^3=\begin{pmatrix}[0.5,0.5] & [0.4,0.5] & [0.2,0.3] & [0.5,0.6]\\ [0.5,0.6] & [0.5,0.5] & [0.6,0.8] & [0.4,0.5]\\ [0.7,0.8] & [0.2,0.4] & [0.5,0.5] & [0.3,0.5]\\ [0.4,0.5] & [0.5,0.6] & [0.5,0.7] & [0.5,0.5]\end{pmatrix}$$

$$B^1=\begin{pmatrix}[0.5,0.5] & [0.6,0.8] & [0.4,0.7] & [0.3,0.5]\\ [0.2,0.4] & [0.5,0.5] & [0.1,0.3] & [0.2,0.4]\\ [0.3,0.6] & [0.7,0.9] & [0.5,0.5] & [0.2,0.3]\\ [0.5,0.7] & [0.6,0.8] & [0.7,0.8] & [0.5,0.5]\end{pmatrix}$$

$$B^2=\begin{pmatrix}[0.5,0.5] & [0.5,0.7] & [0.4,0.5] & [0.6,0.6]\\ [0.3,0.5] & [0.5,0.5] & [0.3,0.5] & [0.7,0.8]\\ [0.5,0.6] & [0.5,0.7] & [0.5,0.5] & [0.5,0.7]\\ [0.4,0.4] & [0.2,0.3] & [0.3,0.5] & [0.5,0.5]\end{pmatrix}$$

$$B^3=\begin{pmatrix}[0.5,0.5] & [0.5,0.6] & [0.7,0.8] & [0.4,0.5]\\ [0.4,0.5] & [0.5,0.5] & [0.2,0.4] & [0.5,0.6]\\ [0.2,0.3] & [0.6,0.8] & [0.5,0.5] & [0.5,0.7]\\ [0.5,0.6] & [0.4,0.5] & [0.3,0.5] & [0.5,0.5]\end{pmatrix}$$

A^k 、$B^k(k=1,2,3)$ 的近似等价不确定正态分布矩阵如下：

$$\overline{A}^1\sim\begin{pmatrix}N(0.5000,0.0000) & N(0.3000,0.0333) & N(0.4500,0.0500) & N(0.6000,0.0333)\\ N(0.7000,0.0333) & N(0.5000,0.0000) & N(0.8000,0.0333) & N(0.7000,0.0333)\\ N(0.5500,0.0500) & N(0.2000,0.0333) & N(0.5000,0.0000) & N(0.7500,0.0167)\\ N(0.4000,0.0333) & N(0.3000,0.0333) & N(0.2500,0.0167) & N(0.5000,0.0000)\end{pmatrix}$$

$$\overline{A}^2\sim\begin{pmatrix}N(0.5000,0.0000) & N(0.4000,0.0333) & N(0.5500,0.0167) & N(0.4000,0.0000)\\ N(0.6000,0.0333) & N(0.5000,0.0000) & N(0.6000,0.0333) & N(0.2500,0.0167)\\ N(0.4500,0.0167) & N(0.4000,0.0333) & N(0.5000,0.0000) & N(0.4000,0.0333)\\ N(0.6000,0.0000) & N(0.7500,0.0167) & N(0.6000,0.0333) & N(0.5000,0.0000)\end{pmatrix}$$

$$\overline{A}^3\sim\begin{pmatrix}N(0.5000,0.0000) & N(0.4500,0.0167) & N(0.2500,0.0167) & N(0.5500,0.0167)\\ N(0.5500,0.0167) & N(0.5000,0.0000) & N(0.7000,0.0333) & N(0.4500,0.0167)\\ N(0.7500,0.0167) & N(0.3000,0.0333) & N(0.5000,0.0000) & N(0.4000,0.0333)\\ N(0.4500,0.0167) & N(0.5500,0.0167) & N(0.600,0.0333) & N(0.5000,0.0000)\end{pmatrix}$$

$$\overline{B}^1\sim\begin{pmatrix}N(0.5000,0.0000) & N(0.7000,0.0333) & N(0.5500,0.0500) & N(0.4000,0.0333)\\ N(0.3000,0.0333) & N(0.5000,0.0000) & N(0.2000,0.0333) & N(0.3000,0.0333)\\ N(0.4500,0.0500) & N(0.8000,0.0333) & N(0.5000,0.0000) & N(0.2500,0.0167)\\ N(0.6000,0.0333) & N(0.7000,0.0333) & N(0.7500,0.0167) & N(0.5000,0.0000)\end{pmatrix}$$

$$\bar{B}^2 \sim \begin{pmatrix} N(0.5000,0.0000) & N(0.6000,0.0333) & N(0.4500,0.0167) & N(0.6000,0.0000) \\ N(0.4000,0.0333) & N(0.5000,0.0000) & N(0.4000,0.0333) & N(0.7500,0.0167) \\ N(0.5500,0.0167) & N(0.6000,0.0333) & N(0.5000,0.0000) & N(0.6000,0.0333) \\ N(0.4000,0.0000) & N(0.2500,0.0167) & N(0.4000,0.0333) & N(0.5000,0.0000) \end{pmatrix}$$

$$\bar{B}^3 \sim \begin{pmatrix} N(0.5000,0.0000) & N(0.5500,0.0167) & N(0.7500,0.0167) & N(0.4500,0.0167) \\ N(0.4500,0.0167) & N(0.5000,0.0000) & N(0.3000,0.0333) & N(0.5500,0.0167) \\ N(0.2500,0.0167) & N(0.7000,0.0333) & N(0.5000,0.0000) & N(0.6000,0.0333) \\ N(0.5500,0.0167) & N(0.4500,0.0167) & N(0.4000,0.0333) & N(0.5000,0.0000) \end{pmatrix}$$

假设 3 人权重分别为 0.5、0.2、0.3，则根据“不确定正态分布理论”，集结后的不确定正态分布隶属度、正态分布非隶属群判断矩阵分别为

$$\tilde{A}^* \sim \begin{pmatrix} N(0.5000,0.0000) & N(0.3650,0.0283) & N(0.4100,0.0334) & N(0.5450,0.0217) \\ N(0.6350,0.0283) & N(0.5000,0.0000) & N(0.7300,0.0333) & N(0.5350,0.0250) \\ N(0.5900,0.0334) & N(0.2700,0.0333) & N(0.5000,0.0000) & N(0.5750,0.0250) \\ N(0.4550,0.0217) & N(0.4650,0.0250) & N(0.4250,0.0250) & N(0.5000,0.0000) \end{pmatrix}$$

$$\tilde{B}^* \sim \begin{pmatrix} N(0.5000,0.0000) & N(0.6350,0.0283) & N(0.5900,0.0334) & N(0.4550,0.0217) \\ N(0.3650,0.0283) & N(0.5000,0.5000) & N(0.2700,0.0333) & N(0.4650,0.0250) \\ N(0.4100,0.0334) & N(0.7300,0.0333) & N(0.5000,0.0000) & N(0.4250,0.0250) \\ N(0.5450,0.0217) & N(0.5350,0.0250) & N(0.5750,0.0250) & N(0.5000,0.0000) \end{pmatrix}$$

设集结后的不确定正态分布隶属度、正态分布非隶属度群判断矩阵方案的排序向量分别为 $\lambda=(\lambda_1,\lambda_2,\lambda_3,\lambda_4)^{\mathrm{T}}$（$\lambda_i>0$，$i=1,2,3,4$），$\gamma=(\gamma_1,\gamma_2,\gamma_3,\gamma_4)^{\mathrm{T}}$（$\gamma_i>0$，$i=1,2,3,4$），根据模型(8-17)和(8-19)可分别求得不确定正态分布隶属度、正态分布非隶属度群判断矩阵的最优排序向量和最优目标值，如表 8-1 所示。

表 8-1　隶属度、非隶属度群判断矩阵的最优排序向量和最优目标值

$\omega_1^{\bar{A}^*}/\alpha$	0.9973	0.9015	0.8023	0.7017	0.6026	$\omega_1^{\bar{B}^*}/\alpha$	0.9973	0.9015	0.8023	0.7017	0.6026
$\omega_1^{\bar{A}^*}$	0.2126	0.2126	0.2126	0.2126	0.2126	$\omega_1^{\bar{B}^*}$	0.2734	0.2734	0.2734	0.2734	0.2734
$\omega_2^{\bar{A}^*}$	0.3698	0.3698	0.3698	0.3698	0.3698	$\omega_2^{\bar{B}^*}$	0.1571	0.1571	0.1571	0.1571	0.1571
$\omega_3^{\bar{A}^*}$	0.2401	0.2401	0.2401	0.2401	0.2401	$\omega_3^{\bar{B}^*}$	0.2420	0.2420	0.2420	0.2420	0.2420
$\omega_4^{\bar{A}^*}$	0.1775	0.1775	0.1775	0.1775	0.1775	$\omega_4^{\bar{B}^*}$	0.3275	0.3275	0.3275	0.3275	0.3275
$\sum_{i\neq j,i,j\in N}\left(d_{ij}^{+*}+d_{ij}^{-*}+\xi_{ij}^*\right)$	0.8671	0.5273	0.4527	0.4026	0.3622	$\sum_{i\neq j,i,j\in N}\left(e_{ij}^{+*}+e_{ij}^{-*}+\varsigma_{ij}^*\right)$	0.8671	0.5273	0.4527	0.4026	0.3622

由表 8-1 可以看出，尽管机会约束的不确定测度取值不同，但是根据模型(8-17)求出的隶属度群判断矩阵的权重向量的最优解相同，根据模型(8-19)求出的非隶属度群判断矩阵的权重向量的最优解相同；根据模型(8-17)求出的隶属度群判断矩阵的方案排序与根据模型(8-19)求出的非隶属度群判断矩阵的方案排序呈逆序关系：隶属度群判断矩阵的方案排序为 $x_2 \succ x_3 \succ x_1 \succ x_4$，非隶属度群判断矩阵的方案排序为 $x_4 \succ x_1 \succ x_3 \succ x_2$(其中“$\succ$”表示优于)，即由不确定正态分布隶属度、非隶属度群判断矩阵求出的方案排序呈逆序关系；同时也可看出目标函数为不确定测度的增函数。

8.5 本 章 小 结

本章研究了服从不确定正态分布的群直觉模糊判断矩阵的方案排序问题。假设专家关于两两方案的判断信息是服从独立正态分布的随机变量，借助“3σ 准则”和“不确定正态分布理论”，在乘性一致性的基础上，构建了带有机会约束的群直觉模糊判断矩阵的最优排序模型，建立了其等价确定性非线性规划模型，讨论了其等价隶属度、非隶属度群区间模糊判断矩阵最优排序向量之间的关联关系。在一定不确定测度下，模型以决策者的实际判断值与满足一致性的理想判断值的偏差不超过偏差阈值为机会约束，以最小偏差阈值的和为目标。

本章构建的等价确定性非线性规划模型有助于降低计算成本，更容易获得方案的排序向量；引入了基于乘性一致性的不确定正态随机变量的机会约束，为合理模拟现实决策环境中的不确定性和模糊性提供一种新的方法。本章贡献如下：

(1) 基于直觉模糊判断矩阵和区间模糊判断矩阵的数学等价关系，采用服从不确定正态分布的随机变量近似代替(非)隶属度区间模糊判断矩阵中的偏好信息，引入机会约束规划构建群直觉模糊判断矩阵的排序模型，建立了基于机会约束规划的群直觉模糊判断矩阵的确定性非线性规划模型。

(2) 以决策者的实际偏好信息与理想一致性偏好信息的偏差不小于某个不确定测度为事件，通过调节不确定测度控制一致性实现的严格程度，即不确定测度的取值越大，允许的偏差程度越大，一致性实现的要求就越宽松。

(3) 研究了服从不确定正态分布的直觉模糊判断矩阵的等价隶属度、非隶属度区间模糊判断矩阵排序向量之间的关联关系，并就它们之间存在的逆序关系给出严格的数学证明。

(4) 与基于“正态分布加法运算法则”集结的群直觉模糊判断矩阵的最优排序模型形成方法对比，研究表明，基于“正态分布加法运算法则”和“不确定正态分布理论”集结后的群直觉模糊判断矩阵求出的备选方案的权向量相同，方案的排序相同，最优目标值不同，表明理想判断值呈现一定的客观性。

第 9 章　服从线性不确定分布的直觉模糊判断矩阵排序建模

前面两章假设决策者的直觉模糊判断服从随机正态分布或者不确定正态分布，类似于前面两章，本章假设决策者的直觉模糊判断服从线性不确定分布，引入机会约束，研究带有线性不确定分布直觉模糊判断矩阵的排序问题。

9.1　直觉模糊判断矩阵及其等价线性不确定判断矩阵的一致性

第 2 章探讨了直觉模糊判断矩阵可以转化为等价的区间模糊判断矩阵的方法。直觉模糊判断矩阵的排序向量可通过其等价的隶属度、非隶属度区间判断矩阵获得。

设直觉模糊判断矩阵 R 的等价隶属度区间模糊判断矩阵 $A=(a_{ij})_{n\times n}=\left[a_{ijl},a_{iju}\right]_{n\times n}$ 及等价非隶属度区间模糊判断矩阵 $B=(b_{ij})_{n\times n}=\left[b_{ijl},b_{iju}\right]_{n\times n}$ 分别存在权重向量 $\varpi^{A}=(\varpi_1^{A},\varpi_2^{A},\cdots,\varpi_n^{A})^{\mathrm{T}}$，$\varpi^{B}=(\varpi_1^{B},\varpi_2^{B},\cdots,\varpi_n^{B})^{\mathrm{T}}$，则

$$\begin{aligned}a_{ij}&=\frac{1}{2}(\varpi_i^{A}-\varpi_j^{A}+1),\quad i,j\in N\\ b_{ij}&=\frac{1}{2}(\varpi_i^{B}-\varpi_j^{B}+1),\quad i,j\in N\end{aligned}\tag{9-1}$$

其中，$\sum\limits_{i=1}^{n}\varpi_i^{A}=1,\ 0\leqslant\varpi_i^{A}\leqslant1$；$\sum\limits_{i=1}^{n}\varpi_i^{B}=1,\ 0\leqslant\varpi_i^{B}\leqslant1$。称 ϖ^{A} 为 R 的排序向量(从隶属度角度考虑决策问题)。

无论是区间模糊判断还是直觉模糊判断，人们总是假设决策者的两两比较判断值 $[a,b]$ 为一个不确定范围，同时这个范围引入参数 $\theta(0\leqslant\theta\leqslant1)$，采用优化方法转化为干脆数，即 $[a,b]=(1-\theta)a+\theta b$。实际上，既然 $[a,b]$ 是不确定的，可以假设其服从某种分布。以直觉模糊判断矩阵 R 为研究基础，用 $\tilde{A}$ 以及 $\tilde{B}$ 来代表 R 中服从不确定分布的隶属度区间模糊判断矩阵 A 和非隶属度区间模糊判断矩阵 B。

考虑区间模糊判断矩阵 $\tilde{A}=\left(\tilde{a}_{ij}\right)_{n\times n}$。由于 $\tilde{a}_{ij}=\left[a_{ijl},a_{iju}\right]$，若将 $\tilde{a}_{ij}$ 视为不确定变量，且 $\tilde{a}_{ij}$ 在 $\left[a_{ijl},a_{iju}\right]$ 的取值是等可能的，即 $\tilde{a}_{ij}$ 服从区间 $\left[a_{ijl},a_{iju}\right]$ 上的线性不确定分布。类似于式(9-1)，得出服从线性不确定分布的直觉模糊判断矩阵 R 的一致性条件，即定义 9-1。

定义 9-1 设直觉模糊判断矩阵 R 的等价矩阵 $\tilde{A}$ 及 $\tilde{B}$ 均服从线性不确定分布，即 $\tilde{a}_{ij}\sim\mathcal{L}(a_{ijl},a_{iju})$，$\tilde{b}_{ij}\sim\mathcal{L}(b_{ijl},b_{iju})$。若它们的排序向量 $\omega^A=(\omega_1^A,\omega_2^A,\cdots,\omega_n^A)^{\mathrm{T}}$ 及 $\omega^B=(\omega_1^B,\omega_2^B,\cdots,\omega_n^B)^{\mathrm{T}}$ 分别满足：

$$\begin{aligned}&\frac{1}{2}(\omega_i^A-\omega_j^A+1)\sim\mathcal{L}(a_{ijl},a_{iju}),\quad i,j\in N\\&\frac{1}{2}(\omega_i^B-\omega_j^B+1)\sim\mathcal{L}(b_{ijl},b_{iju}),\quad i,j\in N\end{aligned}\tag{9-2}$$

则称 R 为服从线性不确定分布的加性一致性直觉模糊判断矩阵。

9.2 基 本 假 设

基于第 2 章的理论基础，直觉模糊判断矩阵从理论角度上等价于区间模糊判断矩阵，考虑到区间偏好，仅给出一个决策值范围，即决策者判断的下限与上限，在这种情况下可以视这个判断为一个线性不确定变量。在一定的置信水平下，决策者判断在其区间的每一个取值应该与理想判断(满足一致性的判断)的差距尽可能小。基于此，本章构建基于线性不确定约束的直觉模糊判断矩阵最优权重模型，并通过等价的确定性目标规划模型获得决策问题的优化解。

在不确定系统环境中，由于不完全信息及决策者的行为认知局限性，决策者一般很难给出符合一致性条件的决策矩阵。本节基本假设如下：

(1) 假设决策者的直觉模糊判断矩阵应当尽可能满足加性一致性；

(2) 假设决策者意见的直觉模糊判断矩阵服从线性不确定分布。

9.3 线性不确定分布直觉模糊判断矩阵排序决策建模

9.3.1 区间模糊判断矩阵线性目标规划模型

若 $\bar{A}$ 为区间模糊判断矩阵，$\bar{\omega}=(\bar{\omega}_1,\bar{\omega}_2,\cdots,\bar{\omega}_n)^{\mathrm{T}}$ 为其对应的排序向量，根据一

致性条件，$\bar{a}_{ij}$ 与 $\frac{1}{2}(\bar{\omega}_i-\bar{\omega}_j+1)$ 之间的距离应当越小越好，即 $\left|\bar{a}_{ij}-\frac{1}{2}(\bar{\omega}_i-\bar{\omega}_j+1)\right|$ 越小越好，令 $\left|\bar{a}_{ij}-\frac{1}{2}(\bar{\omega}_i-\bar{\omega}_j+1)\right|\leqslant\varepsilon_{ij}$，显然偏差 ε_{ij} 值越小越好。构建区间模糊判断矩阵最优权重模型如下：

$$\min\sum_{i,j\in N,i\neq j}\varepsilon_{ij}$$

$$\text{s.t.}\begin{cases}\left|\bar{a}_{ij}-\frac{1}{2}(\bar{\omega}_i-\bar{\omega}_j+1)\right|\leqslant\varepsilon_{ij} & (9\text{-}3\text{-}1)\\ \bar{a}_{ij}=(1-\theta_{ij})a_{ijl}+\theta_{ij}a_{iju} & (9\text{-}3\text{-}2)\\ \sum_{i=1}^{n}\bar{\omega}_i=1 & (9\text{-}3\text{-}3)\\ 0\leqslant\bar{\omega}_i\leqslant1,\ 0\leqslant\theta_{ij}\leqslant1;\ i,j\in N\end{cases}\tag{9-3}$$

模型(9-3)的线性等价形式为

$$\min\sum_{i,j\in N,i\neq j}\varepsilon_{ij}$$

$$\text{s.t.}\begin{cases}\bar{a}_{ij}-\frac{1}{2}(\bar{\omega}_i-\bar{\omega}_j+1)-\varepsilon_{ij}\leqslant0 & (9\text{-}4\text{-}1)\\ -\bar{a}_{ij}+\frac{1}{2}(\bar{\omega}_i-\bar{\omega}_j+1)-\varepsilon_{ij}\leqslant0 & (9\text{-}4\text{-}2)\\ \bar{a}_{ij}=(1-\theta_{ij})a_{ijl}+\theta_{ij}a_{iju} & (9\text{-}4\text{-}3)\\ \sum_{i=1}^{n}\bar{\omega}_i=1 & (9\text{-}4\text{-}4)\\ 0\leqslant\bar{\omega}_i\leqslant1,\ 0\leqslant\theta_{ij}\leqslant1;i,j\in N\end{cases}\tag{9-4}$$

9.3.2　线性不确定偏好关系机会约束规划模型

根据机会约束(Charnes and Cooper，1959)的思想，本节允许理想判断值与实际判断值的差距在一定程度上不超过偏差最小值，但该实际判断值与理想判断值的差距不超过某一偏差(这一偏差在目标函数中体现为最小偏差)的不确定测度应不低于某一置信水平。在线性不确定分布隶属度矩阵 $\tilde{A}$ 中，假设 $\tilde{a}_{ij}\sim L(a_{ijl},a_{iju})\ (i,j\in N)$ 是独立的，$\tilde{A}$ 对应的排序向量为 $\omega^A=(\omega_1^A,\omega_2^A,\cdots,\omega_n^A)^{\mathrm{T}}$，若在某一置信水平下，对于服从线性不确定分布的不确定决策变量 $\tilde{a}_{ij}$ 的每一取值，其与 $\frac{1}{2}(\omega_i^A-\omega_j^A+1)$ 之间的距离应当越小越好，即 $\left|\tilde{a}_{ij}-\frac{1}{2}(\omega_i^A-\omega_j^A+1)\right|$ 的值越小越

好。构建不确定机会约束最优权重模型如下：

$$\min \sum_{i,j\in N,i\neq j} \varepsilon_{ij}$$

$$\text{s.t.}\begin{cases} M\left\{\left|\tilde{a}_{ij}-\frac{1}{2}(\omega_i-\omega_j+1)\right|\leqslant \varepsilon_{ij}\right\}\geqslant \alpha & (9\text{-}5\text{-}1)\\ \tilde{a}_{ij}\sim \mathcal{L}(a_{ijl},a_{iju}) & (9\text{-}5\text{-}2)\\ \sum_{i=1}^{n}\omega_i^A=1,\quad 0\leqslant \omega_i^A\leqslant 1, i\in N & (9\text{-}5\text{-}3)\end{cases} \tag{9-5}$$

模型中，约束(9-5-1)表示理想判断值与实际判断值的差距不超过偏差值 ε_{ij}^A 的不确定测度不小于置信水平 α（α 为给定值，代表一致性条件实现的可能性，这里可以将其称为一致性等级，显然 α 的值越大，说明一致性等级越高)，本节分别取0.3、0.5、0.7 及 0.9。目标函数即此偏差的最小值。

根据目标规划理论(刘宝碇和赵瑞清，1998)，构建含有机会约束的最优权重目标规划模型：若令 d_{ij}^{A+} 表示 $\left|\tilde{a}_{ij}-\frac{1}{2}(\omega_i^A-\omega_j^A+1)\right|$ 与 ε_{ij}^A 的正偏差，d_{ij}^{A-} 表示 $\left|\tilde{a}_{ij}-\frac{1}{2}(\omega_i^A-\omega_j^A+1)\right|$ 与 ε_{ij}^A 的负偏差。

显然，正负偏差越小越好。构造如下线性不确定机会约束目标规划：

$$\min \sum_{i,j\in N,i\neq j} \left(\varepsilon_{ij}^A+d_{ij}^{A+}+d_{ij}^{A-}\right)$$

$$\text{s.t.}\begin{cases} M\left\{\left|\tilde{a}_{ij}-\frac{1}{2}(\omega_i-\omega_j+1)\right|-d_{ij}^{A+}+d_{ij}^{A-}=\varepsilon_{ij}\right\}\geqslant \alpha & (9\text{-}6\text{-}1)\\ \tilde{a}_{ij}\sim \mathcal{L}(a_{ijl},a_{iju}) & (9\text{-}6\text{-}2)\\ \sum_{i=1}^{n}\omega_i^A=1,\quad 0\leqslant \omega_i^A\leqslant 1, i\in N & (9\text{-}6\text{-}3)\end{cases} \tag{9-6}$$

在约束(9-6-1)中，正偏差 d_{ij}^{A+} 和负偏差 d_{ij}^{A-} 可分别理解为满足：

$$M\left\{d_{ij}^{A+}\geqslant \bar{a}_{ij}-\frac{1}{2}(\omega_i-\omega_j+1)-\varepsilon_{ij}^A\right\}\geqslant \alpha \tag{9-7}$$

$$M\left\{d_{ij}^{A-}\geqslant -\bar{a}_{ij}+\frac{1}{2}(\omega_i-\omega_j+1)-\varepsilon_{ij}^A\right\}\geqslant \alpha \tag{9-8}$$

即

$$M\left\{\bar{a}_{ij}\leqslant \frac{1}{2}(\omega_i^A-\omega_j^A+1)+\varepsilon_{ij}^A+d_{ij}^{A+}\right\}\geqslant \alpha \tag{9-9}$$

$$M\left\{-\overline{a}_{ij} \leqslant -\frac{1}{2}(\omega_i^A - \omega_j^A + 1) + \varepsilon_{ij}^A + d_{ij}^{A-}\right\} \geqslant \alpha \tag{9-10}$$

根据引理 2.4，式(9-9)和式(9-10)分别对应于

$$(1-\alpha)a_{ijl} + \alpha a_{iju} \leqslant \frac{1}{2}(\omega_i^A - \omega_j^A + 1) + \varepsilon_{ij}^A + d_{ij}^{A+} \tag{9-11}$$

$$(1-\alpha)(-a_{iju}) + \alpha(-a_{ijl}) \leqslant -\frac{1}{2}(\omega_i^A - \omega_j^A + 1) + \varepsilon_{ij}^A + d_{ij}^{A-} \tag{9-12}$$

因此得到服从线性不确定分布的隶属度偏好关系 $\tilde{A}$ 的最优规划排序模型为

$$\min \sum_{i,j\in N, i\neq j} \left(\varepsilon_{ij}^A + d_{ij}^{A+} + d_{ij}^{A-}\right)$$

$$\text{s.t.}\begin{cases}(1-\alpha)a_{ijl} + \alpha a_{iju} \leqslant \frac{1}{2}(\omega_i^A - \omega_j^A + 1) + \varepsilon_{ij}^A + d_{ij}^{A+} & (9\text{-}13\text{-}1)\\ (1-\alpha)(-a_{iju}) + \alpha(-a_{ijl}) \leqslant -\frac{1}{2}(\omega_i^A - \omega_j^A + 1) + \varepsilon_{ij}^A + d_{ij}^{A-} & (9\text{-}13\text{-}2)\\ \sum_{i=1}^{n}\omega_i^A = 1, \quad \omega_i^A \geqslant 0, i\in N & (9\text{-}13\text{-}3)\end{cases} \tag{9-13}$$

类似地，服从线性不确定分布的非隶属度偏好关系 $\tilde{B}$ 的最优排序模型为

$$\min \sum_{i,j\in N, i\neq j} \left(\varepsilon_{ij}^B + d_{ij}^{B+} + d_{ij}^{B-}\right)$$

$$\text{s.t.}\begin{cases}(1-\alpha)b_{ijl} + \alpha b_{iju} \leqslant \frac{1}{2}(\omega_i^B - \omega_j^B + 1) + \varepsilon_{ij}^B + d_{ij}^{B+} & (9\text{-}14\text{-}1)\\ (1-\alpha)(-b_{iju}) + \alpha(-b_{ijl}) \leqslant -\frac{1}{2}(\omega_i^B - \omega_j^B + 1) + \varepsilon_{ij}^B + d_{ij}^{B-} & (9\text{-}14\text{-}2)\\ \sum_{i=1}^{n}\omega_i^A = 1, \quad \omega_i^A \geqslant 0, i\in N & (9\text{-}14\text{-}3)\end{cases} \tag{9-14}$$

将式(2-2)分别代入约束(9-14-1)及约束(9-14-2)，得

$$(1-\alpha)(-a_{iju}) + \alpha(-a_{ijl}) \leqslant -\frac{1}{2}(\omega_j^B - \omega_i^B + 1) + \varepsilon_{ij}^B + d_{ij}^{B+} \tag{9-15}$$

$$(1-\alpha)a_{ijl} + \alpha a_{iju} \leqslant \frac{1}{2}(\omega_j^B - \omega_i^B + 1) + \varepsilon_{ij}^B + d_{ij}^{B-} \tag{9-16}$$

若令 $x_{ij} = \frac{1}{2}(\omega_i^A - \omega_j^A + 1), y_{ji} = \frac{1}{2}(\omega_j^B - \omega_i^B + 1)$，则模型(9-15)及(9-16)的表达形式与约束(9-13-2)及(9-13-1)一致。因此可得到如下定理。

定理 9-1 在不同置信水平下，直觉模糊判断矩阵 R 的等价隶属度矩阵 $\tilde{A}$ 和非隶属度矩阵 $\tilde{B}$ 的机会约束目标规划模型的最优解满足 $x_{ij}=y_{ji}$，$\sum\varepsilon_{ij}^{A}=\sum\varepsilon_{ij}^{B}$；且最优目标值相同。

定理 9-2 由机会约束目标规划模型求出的满足不同程度加性一致性的直觉模糊判断矩阵 R 的等价隶属度矩阵 $\tilde{A}$ 和等价非隶属度矩阵 $\tilde{B}$ 的权重大小呈逆序关系。

证明 由定理 9-1 可知，$\frac{1}{2}(\omega_i^A-\omega_j^A+1)=\frac{1}{2}(\omega_j^B-\omega_i^B+1)$，即 $\omega_i^A-\omega_j^A=\omega_j^B-\omega_i^B$，因此在模型(9-13)中，若有排序向量 $\omega_{\sigma 1}^A\geqslant\omega_{\sigma 2}^A\geqslant\cdots\geqslant\omega_{\sigma i}^A\geqslant\cdots\geqslant\omega_{\sigma n}^A(i\in N)$，由 $\omega_i^A-\omega_j^A=\omega_j^B-\omega_i^B$ 得模型(9-14)的权重向量满足 $\omega_{\sigma 1}^B\leqslant\omega_{\sigma 2}^B\leqslant\cdots\leqslant\omega_{\sigma i}^B\leqslant\cdots\leqslant\omega_{\sigma n}^B$，$i\in N$。

9.3.3 线性不确定直觉模糊判断矩阵群体决策机会约束规划模型

在多准则群体决策系统中，假设有 m 个决策者的区间不确定判断矩阵 $A^k=\left(\alpha_{ij}^k\right)=\left(\left[a_{ijl}^k,a_{iju}^k\right]\right)_{n\times n}(k\in M)$ 服从线性不确定分布，其对应的决策者权重为 ω^k，$k\in M$。这里定义集结所有决策者意见的群体区间不确定决策判断为 $A^*=\left(a_{ij}^*\right)$，其中 $a_{ij}^*=\sum_{k=1}^{m}\omega^k a_{ij}^k$。下面证明 a_{ij}^* 仍服从线性不确定分布。首先考虑如下引理。

引理 9-1 (Liu，2015) 假设 ξ_1、ξ_2 为独立的随机不确定变量，服从线性不确定分布 $\mathcal{L}(a_1,b_1)$ 与 $\mathcal{L}(a_2,b_2)$，则：

(1) $\xi_1+\xi_2$ 仍服从线性不确定分布，即 $\mathcal{L}(a_1,b_1)+\mathcal{L}(a_2,b_2)=\mathcal{L}(a_1+a_2,b_1+b_2)$；

(2) 线性不确定分布的数量积仍服从线性不确定分布，即存在一个阶数 $l>0(l\in R)$，满足 $l\cdot\mathcal{L}(a,b)=\mathcal{L}(la,lb)$。

基于(1)、(2)，令 $\lambda=\lambda_1+\lambda_2$，可得

$$\begin{aligned}\lambda\mathcal{L}(a,b)&=(\lambda_1+\lambda_2)\mathcal{L}(a,b)=\mathcal{L}((\lambda_1+\lambda_2)a,(\lambda_1+\lambda_2)b)=\mathcal{L}\left(\lambda_1 a+\lambda_2 a,\lambda_1 b+\lambda_2 b\right)\\&=\mathcal{L}\left(\lambda_1 a,\lambda_1 b\right)+\mathcal{L}\left(\lambda_2 a,\lambda_2 b\right)=\lambda_1\mathcal{L}(a,b)+\lambda_2\mathcal{L}(a,b)\end{aligned}$$

仍服从线性不确定分布。根据线性不确定分布的加法及数量乘法法则，假设 ω^k 未知，$a_{ij}^*=\sum_{k=1}^{m}\omega^k a_{ij}^k$，则 $a_{ij}^*\sim\mathcal{L}\left(\sum_{k=1}^{m}\omega^k a_{ijl}^k,\sum_{k=1}^{m}\omega^k a_{iju}^k\right)$。

定理 9-3 不确定群体判断 a_{ij}^* 服从线性不确定分布。

证明 由引理 9-1，可得不确定群体判断 a_{ij}^* 仍服从线性不确定分布。

当服从线性不确定分布偏好关系变量 a_{ij}^* 满足加性一致时，有 $a_{ij}^* = \frac{1}{2}\left(\hat{\omega}_i - \hat{\omega}_j + 1\right)$。类似地，构建线性不确定分布直觉模糊判断矩阵群体决策优化模型，隶属度偏好关系优化模型为

$$\min \sum_{i,j\in N, i\neq j} \varepsilon_{ij}^{A^*}$$
$$\text{s.t.}\begin{cases} M\left\{\left|a_{ij}^* - \frac{1}{2}\left(\omega_i^{A^*} - \omega_j^{A^*} + 1\right)\right| \leqslant \varepsilon_{ij}^{A^*}\right\} \geqslant \alpha \\ a_{ij}^* \sim \mathcal{L}\left(\sum_{k=1}^{m}\omega^k a_{ijl}^k, \sum_{k=1}^{m}\omega^k a_{iju}^k\right) \\ \sum_{i=1}^{n}\omega_i^{A^*} = 1, \quad 0 \leqslant \omega_i^{A^*} \leqslant 1, i\in N \end{cases} \tag{9-17}$$

非隶属度偏好关系优化模型为

$$\min \sum_{i,j\in N, i\neq j} \varepsilon_{ij}^{B^*}$$
$$\text{s.t.}\begin{cases} M\left\{\left|b_{ij}^* - \frac{1}{2}\left(\omega_i^{B^*} - \omega_j^{B^*} + 1\right)\right| \leqslant \varepsilon_{ij}^{B^*}\right\} \geqslant \alpha \\ b_{ij}^* \sim \mathcal{L}\left(\sum_{k=1}^{m}\omega^k b_{ijl}^k, \sum_{k=1}^{m}\omega^k b_{iju}^k\right) \\ \sum_{i=1}^{n}\omega_i^{B^*} = 1, \quad 0 \leqslant \omega_i^{B^*} \leqslant 1, i\in N \end{cases} \tag{9-18}$$

令 $x_{ij}^* = \frac{1}{2}\left(\omega_i^{A^*} - \omega_j^{A^*} + 1\right)$，$y_{ji}^* = \frac{1}{2}\left(\omega_j^{B^*} - \omega_i^{B^*} + 1\right)$，类似可以证明。

定理 9-4　若群体决策系统中的直觉模糊判断矩阵都满足线性不确定分布，则集结后的理想直觉模糊判断矩阵仍满足线性不确定分布。此理想偏好关系的等价隶属度矩阵 A^* 和等价非隶属度矩阵 B^* 的机会约束目标规划模型的最优解满足 $x_{ij}^* = y_{ji}^*$，$\sum \varepsilon_{ij}^{A^*} = \sum \varepsilon_{ij}^{B^*}$，且最优目标值相同。

定理 9-5　由机会约束目标规划模型求出的满足不同程度加性一致性的理想直觉模糊判断矩阵 R^* 的等价隶属度矩阵 A^* 和等价非隶属度矩阵 B^* 的权重大小呈逆序关系。

证明略。

由上述机会约束规划模型得到的隶属度偏好关系权重向量即群体决策的属性优劣排序结果。

9.4 算　　例

9.4.1 算例描述

若在一个决策环境中有3个决策者 $D^k(k=1,2,3)$ 分别给出了对4个属性(方案) x_1、x_2、x_3、x_4 的两两判断的直觉模糊判断矩阵 $R_k(k=1,2,3)$ 如下：

$$R_1=\begin{pmatrix} (0.5,0.5,0) & (0.3,0.5,0.2) & (0.5,0.4,0.1) & (0.4,0.6,0) \\ (0.5,0.3,0.2) & (0.5,0.5,0) & (0.5,0.3,0.2) & (0.2,0.7,0.1) \\ (0.4,0.5,0.1) & (0.3,0.5,0.2) & (0.5,0.5,0) & (0.3,0.5,0.2) \\ (0.6,0.4,0) & (0.7,0.2,0.1) & (0.5,0.3,0.2) & (0.5,0.5,0) \end{pmatrix}$$

$$R_2=\begin{pmatrix} (0.5,0.5,0) & (0.35,0.5,0.15) & (0.2,0.7,0.1) & (0.5,0.4,0.1) \\ (0.5,0.35,0.15) & (0.5,0.5,0) & (0.6,0.2,0.2) & (0.4,0.5,0.1) \\ (0.7,0.2,0.1) & (0.2,0.6,0.2) & (0.5,0.5,0) & (0.3,0.5,0.2) \\ (0.4,0.5,0.1) & (0.5,0.4,0.1) & (0.5,0.3,0.2) & (0.5,0.5,0) \end{pmatrix}$$

$$R_3=\begin{pmatrix} (0.5,0.5,0) & (0.3,0.5,0.2) & (0.5,0.45,0.05) & (0.4,0.5,0.1) \\ (0.5,0.3,0.2) & (0.5,0.5,0) & (0.6,0.1,0.3) & (0.5,0.4,0.1) \\ (0.45,0.5,0.05) & (0.1,0.6,0.3) & (0.5,0.5,0) & (0.35,0.5,0.15) \\ (0.5,0.4,0.1) & (0.4,0.5,0.1) & (0.5,0.35,0.15) & (0.5,0.5,0) \end{pmatrix}$$

A^k、$B^k(k=1,2,3)$ 分别表示第 k 个决策者给出的直觉模糊判断矩阵 R_k 所对应的隶属度矩阵和非隶属度矩阵，$\omega_i^{A^k}$、$\omega_i^{B^k}(i\in N)$ 分别为求得的第 k 个决策者对于不同判断关系 A^k 和 B^k 的属性优劣排序向量。根据上文的机会约束目标规划模型，可得到基于加性一致性的属性优劣排序关系如表 9-1(置信水平 α 分别取 0.3、0.5、0.7、0.9)所示。

表 9-1　隶属度矩阵和非隶属度矩阵排序结果

A	0.3	0.5	0.7	0.9	B	0.3	0.5	0.7	0.9
$\omega_1^{A^1}$	0.1835	0.1746	0.1732	0.1732	$\omega_1^{B^1}$	0.3158	0.3246	0.3256	0.3254
$\omega_2^{A^1}$	0.2804	0.3254	0.3268	0.3268	$\omega_2^{B^1}$	0.2203	0.1754	0.1744	0.1746
$\omega_3^{A^1}$	0.1525	0.1254	0.1268	0.1268	$\omega_3^{B^1}$	0.3482	0.3754	0.3744	0.3746
$\omega_4^{A^1}$	0.3835	0.3746	0.3732	0.3732	$\omega_4^{B^1}$	0.1158	0.1246	0.1256	0.1254
$\sum\varepsilon_{ij}^{A^1}$	0.38	0.5	0.66	0.82	$\sum\varepsilon_{ij}^{B^1}$	0.38	0.5	0.66	0.82

续表

A	0.3	0.5	0.7	0.9	B	0.3	0.5	0.7	0.9
$\omega_1^{A^2}$	0.1759	0.2015	0.1968	0.1972	$\omega_1^{B^2}$	0.3263	0.2978	0.3027	0.304
$\omega_2^{A^2}$	0.3447	0.3515	0.3486	0.3472	$\omega_2^{B^2}$	0.1546	0.1478	0.1527	0.154
$\omega_3^{A^2}$	0.1658	0.1235	0.1264	0.1278	$\omega_3^{B^2}$	0.3331	0.3772	0.3723	0.371
$\omega_4^{A^2}$	0.3136	0.3235	0.3264	0.3278	$\omega_4^{B^2}$	0.186	0.1772	0.1723	0.171
$\sum\varepsilon_{ij}^{A^2}$	0.45	0.55	0.72	0.89	$\sum\varepsilon_{ij}^{B^2}$	0.45	0.55	0.72	0.89
$\omega_1^{A^3}$	0.1625	0.1875	0.1875	0.1875	$\omega_1^{B^3}$	0.3375	0.3125	0.3125	0.3125
$\omega_2^{A^3}$	0.4425	0.3875	0.3875	0.3875	$\omega_2^{B^3}$	0.0575	0.1125	0.1125	0.1125
$\omega_3^{A^3}$	0.0925	0.1375	0.1375	0.1375	$\omega_3^{B^3}$	0.4075	0.3625	0.3625	0.3625
$\omega_4^{A^3}$	0.3025	0.2875	0.2875	0.2875	$\omega_4^{B^3}$	0.1975	0.2125	0.2125	0.2125
$\sum\varepsilon_{ij}^{A^3}$	0.015	0.125	0.305	0.485	$\sum\varepsilon_{ij}^{B^3}$	0.015	0.125	0.305	0.485

$$R^* = \begin{pmatrix} (0.5,0.5,0) & (0.315,0.5,0.185) & (0.41,0.505,0.085) & (0.43,0.51,0.06) \\ (0.5,0.315,0.185) & (0.5,0.5,0) & (0.56,0.21,0.23) & (0.35,0.55,0.1) \\ (0.505,0.41,0.085) & (0.21,0.56,0.23) & (0.5,0.5,0) & (0.315,0.5,0.185) \\ (0.51,0.43,0.06) & (0.55,0.35,0.1) & (0.5,0.315,0.185) & (0.5,0.5,0) \end{pmatrix}$$

在表 9-1 中，显然，不同直觉模糊判断的隶属度偏好关系和非隶属度偏好关系的不确定规划最优解都相同。另外，以直觉模糊判断矩阵 R_1 为例，隶属度矩阵 A^1 在不同置信水平下的属性优劣顺序均为 $x_4 \succ x_2 \succ x_1 \succ x_3$，同时非隶属度矩阵 B^1 在不同置信水平下呈现的属性优劣顺序均为 $x_3 \succ x_1 \succ x_2 \succ x_4$，与 A^1 属性排序呈逆序关系。结果符合定理 9-1 及定理 9-2。

假设 3 名决策者的权重分别为 $\omega^1 = 0.4$、$\omega^2 = 0.3$、$\omega^3 = 0.3$。可得理想矩阵及其排序向量如表 9-2 所示(α 取 0.3、0.5、0.7 及 0.9)。

同样由表 9-2 可以发现，理想隶属度偏好关系和理想非隶属度偏好关系的最优解在各置信水平下分别相同。同时在相同置信水平下，B^* 与 A^* 呈逆序的属性排序，结果符合定理 9-4 及定理 9-5。另外可得不同置信水平下这 3 名决策者偏好信息集结之后得到的群体决策属性优劣排序结果。

表 9-2　理想矩阵排序结果

A^*	0.3	0.5	0.7	0.9	B^*	0.3	0.5	0.7	0.9
ω_1^*	0.1693	0.1596	0.1608	0.1607	ω_1^*	0.3308	0.3403	0.339	0.3389
ω_2^*	0.3255	0.3446	0.3458	0.3457	ω_2^*	0.1744	0.1553	0.154	0.1539
ω_3^*	0.1545	0.1554	0.1542	0.1543	ω_3^*	0.3455	0.3447	0.346	0.3461
ω_4^*	0.3507	0.3404	0.3392	0.3393	ω_4^*	0.1493	0.1597	0.161	0.1611
$\sum\varepsilon_{ij}^{A^*}$	0.1875	0.2825	0.4515	0.6205	$\sum\varepsilon_{ij}^{B^*}$	0.1875	0.2825	0.4515	0.6205

9.4.2　算例分析

将上述部分数据结果以图表形式直观地展现，图 9-1 反映的是上述算例中个体及群体直觉模糊判断矩阵 R_1、R_2、R_3、R^* 分别对应的 4 个隶属度偏好关系 A^1、A^2、A^3、A^* 通过基于一致性的不确定机会约束规划模型求得的最小偏差和(省略非隶属度偏好关系)与一致性水平 α 的变化关系。图中，无论是个体偏好关系还是集结成的群体偏好关系，最小偏差和都随置信(一致性)水平 α 的变大而变大。置信水平越高，说明理想判断以越严格的条件实现，实现难度越大，只有增加理想判断与实际判断的差距，即允许实际判断偏差阈值增加，才能保证相对一致性。

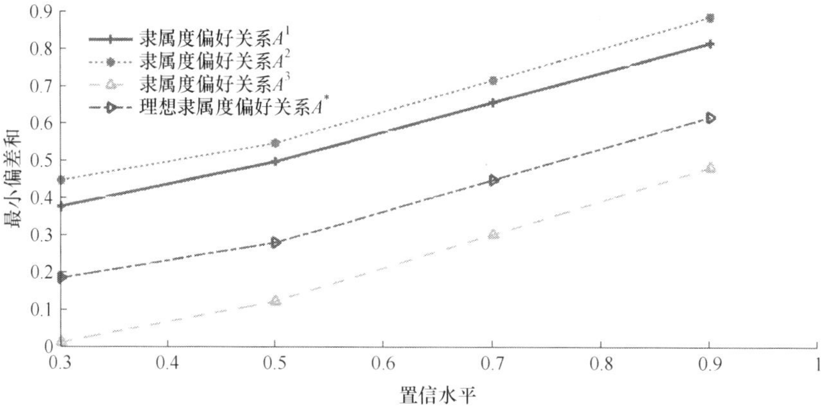

图 9-1　最小偏差和—致性水平变化情况

据此，在基于一致性的偏好关系优化求解问题中，本章所提出的带有不确定机会约束的决策模型不失为一种控制偏好关系一致性严格程度的有效方法。

9.5 本 章 小 结

本章假设决策者的直觉模糊判断服从线性不确定分布，通过分析直觉模糊判断与区间隶属度模糊判断、区间非隶属度模糊判断之间的等价关系，基于加性一致性，在一定置信水平下以实际判断与满足一致性理想判断偏差为机会约束，以最小偏差为目标，研究了服从线性不确定分布的个体直觉模糊判断矩阵及相应的群体决策最优排序模型。构建的等价确定性规划模型有助于获得方案优劣排序向量，降低了不确定规划随机模拟的成本。本章研究的创新点在于引入了基于加性一致性的不确定分布变量机会约束,合理地模拟了现实环境的不确定性和模糊性。本章构建的模型特征如下：

(1) 定义了服从线性不确定分布的直觉模糊判断矩阵，并以引入机会约束的不确定规划模型研究其排序问题。

(2) 构建了带有机会约束的理想一致性判断与实际判断的偏差概念，通过调节置信水平 α 控制一致性实现的可能性。因此，α 的不同取值可以理解为不同的风险决策水平。

第 10 章　考虑随机分布的多元判断矩阵群体决策研究

多数情况下，群体决策比单人决策更有效。在群体决策中，决策者具有不同的学科背景，其交流方式也更加多元化，如异质化的多元偏好、具有随机分布特征的偏好。通过将异质化的多元判断矩阵具化为模糊判断矩阵、区间模糊判断矩阵、犹豫模糊判断矩阵和二元语义判断矩阵这四类常见且具有代表性的模糊判断矩阵，并结合上述章节的技术处理过程，本章逐步探究各异质化模糊判断矩阵的等价转化关系和定理，构建多元判断矩阵群体决策排序模型，拟解决存在多元判断矩阵的群体决策问题。

10.1　犹豫模糊判断矩阵、语言判断矩阵及其一致性

模糊判断矩阵、区间模糊判断矩阵及其一致性在第 2 章介绍，这里不再赘述。

10.1.1　犹豫模糊判断矩阵

Torra(2010)推广了模糊集的概念，最先提出了犹豫模糊集的定义。

定义 10-1 (Torra，2010)　设 $X=(x_1,x_2,\cdots,x_n)$ 为有限方案(因素，元素)集，X 的犹豫模糊集可用取值为 $[0,1]$ 的隶属度函数给出，表示如下：

$$E=\left[\left\langle x,h(x)\right\rangle \mid x\in X\right]$$

其中，$h(x)$ 是 $[0,1]$ 区间的一系列取值，E 为 $x\in h(x)$ 的可能隶属度的集合。这里称 $h(x)$ 为犹豫模糊元素，简记为 h，称 $\#h$ 为犹豫模糊元素的个数。

犹豫模糊集覆盖的定义如下。

定义 10-2 (Torra，2010)　犹豫模糊集覆盖 $\mathrm{env}(h)$ 是一个限定在上界 $h^+(x)$ 与下界 $h^-(x)$ 之间的区间数。因此有

$$\mathrm{env}(h)=[h^-(x),h^+(x)]$$

其中，犹豫模糊集 $h(x)$ 的上界和下界分别是

$$h^{+}(x)=\max h(x)$$
$$h^{-}(x)=\min h(x)$$

在犹豫模糊集的基础上，给出犹豫模糊判断矩阵的定义。

定义 10-3 (Zhu and Xu，2013)　设 $X=(x_1,x_2,\cdots,x_n)$ 为有限方案(因素，元素)集，一个 X 的犹豫模糊判断矩阵 $A=(a_{ij})_{n\times n}\subset X\times X$。其中，$a_{ij}=\left\{a_{ij}^{\sigma(s)}\mid s=1,2,\cdots,l_{a_{ij}}\right\}$ ($l_{a_{ij}}$ 为 a_{ij} 中的数值)为犹豫集元素，表示备选方案 x_i 优于(劣于)备选方案 x_j 的程度。对于所有的 $i,j\in N$，a_{ij} 满足如下约束：

$$\begin{cases}a_{ij}^{\sigma(s)}+a_{ji}^{\sigma(s)}=1\\ a_{ii}=\{0.5\}\\ l_{a_{ij}}=l_{a_{ji}}\end{cases}$$

其中，$a_{ij}^{\sigma(s)}<a_{ij}^{\sigma(s+1)},a_{ji}^{\sigma(s+1)}<a_{ji}^{\sigma(s)},a_{ji}^{\sigma(s)}$ 是 a_{ij} 中第 s 大的元素。

犹豫模糊判断矩阵的覆盖定义如下。

定义 10-4 (Torra，2010)　设 $X=(x_1,x_2,\cdots,x_n)$ 为有限方案(因素，元素)集，A 为 X 上的一个犹豫模糊判断矩阵。令

$$\operatorname{env}(A)=\left(\operatorname{env}(a_{ij})\right)_{n\times n}=\left(\left[a_{ij}^{-},a_{ij}^{+}\right]\right)_{n\times n}$$

其中，$a_{ij}^{-}\leqslant a_{ij}^{+}$，并且 $a_{ij}^{-}+a_{ij}^{+}=1$；$a_{ji}^{-}+a_{ji}^{+}=1,\ i,j\in N$，称 $\operatorname{env}(A)$ 为犹豫模糊判断矩阵的覆盖。

由定义 10-3 和定义 10-4，犹豫模糊判断矩阵可通过其覆盖转化为区间模糊判断矩阵。

定理 10-1　犹豫模糊判断矩阵的覆盖为区间模糊判断。

犹豫模糊判断矩阵的加性一致性及乘性一致性定义类似于模糊判断矩阵一致性，下面进行等价定义。

定义 10-5　称矩阵 $A=(a_{ij})_{n\times n}$ 为加性一致性犹豫模糊判断矩阵，满足 $a_{ii}=\{0.5\}$，$a_{ij}^{\sigma(s)}+a_{ji}^{\sigma(s)}=1$，$a_{ij}^{\sigma(s)}+a_{jk}^{\sigma(s)}+a_{kt}^{\sigma(s)}=1.5$，其中对所有的 $i<j<k$，有 $a_{ij}^{\sigma(s)}<a_{ij}^{\sigma(s+1)}$，$a_{jk}^{\sigma(s)}<a_{jk}^{\sigma(s+1)}$，$a_{kt}^{\sigma(s+1)}<a_{kt}^{\sigma(s)}$，$a_{ji}^{\sigma(s+1)}<a_{ji}^{\sigma(s)}$，$a_{kj}^{\sigma(s+1)}<a_{kj}^{\sigma(s)}$，$a_{ik}^{\sigma(s)}<a_{ik}^{\sigma(s+1)}$。

定义 10-6　称矩阵 $A=(a_{ij})_{n\times n}$ 为乘性一致性犹豫模糊判断矩阵，满足 $a_{ii}=\{0.5\}$，$a_{ij}^{\sigma(s)}+a_{ji}^{\sigma(s)}=1$，$a_{ij}^{\sigma(s)}a_{jk}^{\sigma(s)}a_{ki}^{\sigma(s)}=a_{ji}^{\sigma(s)}a_{kj}^{\sigma(s)}a_{ik}^{\sigma(s)}$，其中对所有的 $i<j<k$，

有 $a_{ij}^{\sigma(s)} < a_{ij}^{\sigma(s+1)}$ ， $a_{jk}^{\sigma(s)} < a_{jk}^{\sigma(s+1)}$ ， $a_{ki}^{\sigma(s+1)} < a_{ki}^{\sigma(s)}$ ， $a_{ji}^{\sigma(s+1)} < a_{ji}^{\sigma(s)}$ ， $a_{kj}^{\sigma(s+1)} < a_{kj}^{\sigma(s)}$ ， $a_{ik}^{\sigma(s)} < a_{ik}^{\sigma(s+1)}$ 。

性质 10-1 和性质 10-2 给出了满足乘性一致性、加性一致性的犹豫模糊判断矩阵的排序向量与其元素之间的关系性质。

性质 10-1　设 $X=(x_1,x_2,\cdots,x_n)$ 为有限方案(因素，元素)集，设 $A=(a_{ij})_{n\times n}$ 为满足加性一致性的犹豫模糊判断矩阵，其中 $a_{ij}=\left\{a_{ij}^{\sigma(s)} \mid s=1,2,\cdots,l_{a_{ij}}\right\}$ ($l_{a_{ij}}$ 是 a_{ij} 中的一个数值)为备选方案 x_i 对备选方案 x_j 的偏好程度。设 $\omega=(\omega_1,\omega_2,\cdots,\omega_n)^{\mathrm{T}}$ 为方案集 $X=(x_1,x_2,\cdots,x_n)$ 的权向量，当且仅当矩阵中的元素 $a_{ij}(i,j\in N)$ 可以通过关系

$$a_{ij}=0.5+\beta(\omega_i-\omega_j)=a_{ij}^{\sigma(1)},a_{ij}^{\sigma(2)},\cdots,a_{ij}^{\sigma(l_{a_{ij}})},\quad i<j,\quad i,j\in N$$

获得，其中 $\omega_i>0,\ i\in N$ 。

性质 10-2　设 $X=(x_1,x_2,\cdots,x_n)$ 为有限方案(因素，元素)集，设 $A=(a_{ij})_{n\times n}$ 为满足乘性一致性的犹豫模糊判断矩阵，其中 $a_{ij}=\left\{a_{ij}^{\sigma(s)} \mid s=1,2,\cdots,l_{a_{ij}}\right\}$ ($l_{a_{ij}}$ 是 a_{ij} 中的一个数值)为备选方案 x_i 对 x_j 的偏好程度。设 $\omega=(\omega_1,\omega_2,\cdots,\omega_n)^{\mathrm{T}}$ 为方案集 $X=(x_1,x_2,\cdots,x_n)$ 的权向量，当且仅当矩阵中的元素 $a_{ij}(i,j\in N)$ 可以通过关系

$$a_{ij}=\frac{\omega_i}{\omega_i+\omega_j}=a_{ij}^{\sigma(1)},a_{ij}^{\sigma(2)},\cdots,a_{ij}^{\sigma(l_{a_{ij}})},\quad i<j,\quad i,j\in N$$

获得，其中， $\omega_i>0,\ i\in N$ 。

10.1.2　二元语义判断矩阵及其一致性

假设决策问题的有限方案集为 $X=(x_1,x_2,\cdots,x_n)$ ，自然语言集合为 $S=\left\{S_0,S_1,\cdots,S_g\right\}$ ， $2\leqslant g\leqslant 14$ ，且 g 的取值是偶数。语言评价值常用三角模糊数来定量表示，即 $S_i=(a_i,b_i,c_i)$ ，其中

$$a_i=\frac{i-1}{g}(1\leqslant i\leqslant g),\quad b_i=\frac{i}{g}(1\leqslant i\leqslant g)$$

$$c_i=\frac{i+1}{g}(0\leqslant i\leqslant g-1),\quad a_0=0,\quad c_g=1$$

例如，基数为 7 的自然语言集合用三角模糊数可以表示为 $S_0=N=(0,0,0.17)$, $S_1=\mathrm{VL}=(0,0.17,0.33)$, $S_2=L=(0.17,0.33,0.5)$, $S_3=M=(0.33,0.5,0.67)$, $S_4=H=(0.5,0.67,0.83)$, $S_5=\mathrm{VH}=(0.67,0.83,1)$, $S_6=P=(0.83,1,1)$ ，如图 10-1 所示。

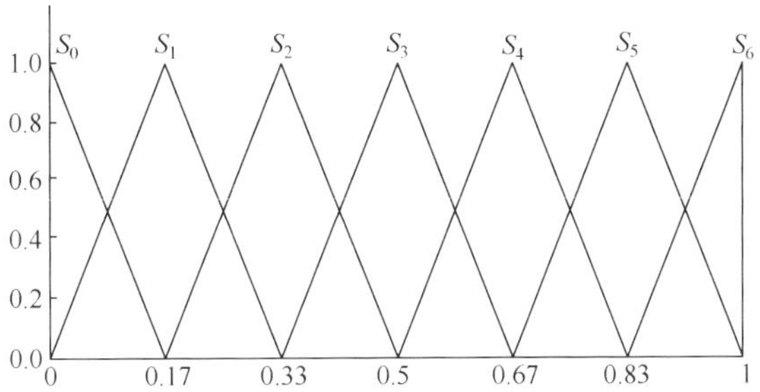

图 10-1　基数为 7 的自然语言集合

自然语言集 S 具有如下性质 (Herrera and Martinez，2001)：

(1) 有序性，$i \geqslant j$ 当且仅当 $S_i \geqslant S_j$；

(2) 可逆性，即存在逆运算算子 "neg"，当 $j = g - i$ 时，有 $\text{neg}(S_i) = S_j$；

(3) 存在极大值运算与极小值运算。

当 $S_i \geqslant S_j$ 时，有 $\max\{S_i, S_j\} = S_i$，$\min\{S_i, S_j\} = S_j$，其中符号 $>$、$\geqslant$、$=$、$\leqslant$、$<$ 表示"优于"、"不劣于"、"等于"、"不优于"、"劣于"。

另外，本书用 β 表示语言符号集结运算的结果，$\beta \in [0, g]$，但 $\beta \notin \{0,1,2,\cdots, g\}$，大部分通用方法是对 β 做四舍五入取整，容易造成信息的失真，从而造成决策的不确定性。为避免以上问题，本书采用 Herrera 和 Martinez (Herrera and Martinez，2001) 提出的二元语义以及集结算子，相应的定义如下所示。

定义 10-7 (Herrera and Martinez，2001)　设语言评价集的语言短语为 $S_i \in S$，则相应的二元语义可以通过如下转换函数 θ 得到，即

$$\theta: S \to S \times [-0.5, 0.5)$$
$$\theta(S_i) = (S_i, 0), \quad S_i \in S$$

定义 10-8 (Herrera and Martinez，2001)　设语言评价集 $S = \{S_0, S_1, \cdots, S_g\}$，$\beta \in [0, g]$ 表示语言符号集结运算的结果，α 表示计算得到的语言信息与初始语言评价信息集中最贴近语言短语之间的差别，则与 β 相应的二元语义可由函数 Δ 得到，即

$$\Delta: [0, g] \to S \times [-0.5, 0.5)$$
$$\Delta(\beta) = (S_i, \alpha)$$

其中，$i = \text{round}(\beta)$，$\alpha = \beta - i$，$\alpha \in [-0.5, 0.5)$。这里 round 表示"四舍五入"取整运算。

定义 10-9 (Herrera and Martinez，2001)　设语言评价集 $S = \{S_0, S_1, \cdots, S_g\}$，二元语义为 (S_i, α)，则存在一个逆函数 Δ^{-1} 将 (S_i, α) 转化为相应的数值 $\beta \in [0, g]$ (也可称 β 为二元语义的代表值)，即

$$\Delta^{-1}: S\times[-0.5,0.5)\to[0,g]$$

$$\Delta^{-1}(S_i,\alpha)=i+\alpha=\beta$$

假设任意两个二元语义为(S_i,α_i)、(S_j,α_j)，$i,j\in\{0,1,\cdots,g\}$，则有如下规定和性质。

1) 有序性

(1) 当$i>j$时，有$(S_i,\alpha_i)>(S_j,\alpha_j)$。

(2) 当$i=j$时，有：

① 若$\alpha_i>\alpha_j$，则$(S_i,\alpha_i)>(S_j,\alpha_j)$。

② 若$\alpha_i=\alpha_j$，则$(S_i,\alpha_i)=(S_j,\alpha_j)$。

③ 若$\alpha_i<\alpha_j$，则$(S_i,\alpha_i)<(S_j,\alpha_j)$。

2) 存在逆算子“neg”

存在逆算子“neg”：

$$\text{neg}((S_i,\alpha_i))=\Delta\left(g-\left(\Delta^{-1}(S_i,\alpha_i)\right)\right)$$

3) 极大化运算

当$(S_i,\alpha_i)\geqslant(S_j,\alpha_j)$时，有$\max\{(S_i,\alpha_i),(S_j,\alpha_j)\}=(S_i,\alpha_i)$。

4) 极小化运算

当$(S_i,\alpha_i)\leqslant(S_j,\alpha_j)$时，有$\min\{(S_i,\alpha_i),(S_j,\alpha_j)\}=(S_i,\alpha_i)$。

其中，符号$>$、$\geqslant$、$=$、$\leqslant$、$<$表示“优于”、“不劣于”、“等于”、“不优于”、“劣于”。

二元语义判断矩阵的定义如下。

定义 10-10 (Herrera and Martinez，2001)　如果矩阵$T=(S_{ij})_{n\times n}$(其中$s_{ij}=(p_{ij},\alpha_{ij})$，$p_{ij}\in S$，$-0.5\leqslant\alpha_{ij}<0.5$)中的元素皆可以写成如下形式：

(1) $\Delta\left(\Delta^{-1}(s_{ij})+\Delta^{-1}(s_{ji})\right)=(S_g,0)$，互补性成立，即$\Delta\left(\Delta^{-1}(p_{ij},\alpha_{ij})+\Delta^{-1}(p_{ji},\alpha_{ji})\right)=(S_g,0)$；

(2) $s_{ii}=(p_{ii},\alpha_{ii})=(S_{g/2},0)$

则称矩阵T为二元语义(互补)判断矩阵。

二元语义判断矩阵完全一致性的定义如下。

定义 10-11 (Herrera and Martinez，2001)　若二元语义判断矩阵$T=(s_{ij})_{n\times n}$中的元素满足如下条件：

(1) $(p_{ij},\alpha_{ij})=(S_{g/2},0)$；

(2) $\Delta\left(\Delta^{-1}\left(p_{ij},\alpha_{ij}\right)+\Delta^{-1}\left(p_{ji},\alpha_{ji}\right)\right)=\left(S_g,0\right)$；

(3) $\Delta\left(\Delta^{-1}\left(p_{ij},\alpha_{ij}\right)+\Delta^{-1}\left(p_{jk},\alpha_{jk}\right)+\Delta^{-1}\left(p_{ki},\alpha_{ki}\right)\right)=\left(S_{1.5g},0\right)$。

则称二元语义判断矩阵 T 具有完全一致性。

10.2　考虑分布特征的犹豫与区间模糊判断矩阵的转换研究

本节构建犹豫模糊与区间模糊判断矩阵之间的转化关系，并构建统一的最优排序模型。

犹豫模糊判断矩阵中元素的取值是离散的，具有不确定性。这里假设其在取值区间内呈现某种随机分布特征，如均匀分布与正态分布。根据定义 10-4，犹豫模糊判断矩阵的覆盖区间与区间模糊判断矩阵在数学形式上是等价的，因此可以采用带有随机分布特征的区间模糊判断矩阵的最优排序方法获得犹豫模糊判断矩阵的最优排序。7.2.1 节已经介绍了考虑随机分布特征的区间模糊判断矩阵的“3σ 准则”和相关性质特点，10.2.1 节和 10.2.2 节将给出两类带有随机分布特征的区间模糊判断矩阵的排序模型。

本节假设区间模糊判断矩阵具有随机分布特征，并视区间模糊判断矩阵中的判断元素分别服从均匀分布与正态分布。

10.2.1　服从随机分布的加性一致性区间模糊判断矩阵的最优排序建模

假设决策者对备选方案 x_i 优于备选方案 x_j 的意见偏好判断值为 a_{ij}，且 a_{ij} 在区间 $\left[a_{ij}^l,a_{ij}^u\right]$ 服从正态分布，即 $\tilde{a}_{ij}\sim N\left(\mu_{ij},\sigma_{ij}^2\right)$，其中，$\mu_{ij}=\dfrac{a_{ij}^l+a_{ij}^u}{2}$，$\sigma_{ij}=\dfrac{a_{ij}^u-a_{ij}^l}{6}$，随机变量 $\tilde{a}_{ij}$ 的每一个取值可代表决策者对备选方案 x_i 优于备选方案 x_j 的一个判断。假设 $\omega=\left(\omega_1,\omega_2,\cdots,\omega_n\right)^{\mathrm{T}}$ 为排序向量，在满足加性一致性的条件下，$\dfrac{\omega_i-\omega_j+1}{2}$ 表示决策的理想判断 $\left|\tilde{a}_{ij}-\dfrac{\omega_i-\omega_j+1}{2}\right|$ 度量服从正态分布判断 $\tilde{a}_{ij}$ 与理想判断的距离偏差。显而易见，其距离偏差越小，该正态分布区间模糊判断矩阵的一致性程度越高。因此，令约束条件为理想判断 $\dfrac{\omega_i-\omega_j+1}{2}$ 与服从正态分布判断 $\tilde{a}_{ij}$ 的距离偏差不超过 ε_{ij} 的概率不低于某个置信水平 α，即 $\Pr\left\{\left|\tilde{a}_{ij}-\dfrac{\omega_i-\omega_j+1}{2}\right|\leqslant\varepsilon_{ij}\right\}\geqslant\alpha$，目标函数为最小化距离偏差，基于加性一致性的正态分布区间模糊判断矩阵的最

优排序模型构建如下：

$$\min\sum_{i=1}^{n-1}\sum_{j=i+1}^{n}\varepsilon_{ij}$$

$$\text{s.t.}\begin{cases}\Pr\left\{\left|\tilde{a}_{ij}-\dfrac{\omega_i-\omega_j+1}{2}\right|\leqslant\varepsilon_{ij}\right\}\geqslant\alpha\\ \tilde{a}_{ij}\sim N\left(\dfrac{a_{ij}^l+a_{ij}^u}{2},\left(\dfrac{a_{ij}^u-a_{ij}^l}{6}\right)^2\right)\\ \sum\limits_{i=1}^{n}\omega_i=1\\ \omega_i,\varepsilon_{ij}\geqslant 0,i=1,2,\cdots,n-1;j=i+1,i+2,\cdots,n\end{cases}\tag{10-1}$$

同样，在上述条件下，假设决策者对备选方案 x_i 优于备选方案 x_j 的意见偏好判断值为 a_{ij}，且 a_{ij} 在区间 $\left[a_{ij}^l,a_{ij}^u\right]$ 服从均匀分布，即 $\tilde{a}_{ij}\sim U\left(a_{ij}^l,a_{ij}^u\right)$。令约束条件为理想判断 $\dfrac{\omega_i-\omega_j+1}{2}$ 与服从均匀分布判断 $\tilde{a}_{ij}$ 的距离偏差不超过 ε_{ij} 的概率不低于某个置信水平 α，目标函数为最小化距离偏差，基于加性一致性的均匀分布区间模糊判断矩阵的最优排序模型构建如下：

$$\min\sum_{i=1}^{n-1}\sum_{j=i+1}^{n}\varepsilon_{ij}$$

$$\text{s.t.}\begin{cases}\Pr\left\{\left|\tilde{a}_{ij}-\dfrac{\omega_i-\omega_j+1}{2}\right|\leqslant\varepsilon_{ij}\right\}\geqslant\alpha\\ \tilde{a}_{ij}\sim U\left(a_{ij}^l,a_{ij}^u\right)\\ \sum\limits_{i=1}^{n}\omega_i=1\\ \omega_i,\varepsilon_{ij}\geqslant 0,i=1,2,\cdots,n-1;j=i+1,i+2,\cdots,n\end{cases}\tag{10-2}$$

10.2.2　服从随机分布的乘性一致性区间模糊判断矩阵的最优排序建模

在满足乘性一致性的条件下，$\dfrac{\omega_i}{\omega_i+\omega_j}$ 表示决策的理想判断，$\left|\tilde{a}_{ij}-\dfrac{\omega_i}{\omega_i+\omega_j}\right|$ 度量服从正态分布判断 $\tilde{a}_{ij}$ 与理想判断的距离偏差。显而易见，其距离偏差越小，该正态分布区间模糊判断矩阵的一致性程度越高。因此，约束条件为理想判断 $\dfrac{\omega_i}{\omega_i+\omega_j}$ 与正态分布判断 $\tilde{a}_{ij}$ 的距离偏差不超过 ε_{ij} 的概率不低于某个置信水平 α，

目标函数为最小化距离偏差。基于乘性一致性的正态分布区间模糊判断矩阵的最优排序模型构建如下：

$$\min\sum_{i=1}^{n-1}\sum_{j=i+1}^{n}\varepsilon_{ij}$$

$$\text{s.t.}\begin{cases}\Pr\left\{\left|\tilde{a}_{ij}-\dfrac{\omega_i}{\omega_i+\omega_j}\right|\leqslant\varepsilon_{ij}\right\}\geqslant\alpha\\ \tilde{a}_{ij}\sim N\left(\dfrac{a_{ij}^l+a_{ij}^u}{2},\left(\dfrac{a_{ij}^u-a_{ij}^l}{6}\right)^2\right)\\ \sum\limits_{i=1}^{n}\omega_i=1\\ \omega_i,\varepsilon_{ij}\geqslant 0;\quad i=1,2,\cdots,n-1;j=i+1,i+2,\cdots,n\end{cases}\tag{10-3}$$

同样，在上述条件下，假设决策者对备选方案 x_i 优于备选方案 x_j 的意见偏好判断值为 a_{ij}，且 a_{ij} 在区间 $\left[a_{ij}^l,a_{ij}^u\right]$ 服从均匀分布，即 $\tilde{a}_{ij}\sim U\left(a_{ij}^l,a_{ij}^u\right)$。约束条件为理想判断 $\dfrac{\omega_i}{\omega_i+\omega_j}$ 与均匀分布判断 $\tilde{a}_{ij}$ 的距离偏差不超过的 ε_{ij} 概率不低于某个置信水平 α，目标函数为最小化距离偏差，基于乘性一致性的均匀分布区间模糊判断矩阵的最优排序模型构建如下：

$$\min\sum_{i=1}^{n-1}\sum_{j=i+1}^{n}\varepsilon_{ij}$$

$$\text{s.t.}\begin{cases}\Pr\left\{\left|\tilde{a}_{ij}-\dfrac{\omega_i}{\omega_i+\omega_j}\right|\leqslant\varepsilon_{ij}\right\}\geqslant\alpha\\ \tilde{a}_{ij}\sim U\left(a_{ij}^l,a_{ij}^u\right)\\ \sum\limits_{i=1}^{n}\omega_i=1\\ \omega_i,\varepsilon_{ij}\geqslant 0;\quad i=1,2,\cdots,n-1;j=i+1,i+2,\cdots,n\end{cases}\tag{10-4}$$

10.3　各类型模糊判断矩阵的转化研究

10.3.1　模糊数、犹豫模糊数与二元语义的转化关系

根据定义 10-12 和定义 10-13，模糊数值、犹豫模糊数可等价转化为二元语义

集和二元语义代表数值。

定义 10-12 (Herrera and Martinez，2001) 设 $v \in [0,1]$ 或者设数值 $v \in E$，语言评价值为 $S=\{S_0,S_1,\cdots,S_g\}$，并令 $S_i=(a_i,b_i,c_i)$，满足：

$$a_i=\frac{i-1}{g}\ (1\leqslant i\leqslant g),\quad b_i=\frac{i}{g}\ \ (0\leqslant i\leqslant g)$$

$$c_i=\frac{i+1}{g}(0\leqslant i\leqslant g-1),\quad a_0=0,\quad c_g=1$$

则可以通过下列映射将 v 转化为二元语义集，即

$$\tau:[0,1]\rightarrow F(S)$$

$$\tau(v)=\{(S_0,\omega_0),(S_1,\omega_1),\cdots,(S_g,\omega_g)\}$$

$$\omega_i=\mu_{s_i}(v)=\begin{cases}0, & \mu\notin \text{support}\left(\mu_{s_i}(x)\right)\\ \dfrac{v-a_i}{b_i-a_i}, & a_i\leqslant v\leqslant b_i\\ \dfrac{c_i-v}{c_i-b_i}, & b_i\leqslant v\leqslant c_i\end{cases}$$

其中，$S_i \in S$，$\omega_i \in [0,1]$，$\mu_{s_i}(v)$ 表示 v 的隶属函数，$\text{support}\left(\mu_{s_i}(x)\right)=\{x\mid \mu_{s_i}(x)>0,\ x\in[0,1]\}$。

定义 10-13 (Herrera and Martinez，2001) 设 $\tau(v)=\{(S_0,\omega_0),(S_1,\omega_1),\cdots,(S_g,\omega_g)\}$ 是 v 的二元语义转化值，则可以通过映射 χ 将二元语义集 $\tau(v)$ 转化为二元语义代表数值：

$$\chi:F(S)\rightarrow[0,g]$$

$$\chi:(\tau(v))=\chi\{(S_j,\omega_j),j=0,1,\cdots,g\}=\frac{\sum_{j=0}^{g} j\omega_j}{\sum_{j=0}^{g}\omega_j}=\beta$$

这样，即可以通过定义将 β 转化为其所代表的二元语义。

10.3.2 犹豫模糊集的覆盖、区间模糊数与二元语义的关系

根据定义 10-14，犹豫模糊集的覆盖、区间模糊数可等价转化为二元语义集；相应地，根据定义 10-15，犹豫模糊集的覆盖、区间模糊数可等价转化为二元语义代表数值。

定义 10-14 (Herrera and Martinez，2001)　设 I 为犹豫集的覆盖或者区间模糊数，$S_T=\left\{S_0,S_1,\cdots,S_g\right\}$ 为语言评价值集合。则可以通过下列映射将模糊数 I 转化为二元语义集，即

$$\tau_{IS_T}:\left[0,1\right]\to F\left(S_T\right)$$

$$\tau_{IS_T}\left(I\right)=\left\{\frac{\left(S_k,\omega_k\right)}{k}\in\left\{0,1,\cdots,g\right\}\right\}$$

$$\omega_k=\overset{\max}{y}\ \min\left\{\mu_I\left(y\right),\mu_{S_k}\left(y\right)\right\}$$

其中，$\mu_I\left(y\right)$、$\mu_{S_k}\left(y\right)$ 分别代表模糊数(区间数) I 以及语言术语 S_k 的隶属函数。

定义 10-15 (Herrera and Martinez，2001)　设 $\left(s_i,\alpha\right)$ 是一个二元语义，其等价的二元语义代表值 $\beta=\Delta^{-1}\left(s_i,\alpha\right)$，则 $\left(s_i,\alpha\right)$ 的等价模糊数为 β/g。

例如，当 $g=6$ 时，二元语义 $\left(s_2,0\right)$ 等价模糊数为 $1/3$。

10.3.3　犹豫、区间与二元语义模糊判断矩阵的转化定理

定理 10-2　若犹豫模糊判断矩阵满足完全一致性，则其二元语义转化矩阵仍然保持完全一致性。

证明见本章附录。

定理 10-3　若犹豫模糊判断矩阵的覆盖矩阵满足互补性，则其二元语义转化矩阵仍然满足互补性。

证明见本章附录。

由定理 10-1 可得，犹豫模糊判断矩阵的覆盖为区间模糊判断矩阵。因此，定理 10-3 蕴含区间模糊判断矩阵二元语义转化矩阵仍然满足互补性。

若不考虑区间模糊判断矩阵的分布特征，由第 2 章，则可以将区间模糊判断矩阵转化为确定性模糊判断矩阵。

定理 10-4　若区间模糊判断矩阵满足完全加性一致性，则其二元语义转化矩阵仍然保持完全一致性。

证明见本章附录。

10.4　多元判断矩阵群体决策排序建模

基于上述内容，考虑到异质性模糊判断矩阵的全面性和可行性，本节模拟群体决策场景，包含犹豫模糊判断矩阵、模糊判断矩阵、语言判断矩阵及服从正态分布的区间模糊判断矩阵。因此，为了获得复杂群体决策下的最优排序，建模步骤如下所示。

步骤 1：假设有四位决策者给出的犹豫模糊判断矩阵、模糊判断矩阵、语言判断矩阵及区间模糊判断矩阵分别为 $A=(a_{ij})_{n\times n}$，$B=(b_{ij})_{n\times n}$，$C=(c_{ij})_{n\times n}$，$D=(d_{ij})_{n\times n}$，并假设这四位决策者的权重是等价的，集结后的群体决策矩阵 $R=(r_{ij})_{n\times n}$。

步骤 2：求出犹豫模糊判断矩阵 A 的覆盖矩阵 $\overline{A}=(\overline{a}_{ij})_{n\times n}=\left([\overline{a}_{ij}^{l},\overline{a}_{ij}^{u}]\right)_{n\times n}$，并将语言判断矩阵 C 转换为等价的区间模糊判断矩阵 $\overline{C}=(\overline{c}_{ij})_{n\times n}=\left([\overline{c}_{ij}^{l},\overline{c}_{ij}^{u}]\right)_{n\times n}$。

步骤 3：求出与语言判断矩阵 C 等价的区间模糊判断矩阵 $\overline{C}$，并将其转化为确定性模糊判断矩阵，即 $\overline{c}_{ij}=[c_{ij}^{l},c_{ij}^{u}]=\gamma_{ij}c_{ij}^{l}+(1-\gamma_{ij})c_{ij}^{u}$，其中 $0\leqslant\gamma_{ij}\leqslant 1$。再分别求出犹豫模糊判断矩阵 A 的覆盖矩阵 $\overline{A}$ 及区间模糊判断矩阵 D 等价的服从正态分布的判断矩阵 $\tilde{A}=(\tilde{a}_{ij})_{n\times n}$ 及 $\tilde{D}=(\tilde{d}_{ij})_{n\times n}$，其中 $\tilde{a}_{ij}\sim N(\mu_{ij}^{a},\sigma_{ij}^{a^2})$，$\mu_{ij}^{a}=\dfrac{\overline{a}_{ij}^{l}+\overline{a}_{ij}^{u}}{2}$，$\sigma_{ij}^{a}=\dfrac{\overline{a}_{ij}^{u}-\overline{a}_{ij}^{l}}{6}$，$\tilde{d}_{ij}\sim N(\mu_{ij}^{d},\sigma_{ij}^{d^2})$，$\mu_{ij}^{d}=\dfrac{\overline{d}_{ij}^{l}+\overline{d}_{ij}^{u}}{2}$，$\sigma_{ij}^{d}=\dfrac{\overline{d}_{ij}^{u}-\overline{d}_{ij}^{l}}{6}$。

步骤 4：假设多元判断矩阵群体决策矩阵 R 的排序向量为 ω_i $(i\in N)$ 以及置信水平为 α_{ij} $(0\leqslant\alpha_{ij}\leqslant 1)$，则多元判断矩阵群体决策排序模型构建如下：

$$\min\sum_{i=1}^{n-1}\sum_{j=i+1}^{n}\varepsilon_{ij}$$

$$\text{s.t.}\begin{cases}\Pr\left\{\left|\overline{a}_{ij}-\dfrac{\omega_i^*-\omega_j^*+1}{2}\leqslant\varepsilon_{ij}\right|\right\}\geqslant\alpha_{ij}\\ \left|b_{ij}-\dfrac{\omega_i^*-\omega_j^*+1}{2}\right|\leqslant\varepsilon_{ij}\\ \left|c_{ij}-\dfrac{\omega_i^*-\omega_j^*+1}{2}\right|\leqslant\varepsilon_{ij}\\ \Pr\left\{\left|d_{ij}-\dfrac{\omega_i^*-\omega_j^*+1}{2}\leqslant\varepsilon_{ij}\right|\right\}\geqslant\alpha_{ij}\\ \tilde{a}_{ij}\sim N\left(\mu_{ij}^{a},\sigma_{ij}^{a^2}\right)\\ \tilde{d}_{ij}\sim N\left(\mu_{ij}^{d},\sigma_{ij}^{d^2}\right)\\ \sum\limits_{i=1}^{n}\omega_i=1\\ \omega_i,\varepsilon_{ij}\geqslant 0;i=1,2,\cdots,n-1;j=i+1,i+2,\cdots,n\end{cases}$$

步骤 5：借助 Matlab R2012a，求得上述模型关于方案的排序向量和目标值，该排序即多元判断矩阵群体决策的最优排序。

10.5 本章小结

在复杂群体决策背景下，构建合理的多元异质判断矩阵同化方法，有利于保持决策信息的完整性与真实性，并提高决策效率。本章研究了带有模糊数判断矩阵、犹豫模糊判断矩阵、区间模糊判断矩阵和二元语义模糊判断矩阵的群体决策及其同化问题。由于区间数本身具有的随机性特征，本章在区间模糊判断矩阵中引入随机分布，根据区间数与服从正态分布、均匀分布判断之间的等价形式，构建了服从正态分布(均匀分布)的加性一致性(乘性一致性) 区间模糊判断矩阵的最优排序建模，并提出了基于遗传算法的概率规划方法(概率规划与目标规划问题相结合)。本章还通过构建犹豫模糊判断矩阵、区间模糊判断矩阵及模糊数判断矩阵与二元语义模糊判断矩阵的等价转化关系和转换定理，提出了多元判断矩阵群体决策排序模型，建立了决策者偏好呈随机分布特征的多元判断矩阵群体决策矩阵排序建模步骤。

本章附录

定理 10-2 完全一致性犹豫模糊判断矩阵的二元语义转化矩阵仍然保持完全一致性。

证明 不妨设 $A=\left(a_{ij}\right)_{n\times n}$ 为完全一致性犹豫模糊判断矩阵，满足 $a_{ii}=\{0.5\}$，$a_{ij}^{\sigma(s)}+a_{ji}^{\sigma(s)}=1$ (其中 $a_{ij}^{\sigma(s)}<a_{ij}^{\sigma(s+1)},a_{ji}^{\sigma(s+1)}<a_{ji}^{\sigma(s)}$)， $a_{ij}^{\sigma(s)}+a_{jk}^{\sigma(s)}+a_{ki}^{\sigma(s)}=1.5$ (其中 $a_{ij}^{\sigma(s)}<a_{ij}^{\sigma(s+1)},a_{jk}^{\sigma(s)}<a_{jk}^{\sigma(s+1)},a_{ki}^{\sigma(s+1)}<a_{ki}^{\sigma(s)}$)。

同时设语言短语集为 $S=\left\{S_0,S_1,\cdots,S_g\right\}$ 满足 $S_i=(a_i,b_i,c_i)$，其中：

$$a_i=\frac{i-1}{g}(1\leqslant i\leqslant g),\quad b_i=\frac{i}{g}(0\leqslant i\leqslant g),\quad c_i=\frac{i+1}{g}(0\leqslant i\leqslant g-1)$$

由数值转化为二元语义集的映射关系可知：

$$\begin{aligned}\tau\left(a_{ii}^{\sigma(s)}\right)&=\tau\{0.5\}=\tau(0.5)\\&=\left\{(S_0,0),(S_1,0),\cdots,\left(S_{g/2-1},0\right),\left(S_{g/2},0\right),\left(S_{g/2+1},0\right),\cdots,\left(S_g,0\right)\right\}\end{aligned}$$

所以有

$$\chi\left(\tau\left(0.5\right)\right)=\frac{g}{2}$$

即

$$\Delta^{-1}\left(\frac{g}{2}\right)=\left(S_{g/2},0\right)$$

设 $b_l \leqslant a_{ij}^{\sigma(s)} < c_l$，$a_{l+1} \leqslant a_{ij}^{\sigma(s)} \leqslant b_{l+1}$；$b_m \leqslant a_{jk}^{\sigma(s)} < c_m$，$a_{m+1} \leqslant a_{jk}^{\sigma(s)} < b_{m+1}$；$b_n \leqslant a_{ki}^{\sigma(s)} < c_n$，$a_{n+1} \leqslant a_{ki}^{\sigma(s)} < b_{n+1}$，$l,m,n \in \{0,1,\cdots,g\}$，有：

(1) 对于 $a_{ij}^{\sigma(s)}$，有 $\omega_l = \frac{c_l - a_{ij}^{\sigma(s)}}{c_l - b_l}$，$\omega_{l+1} = \frac{a_{ij}^{\sigma(s)} - a_{l+1}}{b_{l+1} - a_{l+1}}$，$\omega_i = 0$ 对所有的 $i \neq l,l+1$ 成立。

(2) 对于 $a_{jk}^{\sigma(s)}$，有 $\omega_m = \frac{c_m - a_{jk}^{\sigma(s)}}{c_m - b_m}$，$\omega_{m+1} = \frac{a_{jk}^{\sigma(s)} - a_{m+1}}{b_{m+1} - a_{m+1}}$，$\omega_i = 0$ 对所有的 $i \neq m, m+1$ 成立。

(3) 对于 $a_{ki}^{\sigma(s)}$，有 $\omega_n = \frac{c_n - a_{ki}^{\sigma(s)}}{c_n - b_n}$，$\omega_{n+1} = \frac{a_{ki}^{\sigma(s)} - a_{n+1}}{b_{n+1} - a_{n+1}}$，$\omega_i = 0$ 对所有的 $i \neq n, n+1$ 成立。

从而：

$$\chi\left(\tau\left(a_{ij}^{\sigma(s)}\right)\right)=lg\left(\frac{l+1}{g}-a_{ij}^{\sigma(s)}\right)+(l+1)g\left(a_{ij}^{\sigma(s)}-\frac{l}{g}\right)=ga_{ij}^{\sigma(s)}$$

$$\chi\left(\tau\left(a_{jk}^{\sigma(s)}\right)\right)=mg\left(\frac{m+1}{g}-a_{jk}^{\sigma(s)}\right)+(m+1)g\left(a_{jk}^{\sigma(s)}-\frac{m}{g}\right)=ga_{jk}^{\sigma(s)}$$

$$\chi\left(\tau\left(a_{ki}^{\sigma(s)}\right)\right)=ng\left(\frac{n+1}{g}-a_{ki}^{\sigma(s)}\right)+(n+1)g\left(a_{ki}^{\sigma(s)}-\frac{n}{g}\right)=ga_{ki}^{\sigma(s)}$$

所以

$$\chi\left(\tau\left(a_{ij}^{\sigma(s)}\right)\right)+\chi\left(\tau\left(a_{jk}^{\sigma(s)}\right)\right)+\chi\left(\tau\left(a_{ki}^{\sigma(s)}\right)\right)=g\left(a_{ij}^{\sigma(s)}+a_{jk}^{\sigma(s)}+a_{ki}^{\sigma(s)}\right)=1.5g$$

从而得到

$$\Delta^{-1}\left(\chi\left(\tau\left(a_{ij}^{\sigma(s)}\right)\right)+\chi\left(\tau\left(a_{jk}^{\sigma(s)}\right)\right)+\chi\left(\tau\left(a_{ki}^{\sigma(s)}\right)\right)\right)=\left(S_{1.5g},0\right)$$

同理可证 $\Delta^{-1}\left(\chi\left(\tau\left(a_{ij}^{\sigma(s)}\right)\right)+\chi\left(\tau\left(a_{ji}^{\sigma(s)}\right)\right)\right)=\left(S_g,0\right)$，即所得到的二元语义判断矩阵具有完全一致性。

定理 10-3　互补性犹豫模糊判断矩阵的覆盖矩阵的二元语义转化矩阵仍然满足互补性。

证明　不妨设 $A=(a_{ij})_{n\times n}$ 为犹豫模糊判断矩阵的覆盖矩阵，且满足 $a_{ii}=[0.5,0.5]$，$a_{ij}^l+a_{ji}^u=a_{ij}^u+a_{ji}^l=1$。

同时设语言短语集为 $S=\left\{S_0,S_1,\cdots,S_g\right\}$，满足 $S_i=\left(a_i,b_i,c_i\right)$，其中：

$$a_i=\frac{i-1}{g}(1\leqslant i\leqslant g),\quad b_i=\frac{i}{g}(0\leqslant i\leqslant g),\quad c_i=\frac{i+1}{g}(0\leqslant i\leqslant g-1)$$

由数值转化为二元语义集的映射关系可知：

$$\begin{aligned}\tau\left(a_{ii}^{\sigma(s)}\right)&=\tau\{0.5\}=\tau(0.5)\\&=\left\{(S_0,0),(S_1,0),\cdots,\left(S_{g/2-1},0\right),\left(S_{g/2},0\right),\left(S_{g/2+1},0\right),\cdots,\left(S_g,0\right)\right\}\end{aligned}$$

所以有

$$\chi\left(\tau(0.5)\right)=\frac{g}{2}$$

即

$$\Delta^{-1}\left(\frac{g}{2}\right)=\left(S_{g/2},0\right)$$

设 $a_{ij}^l\in\left[b_i,c_i\right]$，$a_{ij}^u\in\left[a_j,b_j\right]$，则 $a_{ij}^u\in\left[a_{g-i},b_{g-i}\right]$，$a_{ij}^l\in\left[b_{g-j},b_{g-j}\right]$，这里 $j\geqslant i$，可得

$$\tau\left[a_{ij}^l,a_{ij}^u\right]=\left\{\left(S_0,\omega_0\right),\cdots,\left(S_i,\omega_i\right),\cdots,\left(S_j,\omega_j\right),\cdots,\left(S_g,\omega_g\right)\right\}$$

其中

$$\omega_0=\cdots=\omega_{i-1}=\cdots=\omega_{j+1}=\cdots=\omega_g=0$$

$$\omega_{i+1}=\cdots=\omega_{j-1}=1,\quad \omega_i=g\left(c_i-a_{ij}^l\right),\quad \omega_j=g\left(a_{ij}^u-a_j\right)$$

$$\tau\left[a_{ji}^l,a_{ji}^u\right]=\left\{\left(S_0,\omega_0'\right),\cdots,\left(S_{g-j},\omega_{g-j}'\right),\cdots,\left(S_{g-i},\omega_{g-i}'\right),\cdots,\left(S_g,\omega_g'\right)\right\}$$

其中

$$\omega_0'=\cdots=\omega_{g-j-1}'=\cdots=\omega_{g-j+1}'=\cdots=\omega_g'=0$$

$$\omega'_{g-j+1}=\cdots=\omega'_{g-i-1}=1,\quad \omega'_{g-j}=g\left(c_{g-j}-a_{ij}^{l}\right),\quad \omega'_{g-i}=g\left(a_{ij}^{u}-a_{g-i}\right)$$

从而

$$\begin{aligned}\rho_1&=\chi\tau\left[a_{ij}^{l},a_{ij}^{u}\right]=\sum_{j=0}^{g}j\omega_j\left(\sum_{j=0}^{g}\omega_j\right)^{-1}\\&=\left[ig\left(c_i-a_{ij}^{l}\right)+(i+1)+\cdots+(j-1)+jg\left(a_{ij}^{u}-a_j\right)\right]\left[g\left(c_i-a_{ij}^{l}\right)+j-i+1+g\left(a_{ij}^{u}-a_j\right)\right]^{-1}\\&=\left[ig\left(c_i-a_{ij}^{l}\right)+(i+1)+\cdots+(j-1)+jg\left(a_{ij}^{u}-a_j\right)\right]\left[1-g\left(a_{ij}^{l}-a_{ij}^{u}\right)\right]^{-1}\end{aligned}$$

$$\begin{aligned}\rho_2&=\chi\tau\left[a_{ji}^{l},a_{ji}^{u}\right]=\sum_{j=0}^{g}j\omega'_j\left(\sum_{j=0}^{g}\omega'_j\right)^{-1}\\&=\left[(g-j)g\left(c_{g-j}-a_{ji}^{l}\right)+(g-j+1)+\cdots+(g-i-1)+(g-i)g\left(a_{ji}^{u}-a_{g-i}\right)\right]\left[1-g\left(a_{ij}^{l}-a_{ij}^{u}\right)\right]^{-1}\end{aligned}$$

很容易得到 $\rho_1+\rho_2=g$，即 $\Delta(\rho_1+\rho_2)=\left(S_g,0\right)$。因此，犹豫模糊判断矩阵的覆盖矩阵的二元语义转化矩阵仍然满足互补性。

定理 10-4　完全加性一致性区间模糊判断矩阵的二元语义转化矩阵仍然保持完全一致性。

证明　不妨设 $A=\left(\left[a_{ij}^{l},a_{ij}^{u}\right]\right)_{n\times n}$ 为完全加性一致性区间模糊判断矩阵，满足 $a_{ii}=[0.5,0.5]$，$a_{ij}+a_{jk}+a_{ki}=1.5$。

由于 $a_{ij}=a_{ij}^{l}+\alpha\left(a_{ij}^{u}-a_{ij}^{l}\right)$，区间数可以转换成数值。

同时设语言短语集为 $S=\left\{S_0,S_1,\cdots,S_g\right\}$ 满足 $S_i=\left(a_i,b_i,c_i\right)$，其中：

$$a_i=\frac{i-1}{g}(1\leqslant i\leqslant g),\quad b_i=\frac{i}{g}(0\leqslant i\leqslant g),\quad c_i=\frac{i+1}{g}(0\leqslant i\leqslant g-1)$$

由数值转化为二元语义集的映射关系可知：

$$\begin{aligned}\tau\left(a_{ii}^{\sigma(s)}\right)&=\tau[0.5,0.5]=\tau(0.5)\\&=\left\{\left(S_0,0\right),\left(S_1,0\right),\cdots,\left(S_{g/2-1},0\right),\left(S_{g/2},0\right),\left(S_{g/2+1},0\right),\cdots,\left(S_g,0\right)\right\}\end{aligned}$$

所以有

$$\chi\left(\tau(0.5)\right)=\frac{g}{2}$$

即

$$\Delta^{-1}\left(\frac{g}{2}\right)=\left(S_{g/2},0\right)$$

设 $b_l \leqslant a_{ij} < c_l$，$a_{l+1} \leqslant a_{ij} < b_{l+1}$；$b_m \leqslant a_{jk} < c_m$，$a_{m+1} \leqslant a_{jk} < b_{m+1}$；$b_n \leqslant a_{ki} < c_n$，$a_{n+1} \leqslant a_{ki} < b_{n+1}$，$l,m,n \in \{0,1,\cdots,g\}$，有

$$\tau\left(a_{ij}\right)=\left\{\left(S_0,\omega_0\right),\cdots,\left(S_l,\omega_l\right),\cdots,\left(S_g,\omega_g\right)\right\}$$

$$\tau\left(a_{jk}\right)=\left\{\left(S_0,\omega_0\right),\cdots,\left(S_m,\omega_m\right),\cdots,\left(S_g,\omega_g\right)\right\}$$

$$\tau\left(a_{ki}\right)=\left\{\left(S_0,\omega_0\right),\cdots,\left(S_n,\omega_n\right),\cdots,\left(S_g,\omega_g\right)\right\}$$

(1) $\omega_l=-ga_{ij}+1+l$ 为直线 $x=a_{ij}$ 与直线 $y=-gx+1+l$ 交点的纵坐标，$\omega_{l+1}=ga_{ij}-l$ 为直线 $x=a_{ij}$ 与直线 $y=gx-l$ 交点的纵坐标，因此有 $\chi\left(\tau\left(a_{ij}\right)\right)=l(-ga_{ij}+1+l)+(l+1)\left(ga_{ij}-l\right)=ga_{ij}$。

(2) $\omega_m=-ga_{jk}+1+m$ 为直线 $x=a_{jk}$ 与直线 $y=-gx+1+m$ 交点的纵坐标，$\omega_{m+1}=ga_{jk}-m$ 为直线 $x=a_{jk}$ 与直线 $y=gx-m$ 交点的纵坐标，因此有 $\chi\left(\tau\left(a_{jk}\right)\right)=m\left(-ga_{jk}+1+m\right)+(m+1)\left(ga_{jk}-m\right)=ga_{jk}$。

(3) $\omega_n=-ga_{ki}+1+n$ 为直线 $x=a_{ki}$ 与直线 $y=-gx+1+n$ 交点的纵坐标，$\omega_{n+1}=ga_{ki}-n$ 为直线 $x=a_{ki}$ 与直线 $y=gx-n$ 交点的纵坐标，因此有 $\chi\left(\tau\left(a_{ki}\right)\right)=n\left(-ga_{ki}+1+n\right)+(n+1)\left(ga_{ki}-n\right)=ga_{ki}$。

因此，存在：

$$\chi\left(\tau\left(a_{ij}\right)\right)+\chi\left(\tau\left(a_{jk}\right)\right)+\chi\left(\tau\left(a_{ki}\right)\right)=g\left(a_{ij}+a_{jk}+a_{ki}\right)=1.5g$$

和

$$\Delta^{-1}\left(\chi\left(\tau\left(a_{ij}\right)\right)+\chi\left(\tau\left(a_{jk}\right)\right)+\chi\left(\tau\left(a_{ki}\right)\right)\right)=\left(S_{1.5g},0\right)$$

同样，可得 $\Delta^{-1}\left(\chi\left(\tau\left(a_{ij}\right)\right)+\chi\left(\tau\left(a_{ji}\right)\right)\right)=\left(S_g,0\right)$。因此获得的二元语义转化矩阵也保持完全一致性。

第 11 章　不确定判断矩阵及其一致性

本章基于不确定理论，给出不确定(分布)判断矩阵及其一致性的相关定义。并针对四类判断矩阵的定义、一致性和传递性定义、优缺点等进行对比，论证不确定判断矩阵和线性不确定判断矩阵比模糊判断矩阵和区间模糊判断矩阵更有理论价值。

11.1　不确定判断矩阵的定义

在现实决策中，由于人们所处环境的不同，接受教育有所差异，获取信息的不完备，在做出判断时往往没有样本用来估计分布函数，另外分布函数并不会像概率论中可由频数近似拟合，而不确定理论是解决该类问题的一种数学工具。因此，本章基于不确定理论和模糊判断矩阵的相关知识，研究不确定判断矩阵。

11.1.1　不确定判断矩阵

定义 11-1　如果在非负矩阵 $R=(r_{ij})_{n\times n}$ 中，r_{ij} 为不确定变量，其不确定分布函数为 $\varPhi_{ij}$，其逆函数为 $\varPhi_{ij}^{-1}$，满足对于任意的 α $(0\leqslant\alpha\leqslant1)$，有 $\varPhi_{ii}^{-1}(\alpha)=0.5$，$\varPhi_{ij}^{-1}(\alpha)+\varPhi_{ji}^{-1}(1-\alpha)=1,\ i,j\in N$ (全局互补性)，则称 R 为不确定(分布)判断矩阵。

11.1.2　线性不确定判断矩阵

定义 11-2　如果 $R=(r_{ij})_{n\times n}$ 为不确定判断矩阵，且 r_{ij} 服从线性不确定分布，则称 R 为线性不确定(分布)判断矩阵。

例如，若 r_{13}、r_{31} 为不确定判断矩阵的两个对称元素，服从线性不确定分布：$r_{13}\sim\mathcal{L}[0.3,0.6]$，$r_{31}\sim\mathcal{L}[0.4,0.7]$，则根据线性不确定判断矩阵的定义可得，$\varPhi_{13}^{-1}(\alpha)+\varPhi_{31}^{-1}(1-\alpha)=0.3(1-\alpha)+0.6\alpha+0.4\alpha+0.7(1-\alpha)=1$，通过调整 α 的值可以使区间内任意值均满足互补性，弥补了区间模糊判断矩阵的定义只考虑区间上下限并将其拆分进行定义的缺点，同时也符合原模糊判断矩阵定义中 $r_{ij}+r_{ji}=1$ 整体互补性的内涵。

不确定判断矩阵中判断元素 r_{ij} 表示方案 x_i 优于方案 x_j 的程度。$\varPhi_{ij}^{-1}(\alpha)=0.5$ 表示方案 x_i 与方案 x_j 之间没有差异；$\varPhi_{ij}^{-1}(\alpha)>0.5$ 表示方案 x_i 优于方案 x_j；

$\Phi_{ij}^{-1}(\alpha)<0.5$ 表示方案 x_j 优于方案 x_i。

不确定判断矩阵的定义解决了区间模糊判断矩阵定义存在的问题，且存在以下优点：

(1) 采用不确定分布描述区间值判断更能模拟决策者的真实状态，对于实际问题的处理更为合适；

(2) 将区间数看成整体进行处理，未把区间数离散化，使信息得以完全保留，确保了最终决策的正确性；

(3) 不确定判断矩阵的定义符合模糊判断矩阵定义的内涵。

11.2　线性不确定判断矩阵的一致性与传递性

11.2.1　加性一致性

定义 11-3　在线性不确定判断矩阵 $R=(r_{ij})_{n\times n}$ 中，$r_{ij}\sim\mathcal{L}[r_{ij}^-,r_{ij}^+]$，$r_{ij}$ 的不确定分布函数为 Φ_{ij}，逆不确定分布函数为 Φ_{ij}^{-1}，若满足对于任意的信度 α，$0\leqslant\alpha\leqslant 1$，恒有

$$\Phi_{ij}^{-1}(\alpha)+0.5=\Phi_{ik}^{-1}(\alpha)+\Phi_{kj}^{-1}(\alpha),\quad i<k<j;i,j,k\in N \tag{11-1}$$

则称线性不确定判断矩阵 R 具有加性一致性。

例如，若 $r_{12}\sim\mathcal{L}[0.6,0.8]$、$r_{24}\sim\mathcal{L}[0.3,0.7]$ 为线性不确定判断矩阵的两个元素，则由式(11-1)可得

$$\begin{aligned}\Phi_{14}^{-1}(\alpha)&=\Phi_{12}^{-1}(\alpha)+\Phi_{24}^{-1}(\alpha)-0.5\\&=0.6(1-\alpha)+0.8\alpha+0.3(1-\alpha)+0.7\alpha-0.5=0.4(1-\alpha)+\alpha\end{aligned}$$

显然可得 $r_{14}\sim\mathcal{L}[0.4,1]$。这个结果与通过区间模糊判断矩阵所得的结果是一致的，并且式(11-1)视区间内判断信息(线性不确定变量)为整体，符合模糊判断矩阵加性一致性定义的内涵，从计算逻辑角度来说更加合理。

11.2.2　乘性一致性

定义 11-4　在线性不确定判断矩阵 $R=(r_{ij})_{n\times n}$ 中，$r_{ij}\sim\mathcal{L}[r_{ij}^-,r_{ij}^+]$，$r_{ij}$ 的不确定分布函数为 Φ_{ij}，逆不确定分布函数为 Φ_{ij}^{-1}。令 $a_{ij}^-=\log\dfrac{r_{ij}^-}{1-r_{ij}^-}$，$a_{ij}^+=\log\dfrac{r_{ij}^+}{1-r_{ij}^+}$，$a_{ij}\sim\mathcal{L}[a_{ij}^-,a_{ij}^+]$，$a_{ij}$ 的不确定分布函数为 Ψ_{ij}，逆不确定分布函数为 Ψ_{ij}^{-1}。若满足对于

任意的信度α，$0\leqslant\alpha\leqslant1$，恒有

$$\Psi_{ij}^{-1}(\alpha)=\Psi_{ik}^{-1}(\alpha)+\Psi_{kj}^{-1}(\alpha),\quad i<k<j;i,j,k\in N \tag{11-2}$$

则称线性不确定判断矩阵R具有乘性一致性。

11.2.3 中分传递性

定义 11-5 如果不确定判断矩阵$R=(r_{ij})_{n\times n}$对于任意的$i,j,k\in N$，$i\neq j\neq k$，$0\leqslant\alpha\leqslant1$，满足：

(1) $0.5\leqslant\lambda\leqslant1$，当$M\{r_{ij}\geqslant\lambda\}\geqslant\alpha$，$M\{r_{jk}\geqslant\lambda\}\geqslant\alpha$时，$M\{r_{ik}\geqslant\lambda\}\geqslant\alpha$；

(2) $0\leqslant\lambda\leqslant0.5$，当$M\{r_{ij}\leqslant\lambda\}\geqslant\alpha$，$M\{r_{jk}\leqslant\lambda\}\geqslant\alpha$时，$M\{r_{ik}\leqslant\lambda\}\geqslant\alpha$。

则称R具有中分传递性。其中$M\{r_{ij}\geqslant\lambda\}\geqslant\alpha$表示决策者对事件$r_{ij}\geqslant\lambda$的信度至少为$\alpha$。

11.2.4 满意一致性

定义 11-6 如果不确定判断矩阵$R=(r_{ij})_{n\times n}$对于任意的$i,j,k\in N$，$i\neq j\neq k$，$0\leqslant\alpha\leqslant1$，满足：

(1) 若$M\{r_{ij}\geqslant0.5\}\geqslant\alpha$，$M\{r_{jk}\geqslant0.5\}\geqslant\alpha$，则$M\{r_{ik}\geqslant0.5\}\geqslant\alpha$；

(2) 若$M\{r_{ij}\leqslant0.5\}\geqslant\alpha$，$M\{r_{jk}\leqslant0.5\}\geqslant\alpha$，则$M\{r_{ik}\leqslant0.5\}\geqslant\alpha$。

则称R具有满意一致性。

11.3 四种判断矩阵的对比

本节分别从不确定判断矩阵、线性不确定判断矩阵、模糊判断矩阵、区间模糊判断矩阵四种判断矩阵的定义、一致性及传递性、优缺点、包含关系等方面对四种判断矩阵进行对比。

定理 11-1 在不确定判断矩阵$R=(r_{ij})_{n\times n}$中，当$r_{ij}\sim\mathcal{L}[r_{ij}^-,r_{ij}^+]$时，不确定判断矩阵的定义与区间模糊判断矩阵的定义等价；当$r_{ij}^-=r_{ij}^+$时，不确定判断矩阵的定义与模糊判断矩阵的定义等价。

证明 在不确定判断矩阵$R=(r_{ij})_{n\times n}$中，当$r_{ij}\sim\mathcal{L}[r_{ij}^-,r_{ij}^+]$时，由定义 11-1 可知，此时$\Phi_{ii}^{-1}(\alpha)=0.5$，$\Phi_{ij}^{-1}(\alpha)+\Phi_{ji}^{-1}(1-\alpha)=1(i,j\in N)$对于任意的$\alpha(\alpha\in[0,1])$恒成立，即$(1-\alpha)r_{ij}^-+\alpha r_{ij}^++\alpha r_{ji}^-+(1-\alpha)r_{ji}^+=1$，$(1-\alpha)r_{ii}^-+\alpha r_{ii}^+=0.5$。则有

$$\begin{cases} r_{ij}^- + r_{ji}^+ = 1 \\ -r_{ij}^- + r_{ij}^+ + r_{ji}^- - r_{ji}^+ = 0 \\ r_{ii}^- = 0.5 \\ -r_{ii}^- + r_{ii}^+ = 0 \end{cases} \Rightarrow \begin{cases} r_{ij}^- + r_{ji}^+ = 1 \\ r_{ij}^+ + r_{ji}^- = 1 \\ r_{ii}^- = 0.5 \\ r_{ii}^+ = 0.5 \end{cases}$$

这与区间模糊判断矩阵的定义一致。当 $r_{ij}^- = r_{ij}^+$，即 $r_{ij} = r_{ij}^- = r_{ij}^+$ 时，$r_{ij} + r_{ji} = 1$，$r_{ii} = 0.5$，这与模糊判断矩阵的定义一致。

此外，不确定判断矩阵 $R = (r_{ij})_{n\times n}$ 中，当 $r_{ij} \sim \mathcal{L}[r_{ij}^-, r_{ij}^+]$ 时，该不确定判断矩阵即线性不确定判断矩阵。因此，不确定判断矩阵和线性不确定判断矩阵是模糊判断矩阵和区间模糊判断矩阵的推广，模糊判断矩阵和区间模糊判断矩阵是不确定判断矩阵和线性不确定判断矩阵的特例。

定理 11-2　线性不确定判断矩阵 $R = (r_{ij})_{n\times n}$，$r_{ij} \sim \mathcal{L}[r_{ij}^-, r_{ij}^+]$ 的加性一致性定义与区间模糊判断矩阵的加性一致性定义等价；即当 $r_{ij}^- = r_{ij}^+$ 时，线性不确定判断矩阵的加性一致性定义与模糊判断矩阵的加性一致性定义等价。

证明　当线性不确定判断矩阵具有加性一致性时，有 $\Phi_{ij}^{-1}(\alpha) + 0.5 = \Phi_{ik}^{-1}(\alpha) + \Phi_{kj}^{-1}(\alpha)(i < k < j,\ i,j,k \in N)$ 对于任意的 $\alpha(\alpha \in [0,1])$ 恒成立，即 $(1-\alpha) r_{ij}^- + \alpha r_{ij}^+ + 0.5 = (1-\alpha) r_{ik}^- + \alpha r_{ik}^+ + (1-\alpha) r_{kj}^- + \alpha r_{kj}^+$，整理得 $\alpha(r_{ij}^- - r_{ij}^+ + r_{ik}^+ - r_{ik}^- + r_{kj}^+ - r_{kj}^-) + r_{ik}^- + r_{kj}^- - r_{ij}^- - 0.5 = 0$，即

$$\begin{cases} r_{ij}^- - r_{ij}^+ + r_{ik}^+ - r_{ik}^- + r_{kj}^+ - r_{kj}^- = 0 \\ r_{ik}^- + r_{kj}^- - r_{ij}^- - 0.5 = 0 \end{cases} \Rightarrow \begin{cases} r_{ij}^+ + 0.5 = r_{ik}^+ + r_{kj}^+ \\ r_{ij}^- + 0.5 = r_{ik}^- + r_{kj}^- \end{cases}$$

这与区间模糊判断矩阵的加性一致性定义等价。当 $r_{ij}^- = r_{ij}^+$，即 $r_{ij} = r_{ij}^- = r_{ij}^+$ 时，$r_{ij} + 0.5 = r_{ik} + r_{kj}$，这与模糊判断矩阵的加性一致性定义等价。

定理 11-3　线性不确定判断矩阵 $R = (r_{ij})_{n\times n}$，$r_{ij} \sim \mathcal{L}[r_{ij}^-, r_{ij}^+]$ 的乘性一致性定义与区间模糊判断矩阵的乘性一致性定义等价；即当 $r_{ij}^- = r_{ij}^+$ 时，线性不确定判断矩阵的乘性一致性定义与模糊判断矩阵的乘性一致性定义等价。

证明　参考定理 11-2 的证明。

定理 11-4　模糊判断矩阵和区间模糊判断矩阵的中分传递性定义是不确定判断矩阵中分传递性定义的特例。

证明　令不确定判断矩阵中分传递性定义中的 $\alpha = 1$，即可得到模糊判断矩阵和区间模糊判断矩阵的中分传递性定义。

定理 11-5　模糊判断矩阵和区间模糊判断矩阵的满意一致性定义是不确定判断矩阵满意一致性定义的特例。

证明　令不确定判断矩阵满意一致性定义中的$\alpha=1$，即可得到模糊判断矩阵和区间模糊判断矩阵的满意一致性定义。

结合上述分析以及定理 11-1 至定理 11-5，可以得到不确定判断矩阵、线性不确定判断矩阵、模糊判断矩阵和区间模糊判断矩阵这四种判断矩阵的包含转化关系(图 11-1)以及它们的优缺点对比(表 11-1)。

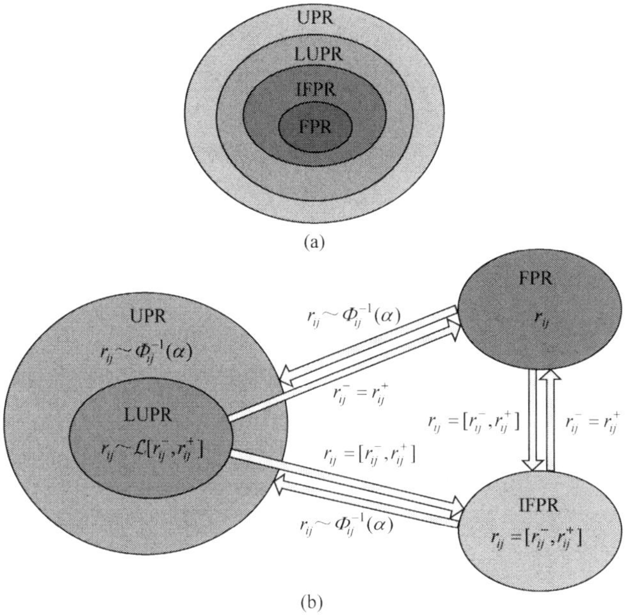

图 11-1　四种判断矩阵的包含转化关系

UPR 代表不确定判断矩阵，LUPR 代表线性不确定判断矩阵，FPR 代表模糊判断矩阵，IFPR 代表区间模糊判断矩阵

表 11-1　四种判断矩阵的优缺点对比

判断矩阵	UPR	LUPR	FPR	IFPR
是否考虑区间情况	✓	✓	×	✓
是否考虑区间分布	✓	✓	—	×
是否整体参与运算	✓	✓	✓	×
能否实现全局互补	✓	✓	✓	×
区间为线性分布时是否有效	✓	✓	—	✓
能否适用于所有分布	✓	×	×	×

注：✓代表是或者能，×代表否或不能，—代表未涉及。

11.4 本章小结

通过两两比较构造判断矩阵是决策分析问题中常用的方法，而传统的模糊判断矩阵和区间模糊判断矩阵存在未考虑区间分布、无法将变量整体代入运算、信息离散化等缺点，因此在结合不确定理论的相关知识后，本章提出了不确定判断矩阵、线性不确定判断矩阵以及它们的一致性和传递性定义，为接下来的两章(第12、13 章)的内容奠定了理论基础。

同时，本章对四类判断矩阵的定义、一致性和传递性定义、优缺点等做了对比，得到了不确定判断矩阵和线性不确定判断矩阵是模糊判断矩阵和区间模糊判断矩阵的进一步推广的结论，并且不确定判断矩阵的定义更为合理，优点较为明显。

第 12 章　不完全信息下的线性不确定判断矩阵

在对方案、属性等进行判断排序时，决策者可能由于信息的失真或缺失，无法给出完整的不确定判断矩阵，也无法直接给出满足加性一致性或乘性一致性的不确定判断矩阵。因此，如何以最大信度、最小误差的方法拟合缺失信息成为处理残缺不确定判断矩阵的关键。同样，怎样以最大信度、最小误差的方法修正不确定判断矩阵使其满足一致性是决策科学的关键。因此，本章基于线性不确定判断矩阵的加性一致性和乘性一致性对残缺线性不确定判断矩阵实现完整化与一致化。

12.1　基于加性一致性的残缺线性不确定判断矩阵的完整化与一致化

12.1.1　残缺线性不确定判断矩阵的完整化

无论在模糊判断矩阵、区间模糊判断矩阵，还是在线性不确定判断矩阵中，其加性一致性定义都是类似的，即 $r_{ij}=r_{ik}+r_{kj}-0.5,\ i,j,k\in N$ ，只是在这三种判断矩阵中， r_{ij} 分别为实数、区间数和不确定变量。因此，通过该公式可以求解缺失的 r_{ij} 。

令 $U=\{r_{ij},i,j\in N\}$ ， $U^-=\{r_{ij}^-,i,j\in N\}$ ， $U^+=\{r_{ij}^+,i,j\in N\}$ 。为确保残缺值在最小偏差、最大信度下满足加性一致性，本节构建了如下模型求解残缺的 r_{ij} ：

$$
\min \sum_{r_{ij}\in U}\varepsilon_{ij}
$$

$$
\text{s.t.}\begin{cases}
M\left\{\left|n(r_{ij}+0.5)-\sum_{k=1}^{n}(r_{ik}+r_{kj})\right|\leqslant\varepsilon_{ij}\right\}\geqslant\theta, & r_{ij}\in U \quad (12\text{-}1\text{-}1)\\
r_{ij}\sim\mathcal{L}[r_{ij}^-,r_{ij}^+], & 0\leqslant r_{ij}^-\leqslant r_{ij}^+\leqslant 1;r_{ii}^-=r_{ii}^+=0.5;i,j\in N \quad (12\text{-}1\text{-}2)\\
\Phi_{ij}^{-1}(\alpha)=(1-\alpha)r_{ij}^-+\alpha r_{ij}^+, & i,j\in N \quad (12\text{-}1\text{-}3)\\
\Phi_{ij}^{-1}(\alpha)+\Phi_{ji}^{-1}(1-\alpha)=1,\ \Phi_{ii}^{-1}(\alpha)=0.5, & i,j\in N \quad (12\text{-}1\text{-}4)\\
0\leqslant\theta\leqslant 1, & \varepsilon_{ij}\geqslant 0 \quad (12\text{-}1\text{-}5)
\end{cases}
$$

(12-1)

在模型(12-1)中，目标函数表示最小化偏差和，约束(12-1-1)表示线性不确定判断矩阵 $R=(r_{ij})_{n\times n}$ 中缺失不确定变量 r_{ij} 在偏差不大于 ε_{ij} 下实现加性一致性的信度不小于 θ；约束(12-1-2)表示 r_{ij} 服从线性不确定分布；约束(12-1-3)为线性不确定分布的运算法则；约束(12-1-4)为不确定判断矩阵的定义约束；约束(12-1-5)为信度 θ 范围及偏差值 ε_{ij} 非负的约束。

定理 12-1　模型(12-1)中目标函数的最优值 $\min\sum\limits_{r_{ij}\in U}\varepsilon_{ij}$，残缺值 r_{ij}^-、r_{ij}^+ 以及信度 θ 满足：

$$\min\sum_{r_{ij}\in U}\varepsilon_{ij}=\left(\theta-\frac{1}{2}\right)\sum_{r_{ij}\in U}\sum_{k=1}^{n}(r_{ik}^++r_{kj}^+-r_{ik}^--r_{kj}^-)$$

$$\text{s.t.}\begin{cases}r_{ij}^-=r_{ij}^+=\dfrac{1}{2n}\sum\limits_{k=1}^{n}(r_{ik}^-+r_{ik}^++r_{kj}^-+r_{kj}^+)-\dfrac{1}{2} & \text{(12-2-1)}\\ \theta\geqslant\dfrac{1}{2} & \text{(12-2-2)}\end{cases}\tag{12-2}$$

证明　根据不确定理论的运算法则，约束(12-1-1)可转化为

$$\begin{cases}n[\Phi_{ij}^{-1}(\theta)+0.5]-\sum\limits_{k=1}^{n}[\Phi_{ik}^{-1}(1-\theta)+\Phi_{kj}^{-1}(1-\theta)]\leqslant\varepsilon_{ij}\\ -n[\Phi_{ij}^{-1}(1-\theta)+0.5]+\sum\limits_{k=1}^{n}[\Phi_{ik}^{-1}(\theta)+\Phi_{kj}^{-1}(\theta)]\leqslant\varepsilon_{ij}\end{cases}\tag{12-3}$$

因为 $r_{ij}\sim\mathcal{L}[r_{ij}^-,r_{ij}^+]$，$r_{ik}\sim\mathcal{L}[r_{ik}^-,r_{ik}^+]$，$r_{kj}\sim\mathcal{L}[r_{kj}^-,r_{kj}^+]$，根据 $\Phi_{ij}^{-1}(\alpha)=(1-\alpha)r_{ij}^-+\alpha r_{ij}^+$，可将式(12-3)转化为

$$\begin{cases}n[(1-\theta)r_{ij}^-+\theta r_{ij}^++0.5]-\sum\limits_{k=1}^{n}[\theta r_{ik}^-+(1-\theta)r_{ik}^++\theta r_{kj}^-+(1-\theta)r_{kj}^+]\leqslant\varepsilon_{ij}\\ -n[\theta r_{ij}^-+(1-\theta)r_{ij}^++0.5]+\sum\limits_{k=1}^{n}[(1-\theta)r_{ik}^-+\theta r_{ik}^++(1-\theta)r_{kj}^-+\theta r_{kj}^+]\leqslant\varepsilon_{ij}\end{cases}\tag{12-4}$$

(1)　当 $n[(1-\theta)r_{ij}^-+\theta r_{ij}^++0.5]-\sum\limits_{k=1}^{n}[\theta r_{ik}^-+(1-\theta)r_{ik}^++\theta r_{kj}^-+(1-\theta)r_{kj}^+]\geqslant-n[\theta r_{ij}^-+(1-\theta)r_{ij}^++0.5]+\sum\limits_{k=1}^{n}[(1-\theta)r_{ik}^-+\theta r_{ik}^++(1-\theta)r_{kj}^-+\theta r_{kj}^+]$ 时，即 $n(r_{ij}^-+r_{ij}^++1)\geqslant\sum\limits_{k=1}^{n}(r_{ik}^-+r_{ik}^++r_{kj}^-+r_{kj}^+)$ 时，式(12-4)的公共解为

$$\begin{aligned}\varepsilon_{ij} &\geqslant n[(1-\theta)r_{ij}^- + \theta r_{ij}^+ + 0.5] - \sum_{k=1}^{n}[\theta r_{ik}^- + (1-\theta)r_{ik}^+ + \theta r_{kj}^- + (1-\theta)r_{kj}^+] \\ &= (1-\theta)\left[n(r_{ij}^- + 0.5) - \sum_{k=1}^{n}(r_{ik}^+ + r_{kj}^+)\right] + \theta\left[n(r_{ij}^+ + 0.5) - \sum_{k=1}^{n}(r_{ik}^- + r_{kj}^-)\right] \\ &\geqslant (1-\theta)\left[n(r_{ij}^- + 0.5) - \sum_{k=1}^{n}(r_{ik}^+ + r_{kj}^+)\right] + \theta\left[\sum_{k=1}^{n}(r_{ik}^+ + r_{kj}^+) - n(r_{ij}^- + 0.5)\right] \\ &= (2\theta-1)\left[\sum_{k=1}^{n}(r_{ik}^+ + r_{kj}^+) - n(r_{ij}^- + 0.5)\right]\end{aligned} \tag{12-5}$$

(2) 当 $n[(1-\theta)r_{ij}^- + \theta r_{ij}^+ + 0.5] - \sum_{k=1}^{n}[\theta r_{ik}^- + (1-\theta)r_{ik}^+ + \theta r_{kj}^- + (1-\theta)r_{kj}^+] \leqslant -n[\theta r_{ij}^- + (1-\theta)r_{ij}^+ + 0.5] + \sum_{k=1}^{n}[(1-\theta)r_{ik}^- + \theta r_{ik}^+ + (1-\theta)r_{kj}^- + \theta r_{kj}^+]$ 时，即 $n(r_{ij}^- + r_{ij}^+ + 1) \leqslant \sum_{k=1}^{n}(r_{ik}^- + r_{ik}^+ + r_{kj}^- + r_{kj}^+)$ 时，式(12-4)的公共解为

$$\begin{aligned}\varepsilon_{ij} &\geqslant -n[\theta r_{ij}^- + (1-\theta)r_{ij}^+ + 0.5] + \sum_{k=1}^{n}[(1-\theta)r_{ik}^- + \theta r_{ik}^+ + (1-\theta)r_{kj}^- + \theta r_{kj}^+] \\ &= (1-\theta)\left[\sum_{k=1}^{n}(r_{ik}^- + r_{kj}^-) - n(r_{ij}^+ + 0.5)\right] + \theta\left[\sum_{k=1}^{n}(r_{ik}^+ + r_{kj}^+) - n(r_{ij}^- + 0.5)\right] \\ &\geqslant (1-\theta)\left[\sum_{k=1}^{n}(r_{ik}^- + r_{kj}^-) - n(r_{ij}^+ + 0.5)\right] + \theta\left[n(r_{ij}^+ + 0.5) - \sum_{k=1}^{n}(r_{ik}^- + r_{kj}^-)\right] \\ &= (2\theta-1)\left[n(r_{ij}^+ + 0.5) - \sum_{k=1}^{n}(r_{ik}^- + r_{kj}^-)\right]\end{aligned} \tag{12-6}$$

当且仅当 $n(r_{ij}^- + r_{ij}^+ + 1) = \sum_{k=1}^{n}(r_{ik}^- + r_{ik}^+ + r_{kj}^- + r_{kj}^+)$ 时，式(12-5)和式(12-6)能同时取得“=”，此时有

$$\varepsilon_{ij} \geqslant (2\theta-1)\left[\sum_{k=1}^{n}(r_{ik}^+ + r_{kj}^+) - n(r_{ij}^- + 0.5)\right] = (2\theta-1)\left[n(r_{ij}^+ + 0.5) - \sum_{k=1}^{n}(r_{ik}^- + r_{kj}^-)\right]$$

即 $2\varepsilon_{ij} \geqslant (2\theta-1)\left[\sum_{k=1}^{n}(r_{ik}^+ + r_{kj}^+ - r_{ik}^- - r_{kj}^-) + n(r_{ij}^+ - r_{ij}^-)\right] \geqslant (2\theta-1)\sum_{k=1}^{n}(r_{ik}^+ + r_{kj}^+ - r_{ik}^- - r_{kj}^-)$，$\varepsilon_{ij} \geqslant \left(\theta - \dfrac{1}{2}\right)\sum_{k=1}^{n}(r_{ik}^+ + r_{kj}^+ - r_{ik}^- - r_{kj}^-)$。因为 $r_{ij}^+ \geqslant r_{ij}^-$，$i,j \in N$，$\varepsilon_{ij} \geqslant 0$，得出 $\theta \geqslant \dfrac{1}{2}$，这也与事件的信度应不小于 $\dfrac{1}{2}$ 才能被人接受相吻合，因此有

$$\min \sum_{r_{ij}\in U} \varepsilon_{ij} = \left(\theta - \frac{1}{2}\right) \sum_{r_{ij}\in U} \sum_{k=1}^{n} (r_{ik}^{+} + r_{kj}^{+} - r_{ik}^{-} - r_{kj}^{-})$$

$$\text{s.t.}\begin{cases} r_{ij}^{-} = r_{ij}^{+} = \dfrac{1}{2n}\displaystyle\sum_{k=1}^{n} (r_{ik}^{-} + r_{ik}^{+} + r_{kj}^{-} + r_{kj}^{+}) - \dfrac{1}{2} \\ \theta \geqslant \dfrac{1}{2} \end{cases}$$

则式(12-2-1)也可写成如下形式：

$$r_{ij}^{-} = r_{ij}^{+} = \frac{1}{2n}\sum_{k=1}^{n}[(r_{ik}^{-} + r_{kj}^{-} - 0.5) + (r_{ik}^{+} + r_{kj}^{+} - 0.5)] \tag{12-7}$$

从式(12-7)中可以更直观地看出线性不确定判断矩阵所得结果与区间模糊判断矩阵加性一致性的关系。接下来将证明所得出的结果满足约束(12-1-4)，是模型(12-1)的整体最优解。由式(12-7)可得

$$\begin{aligned}
&\Phi_{ij}^{-1}(\alpha) + \Phi_{ji}^{-1}(1-\alpha) \\
&= (1-\alpha) r_{ij}^{-} + \alpha r_{ij}^{+} + \alpha r_{ji}^{-} + (1-\alpha) r_{ji}^{+} \\
&= \frac{1-\alpha}{2n}\sum_{k=1}^{n}[(r_{ik}^{-} + r_{kj}^{-} - 0.5) + (r_{ik}^{+} + r_{kj}^{+} - 0.5)] \\
&\quad + \frac{\alpha}{2n}\sum_{k=1}^{n}[(r_{ik}^{-} + r_{kj}^{-} - 0.5) + (r_{ik}^{+} + r_{kj}^{+} - 0.5)] \\
&\quad + \frac{\alpha}{2n}\sum_{k=1}^{n}[(r_{jk}^{-} + r_{ki}^{-} - 0.5) + (r_{jk}^{+} + r_{ki}^{+} - 0.5)] \\
&\quad + \frac{1-\alpha}{2n}\sum_{k=1}^{n}[(r_{jk}^{-} + r_{ki}^{-} - 0.5) + (r_{jk}^{+} + r_{ki}^{+} - 0.5)] \\
&= \frac{1}{2n}\sum_{k=1}^{n}[(r_{ik}^{-} + r_{ki}^{+}) + (r_{kj}^{-} + r_{jk}^{+}) + (r_{ik}^{+} + r_{ki}^{-}) + (r_{kj}^{+} + r_{jk}^{-}) - 2] \\
&= \frac{1}{2n}\sum_{k=1}^{n} 2 \\
&= 1
\end{aligned}$$

因此 $R = (r_{ij})_{n\times n}$ 中所得的残缺值满足约束(12-1-4)，而已知值在最初给定时已满足约束(12-1-4)，所以定理 12-1 的结果是模型(12-1)的最优解。

在加性一致性区间模糊判断矩阵残缺值的求解中，Krejčí(2017a)和 Meng 等(2019)得出区间模糊判断矩阵中的残缺值应满足：

$$r_{ij}^{-} \geqslant \frac{1}{n}\sum_{k=1}^{n}(r_{ik}^{-} + r_{kj}^{-} - 0.5)$$

$$r_{ij}^{+} \leqslant \frac{1}{n}\sum_{k=1}^{n}(r_{ik}^{+} + r_{kj}^{+} - 0.5)$$

而根据定理 12-1 的结果，可以发现：

$$\begin{aligned} r_{ij}^{-} &= \frac{1}{2n}\sum_{k=1}^{n}[(r_{ik}^{-} + r_{kj}^{-} - 0.5) + (r_{ik}^{+} + r_{kj}^{+} - 0.5)] \\ &\geqslant \frac{1}{2n}\sum_{k=1}^{n}[(r_{ik}^{-} + r_{kj}^{-} - 0.5) + (r_{ik}^{-} + r_{kj}^{-} - 0.5)] \\ &= \frac{1}{n}\sum_{k=1}^{n}(r_{ik}^{-} + r_{kj}^{-} - 0.5) \end{aligned}$$

$$\begin{aligned} r_{ij}^{+} &= \frac{1}{2n}\sum_{k=1}^{n}[(r_{ik}^{-} + r_{kj}^{-} - 0.5) + (r_{ik}^{+} + r_{kj}^{+} - 0.5)] \\ &\leqslant \frac{1}{2n}\sum_{k=1}^{n}[(r_{ik}^{+} + r_{kj}^{+} - 0.5) + (r_{ik}^{+} + r_{kj}^{+} - 0.5)] \\ &= \frac{1}{n}\sum_{k=1}^{n}(r_{ik}^{+} + r_{kj}^{+} - 0.5) \end{aligned}$$

说明所得残缺值在最小偏差下仍在 Krejčí (2017a)和 Meng 等(2019)所得出的残缺值范围内。根据此模型可补全不确定判断矩阵中的残缺值，并使不确定判断矩阵中的残缺值在最小偏差下实现加性一致性的信度最大化。然而，若决策者最初给的线性不确定判断矩阵中的已知值并不满足加性一致性，则需要对已经补全残缺值的线性不确定判断矩阵进行调整，使其整体满足加性一致性。

12.1.2 残缺线性不确定判断矩阵的一致化

令 $R=(r_{ij})_{n\times n}$ 为决策者最初给出的完整的(或经完整化后所得的)但不满足加性一致性的线性不确定判断矩阵，$r_{ij}\sim\mathcal{L}[r_{ij}^{-},r_{ij}^{+}]$，$r_{ij}$ 的分布函数为 $\varPhi_{ij}$。$\tilde{R}=(\tilde{r}_{ij})_{n\times n}$ 为对 R 进行调整后所得的完整且整体满足加性一致性的不确定判断矩阵，$\tilde{r}_{ij}\sim\mathcal{L}[\tilde{r}_{ij}^{-},\tilde{r}_{ij}^{+}]$，$\tilde{r}_{ij}$ 的分布函数为 $\tilde{\varPhi}_{ij}$。为使 $\tilde{R}$ 对 R 的调整幅度最小，即 $\xi_{ij}=|\tilde{r}_{ij}^{-}-r_{ij}^{-}|+|\tilde{r}_{ij}^{+}-r_{ij}^{+}|$的和最小，根据不确定判断矩阵及其加性一致性的定义，可构建如下模型求解 $\tilde{R}$：

$$\min \sum_{i,j\in N} \xi_{ij}$$

$$\text{s.t.}\begin{cases} \xi_{ij} = |\tilde{r}_{ij}^{-} - r_{ij}^{-}| + |\tilde{r}_{ij}^{+} - r_{ij}^{+}|, & i,j \in N & (12\text{-}8\text{-}1) \\ \tilde{r}_{ij} \sim \mathcal{L}[\tilde{r}_{ij}^{-}, \tilde{r}_{ij}^{+}], & 0 \leqslant \tilde{r}_{ij}^{-} \leqslant \tilde{r}_{ij}^{+} \leqslant 1;\ \tilde{r}_{ii}^{-} = \tilde{r}_{ii}^{+} = 0.5;\ i,j \in N & (12\text{-}8\text{-}2) \\ \tilde{\Phi}_{ij}^{-1}(\alpha) = (1-\alpha)\tilde{r}_{ij}^{-} + \alpha\tilde{r}_{ij}^{+}, & i,j \in N & (12\text{-}8\text{-}3) \\ \tilde{\Phi}_{ij}^{-1}(\alpha) + \tilde{\Phi}_{ji}^{-1}(1-\alpha) = 1, & \tilde{\Phi}_{ii}^{-1}(\alpha) = 0.5; i,j \in N & (12\text{-}8\text{-}4) \\ \tilde{\Phi}_{ij}^{-1}(\alpha) + 0.5 = \tilde{\Phi}_{ik}^{-1}(\alpha) + \tilde{\Phi}_{kj}^{-1}(\alpha), & i,k,j \in N; i<k<j & (12\text{-}8\text{-}5) \end{cases} \tag{12-8}$$

在模型(12-8)中，目标函数代表偏差的最小化，约束(12-8-1)代表偏差的计算方式，约束(12-8-2)、(12-8-3)、(12-8-4)分别与约束(12-1-2)、(12-1-3)、(12-1-4)的解释类似，约束(12-8-5)代表 $\tilde{R}$ 的加性一致性约束。模型(12-8)可转化为如下模型：

$$\min \sum_{i,j\in N} \xi_{ij}$$

$$\text{s.t.}\begin{cases} \xi_{ij} = |\tilde{r}_{ij}^{-} - r_{ij}^{-}| + |\tilde{r}_{ij}^{+} - r_{ij}^{+}|, & i,j \in N & (12\text{-}9\text{-}1) \\ \tilde{r}_{ij} \sim \mathcal{L}[\tilde{r}_{ij}^{-}, \tilde{r}_{ij}^{+}], & 0 \leqslant \tilde{r}_{ij}^{-} \leqslant \tilde{r}_{ij}^{+} \leqslant 1; i,j \in N & (12\text{-}9\text{-}2) \\ \tilde{r}_{ij}^{-} + \tilde{r}_{ji}^{+} = 1,\ \tilde{r}_{ij}^{+} + \tilde{r}_{ji}^{-} = 1,\ \tilde{r}_{ii}^{-} = \tilde{r}_{ii}^{+} = 0.5, & i,j \in N & (12\text{-}9\text{-}3) \\ \tilde{r}_{ij}^{-} + 0.5 = \tilde{r}_{ik}^{-} + \tilde{r}_{kj}^{-},\ \tilde{r}_{ij}^{+} + 0.5 = \tilde{r}_{ik}^{+} + \tilde{r}_{kj}^{+}, & i,k,j \in N;\ i<k<j & (12\text{-}9\text{-}4) \end{cases} \tag{12-9}$$

根据模型(12-9)可直接求出与原不一致线性不确定判断矩阵 R 调整幅度最小、完整且满足加性一致性的线性不确定判断矩阵 $\tilde{R}$ 。

12.1.3　完整化与一致化算法

算法 12-1　针对不完整且不一致的线性不确定判断矩阵的完整化与加性一致化算法

步骤 1：补充残缺线性不确定判断矩阵。假设决策者 $d_t(t=1,2,\cdots,m)$ 所给出的线性不确定判断矩阵为 $R_t=(r_{ij}^t)_{n\times n}$，其中 $r_{ij}^t \sim \mathcal{L}[r_{ij}^{t-}, r_{ij}^{t+}]$，$r_{ij}^t \sim \Phi_{ijt}$，若 R_t 完整，则转至步骤 2。否则，采用模型(12-1)进行求解，或直接利用定理 12-1 将 R_t 中的残缺值补充完整。

步骤 2：求出满足加性一致性的线性不确定判断矩阵。设 $\tilde{R}_t=(\tilde{r}_{ij}^t)_{n\times n}$ 为完整且整体满足加性一致性的线性不确定判断矩阵，$\tilde{r}_{ij}^t \sim \mathcal{L}[\tilde{r}_{ij}^{t-}, \tilde{r}_{ij}^{t+}]$，$\tilde{r}_{ij}^t$ 的分布函数为 $\tilde{\Phi}_{ijt}$。利用模型 (12-9) 求解出与 R_t 调整幅度最小的目标不确定判断矩阵 $\tilde{R}_t$。

步骤 3：得出共识线性不确定判断矩阵。假设 $w=(w_1,w_2,\cdots,w_m)^{\mathrm{T}}$ 为决策者

$d_t(t \in M)$ 的权重向量，其中 $0 \leqslant w_t \leqslant 1,\ \sum_{t=1}^{m} w_t = 1$，则 $\tilde{R}_t(t \in M)$ 经加权聚合后得到的共识线性不确定判断矩阵 $\tilde{R} = (\tilde{r}_{ij})_{n\times n}$ 仍然是满足加性一致性的线性不确定判断矩阵，其中 $\tilde{r}_{ij} \sim \mathcal{L}[\tilde{r}_{ij}^-, \tilde{r}_{ij}^+]$，$\tilde{r}_{ij}$ 的分布函数为 $\tilde{\Phi}_{ij}$(见定理 12-2 及其证明)。

步骤 4：确定线性不确定判断矩阵的权重向量，即在加性一致性线性不确定判断矩阵中，计算线性不确定判断矩阵的权重向量。

步骤 5：排序，即根据步骤 4 所得的权重向量，对评价方案进行排序。

定理 12-2　满足加性一致性的线性不确定判断矩阵经加权聚合后仍然是满足加性一致性的线性不确定判断矩阵。

证明　若 $\tilde{R}_1, \tilde{R}_2, \cdots, \tilde{R}_m$ 为满足加性一致性的线性不确定判断矩阵，$w = (w_1, w_2, \cdots, w_m)^{\mathrm{T}}$ 分别为它们的权重向量，其中 $0 \leqslant w_t \leqslant 1,\ \sum_{t=1}^{m} w_t = 1$，$\tilde{R}$ 为经加权聚合后所得的共识不确定判断矩阵，即 $\tilde{R} = \sum_{t=1}^{m} w_t \tilde{R}_t$，则

$$
\begin{aligned}
\tilde{\Phi}_{ij}^{-1}(\alpha) + \tilde{\Phi}_{ji}^{-1}(1-\alpha) &= \sum_{t=1}^{m} w_t \tilde{\Phi}_{ijt}^{-1}(\alpha) + \sum_{t=1}^{m} w_t \tilde{\Phi}_{jit}^{-1}(1-\alpha) \\
&= \sum_{t=1}^{m} w_t \left(\tilde{\Phi}_{ijt}^{-1}(\alpha) + \tilde{\Phi}_{jit}^{-1}(1-\alpha)\right) = \sum_{t=1}^{m} w_t = 1\tilde{\Phi}_{ii}^{-1}(\alpha) \\
&= \sum_{t=1}^{m} w_t \tilde{\Phi}_{iit}^{-1}(\alpha) \\
&= \sum_{t=1}^{m} w_t \cdot 0.5 = 0.5
\end{aligned}
$$

因此，$\tilde{R}$ 是线性不确定偏关系。同时

$$
\begin{aligned}
\tilde{\Phi}_{ij}^{-1}(\alpha) + \tilde{\Phi}_{jk}^{-1}(\alpha) &= \sum_{t=1}^{m} w_t \tilde{\Phi}_{ijt}^{-1}(\alpha) + \sum_{t=1}^{m} w_t \tilde{\Phi}_{jkt}^{-1}(\alpha) = \sum_{t=1}^{m} w_t [\tilde{\Phi}_{ijt}^{-1}(\alpha) + \tilde{\Phi}_{jkt}^{-1}(\alpha)] \\
&= \sum_{t=1}^{m} w_t [\tilde{\Phi}_{ikt}^{1}(\alpha) + 0.5] = \sum_{t=1}^{m} w_t \tilde{\Phi}_{ikt}^{-1}(\alpha) + \sum_{t=1}^{m} w_t \cdot 0.5 = \tilde{\Phi}_{ik}^{-1}(\alpha) + 0.5
\end{aligned}
$$

因此，$\tilde{R}$ 是满足加性一致性的线性不确定判断矩阵。

12.1.4　案例分析

假设某地因连续强降雨，可能会在下游 4 片区域 x_1、x_2、x_3、x_4 引发洪灾。由于自然灾害的发生具有极大的不确定性，因此只能根据现有数据和专家经验对灾害的发生、范围、强度等进行评估。现有 3 位专家 e_1、e_2、e_3 被邀请对灾害风险性

进行评估，判断各个区域受灾的可能性。设专家 $e_t(t=1,2,3)$ 最初给定的不完全的线性不确定判断矩阵为 $R_t=(r_{ij}^t)_{n\times n}$，$r_{ij}^t \sim \mathcal{L}[r_{ij}^{t-},r_{ij}^{t+}]$，具体数据如下：

$$R_1=\begin{pmatrix} [0.5,0.5] & [r_{12}^{1-},r_{12}^{1+}] & [0.3,0.6] & [0.4,0.7] \\ [r_{21}^{1-},r_{21}^{1+}] & [0.5,0.5] & [0.4,0.8] & [0.1,0.3] \\ [0.4,0.7] & [0.2,0.6] & [0.5,0.5] & [r_{34}^{1-},r_{34}^{1+}] \\ [0.3,0.6] & [0.7,0.9] & [r_{43}^{1-},r_{43}^{1+}] & [0.5,0.5] \end{pmatrix}$$

$$R_2=\begin{pmatrix} [0.5,0.5] & [0.4,0.8] & [r_{13}^{2-},r_{13}^{2+}] & [0.3,0.6] \\ [0.2,0.6] & [0.5,0.5] & [r_{23}^{2-},r_{23}^{2+}] & [0.2,0.5] \\ [r_{31}^{2-},r_{31}^{2+}] & [r_{32}^{2-},r_{32}^{2+}] & [0.5,0.5] & [r_{34}^{2-},r_{34}^{2+}] \\ [0.4,0.7] & [0.5,0.8] & [r_{43}^{2-},r_{43}^{2+}] & [0.5,0.5] \end{pmatrix}$$

$$R_3=\begin{pmatrix} [0.5,0.5] & [0.3,0.7] & [r_{13}^{3-},r_{13}^{3+}] & [r_{14}^{3-},r_{14}^{3+}] \\ [0.3,0.7] & [0.5,0.5] & [0.5,0.9] & [0.1,0.4] \\ [r_{31}^{3-},r_{31}^{3+}] & [0.1,0.5] & [0.5,0.5] & [0.2,0.5] \\ [r_{41}^{3-},r_{41}^{3+}] & [0.6,0.9] & [0.5,0.8] & [0.5,0.5] \end{pmatrix}$$

假设信度 $\theta=0.8$，采用模型(12-1)求解可得完整的线性不确定判断矩阵 R_1、R_2、R_3 为

$$R_1=\begin{pmatrix} [0.5,0.5] & [0.6,0.6] & [0.3,0.6] & [0.4,0.7] \\ [0.4,0.4] & [0.5,0.5] & [0.4,0.8] & [0.1,0.3] \\ [0.4,0.7] & [0.2,0.6] & [0.5,0.5] & [0.35,0.35] \\ [0.3,0.6] & [0.7,0.9] & [0.65,0.65] & [0.5,0.5] \end{pmatrix}$$

$$\min \sum_{r_{ij}\in U} \varepsilon_{ij}^1 = 1.44$$

$$R_2=\begin{pmatrix} [0.5,0.5] & [0.4,0.8] & [0.1,0.1] & [0.3,0.6] \\ [0.2,0.6] & [0.5,0.5] & [0,0] & [0.2,0.5] \\ [0.9,0.9] & [1,1] & [0.5,0.5] & [0.85,0.85] \\ [0.4,0.7] & [0.5,0.8] & [0.15,0.15] & [0.5,0.5] \end{pmatrix}$$

$$\min \sum_{r_{ij}\in U} \varepsilon_{ij}^2 = 1.2$$

$$R_3=\begin{pmatrix} [0.5,0.5] & [0.3,0.7] & [0.6,0.6] & [0.35,0.35] \\ [0.3,0.7] & [0.5,0.5] & [0.5,0.9] & [0.1,0.4] \\ [0.4,0.4] & [0.1,0.5] & [0.5,0.5] & [0.2,0.5] \\ [0.65,0.65] & [0.6,0.9] & [0.5,0.8] & [0.5,0.5] \end{pmatrix}$$

$$\min \sum_{r_{ij}\in U} \varepsilon_{ij}^{3} = 1.26$$

这与直接用定理 12-1 所得的结果一致，例如，$r_{12}^{1-} = r_{12}^{1+} = \frac{1}{2\times 4}\sum_{k=1}^{4}(r_{1k}^{-} + r_{1k}^{+} + r_{k2}^{-} + r_{k2}^{+}) - \frac{1}{2} = 0.6$，这也间接证明了定理 12-1 的正确性。经检验发现，R_1、R_2、R_3 并不满足线性不确定判断矩阵的加性一致性，因此，采用模型(12-11)分别求解出与 R_1、R_2、R_3 调整幅度最小且满足加性一致性的目标线性不确定判断矩阵 $\tilde{R}_1$、$\tilde{R}_2$、$\tilde{R}_3$，此处以 $\tilde{R}_1$ 为例：

$$\tilde{R}_1 = \begin{pmatrix} [0.5,0.5] & [0.6,0.6] & [0.36,0.66] & [0.21,0.51] \\ [0.4,0.4] & [0.5,0.5] & [0.26,0.56] & [0.11,0.41] \\ [0.34,0.64] & [0.44,0.74] & [0.5,0.5] & [0.35,0.35] \\ [0.49,0.79] & [0.59,0.89] & [0.65,0.65] & [0.5,0.5] \end{pmatrix}$$

$$\min \sum_{i,j\in N} \xi_{ij}^{1} = 2$$

同样可依次求出 $\tilde{R}_2$、$\tilde{R}_3$。假设三位专家的权重 $w = (0.2,0.5,0.3)^{\mathrm{T}}$，则可求出经加权聚合后的共识线性不确定判断矩阵 $\tilde{R}$ 为

$$\tilde{R} = \begin{pmatrix} [0.5,0.5] & [0.56,0.64] & [0.26,0.4] & [0.28,0.56] \\ [0.36,0.44] & [0.5,0.5] & [0.2,0.26] & [0.22,0.42] \\ [0.6,0.74] & [0.74,0.8] & [0.5,0.5] & [0.52,0.66] \\ [0.44,0.72] & [0.58,0.78] & [0.34,0.48] & [0.5,0.5] \end{pmatrix}$$

此时已得到共识线性不确定判断矩阵 $\tilde{R}$，由定理 12-2 可得 $\tilde{R}$ 满足加性一致性(也可通过检验证实)。由结果可知，在加性一致性下，4 个区域受灾的可能性大小排序为 $x_3 \succ x_4 \succ x_1 \succ x_2$。因此，在进行防灾减灾工作时可参照此结果来开展工作，如调拨物资、分配人员等。

12.2　基于乘性一致性的残缺线性不确定判断矩阵的完整化与一致化

12.2.1　残缺线性不确定判断矩阵的完整化

根据线性不确定判断矩阵的乘性一致性，当 $\Psi_{ij}^{-1}(\alpha) = \Psi_{ik}^{-1}(\alpha) + \Psi_{kj}^{-1}(\alpha)(i < k < j$、

$i,j,k \in N$)时，线性不确定判断矩阵 $R=(r_{ij})_{n\times n}$ 满足乘性一致性，其中 Ψ_{ij}^{-1} 为不确定变量 a_{ij} 的逆分布函数，$a_{ij}^{-}=\log\frac{r_{ij}^{-}}{1-r_{ij}^{-}}$，$a_{ij}^{+}=\log\frac{r_{ij}^{+}}{1-r_{ij}^{+}}$。因此，通过该方法可以求解缺失的 r_{ij}。

令 $U=\{$未知的不确定变量 r_{ij}，$i,j\in N\}$，$U^{-}=\{$未知的 r_{ij}^{-}，$i,j\in N\}$，$U^{+}=\{$未知的 r_{ij}^{+}，$i,j\in N\}$。为确保残缺值在最小偏差、最大信度下满足乘性一致性，本节构建如下模型求解残缺的 r_{ij}：

$$\min \sum_{r_{ij}\in U} \varepsilon_{ij}$$

$$\text{s.t.}\begin{cases} \mathcal{M}\{|\, n a_{ij}-\sum_{k=1}^{n}\left(a_{ik}+a_{kj}\right)| \leqslant \varepsilon_{ij}\} \geqslant \theta, & r_{ij}\in U \quad (12\text{-}10\text{-}1)\\ a_{ij}\sim \mathcal{L}[a_{ij}^{-},a_{ij}^{+}],\ a_{ij}^{-}=\log\dfrac{r_{ij}^{-}}{1-r_{ij}^{-}},\ a_{ij}^{+}=\log\dfrac{r_{ij}^{+}}{1-r_{ij}^{+}}, & i,j\in N \quad (12\text{-}10\text{-}2)\\ r_{ij}\sim \mathcal{L}[r_{ij}^{-},r_{ij}^{+}],\quad 0\leqslant r_{ij}^{-}\leqslant r_{ij}^{+}\leqslant 1;\ r_{ii}^{-}=r_{ii}^{+}=0.5 & i,j\in N \quad (12\text{-}10\text{-}3)\\ \Phi_{ij}^{-1}(\alpha)=(1-\alpha)r_{ij}^{-}+\alpha r_{ij}^{+}, & i,j\in N \quad (12\text{-}10\text{-}4)\\ \Psi_{ij}^{-1}(\alpha)=(1-\alpha)a_{ij}^{-}+\alpha a_{ij}^{+}, & i,j\in N \quad (12\text{-}10\text{-}5)\\ \Phi_{ij}^{-1}(\alpha)+\Phi_{ji}^{-1}(1-\alpha)=1,\ \Phi_{ii}^{-1}(\alpha)=0.5, & i,j\in N \quad (12\text{-}10\text{-}6)\\ 0\leqslant\theta\leqslant 1, & \varepsilon_{ij}\geqslant 0 \quad (12\text{-}10\text{-}7) \end{cases}$$

(12-10)

在模型(12-10)中，目标函数表示最小化偏差和，约束(12-10-1)表示由于 r_{ij} 未知而导致的缺失不确定变量 a_{ij} 在偏差不大于 ε_{ij} 下实现乘性一致性的信度不小于 θ；约束(12-10-2)表示 a_{ij} 服从线性不确定分布，以及 a_{ij} 与 r_{ij} 的关系；约束(12-10-3)表示 r_{ij} 服从线性不确定分布；约束(12-10-4)和(12-10-5)为线性不确定分布的运算法则；约束(12-10-6)为线性不确定判断矩阵的定义约束；约束(12-10-7)为信度 θ 的范围及偏差值 ε_{ij} 非负的约束。

定理 12-3　模型(12-10)中目标函数的最优值 $\min\sum_{r_{ij}\in U}\varepsilon_{ij}$、缺失值 a_{ij}^{-}、a_{ij}^{+} 以及信度 θ 满足：

$$\min \sum_{r_{ij}\in U} \varepsilon_{ij} = \left(\theta - \frac{1}{2}\right) \sum_{r_{ij}\in U} \sum_{k=1}^{n} (a_{ik}^{+} + a_{kj}^{+} - a_{ik}^{-} - a_{kj}^{-})$$

$$\text{s.t.} \begin{cases} a_{ij}^{-} = a_{ij}^{+} = \dfrac{1}{2n} \displaystyle\sum_{k=1}^{n} (a_{ik}^{-} + a_{ik}^{+} + a_{kj}^{-} + a_{kj}^{+}) & (12\text{-}11\text{-}1) \\ \theta \geqslant \dfrac{1}{2} & (12\text{-}11\text{-}2) \end{cases} \quad (12\text{-}11)$$

证明 根据不确定理论的运算法则，约束(12-10-1)可转化为

$$\begin{cases} n\Psi_{ij}^{-1}(\theta) - \displaystyle\sum_{k=1}^{n} [\Psi_{ik}^{-1}(1-\theta) + \Psi_{kj}^{-1}(1-\theta)] \leqslant \varepsilon_{ij} \\ -n\Psi_{ij}^{-1}(1-\theta) + \displaystyle\sum_{k=1}^{n} [\Psi_{ik}^{-1}(\theta) + \Psi_{kj}^{-1}(\theta)] \leqslant \varepsilon_{ij} \end{cases} \quad (12\text{-}12)$$

因为 $a_{ij} \sim \mathcal{L}[a_{ij}^{-}, a_{ij}^{+}]$，$a_{ik} \sim \mathcal{L}[a_{ik}^{-}, a_{ik}^{+}]$，$a_{kj} \sim \mathcal{L}[a_{kj}^{-}, a_{kj}^{+}]$，根据 $\Psi_{ij}^{-1}(\alpha) = (1-\alpha)a_{ij}^{-} + \alpha a_{ij}^{+}$ 可将式(12-12)转化为

$$\begin{cases} n[(1-\theta)a_{ij}^{-} + \theta a_{ij}^{+}] - \displaystyle\sum_{k=1}^{n} [\theta a_{ik}^{-} + (1-\theta)a_{ik}^{+} + \theta a_{kj}^{-} + (1-\theta)a_{kj}^{+}] \leqslant \varepsilon_{ij} \\ -n[\theta a_{ij}^{-} + (1-\theta)a_{ij}^{+}] + \displaystyle\sum_{k=1}^{n} [(1-\theta)a_{ik}^{-} + \theta a_{ik}^{+} + (1-\theta)a_{kj}^{-} + \theta a_{kj}^{+}] \leqslant \varepsilon_{ij} \end{cases} \quad (12\text{-}13)$$

(1) 当 $n[(1-\theta)a_{ij}^{-} + \theta a_{ij}^{+}] - \sum_{k=1}^{n} [\theta a_{ik}^{-} + (1-\theta)a_{ik}^{+} + \theta a_{kj}^{-} + (1-\theta)a_{kj}^{+}] \geqslant -n[\theta a_{ij}^{-} + (1-\theta)a_{ij}^{+}] + \sum_{k=1}^{n} [(1-\theta)a_{ik}^{-} + \theta a_{ik}^{+} + (1-\theta)a_{kj}^{-} + \theta a_{kj}^{+}]$，即 $n(a_{ij}^{-} + a_{ij}^{+}) \geqslant \sum_{k=1}^{n} (a_{ik}^{-} + a_{ik}^{+} + a_{kj}^{-} + a_{kj}^{+})$ 时，式(12-13)的公共解为

$$\begin{aligned} \varepsilon_{ij} &\geqslant n[(1-\theta)a_{ij}^{-} + \theta a_{ij}^{+}] - \sum_{k=1}^{n} [\theta a_{ik}^{-} + (1-\theta)a_{ik}^{+} + \theta a_{kj}^{-} + (1-\theta)a_{kj}^{+}] \\ &= (1-\theta)\left[na_{ij}^{-} - \sum_{k=1}^{n} (a_{ik}^{+} + a_{kj}^{+}) \right] + \theta \left[na_{ij}^{+} - \sum_{k=1}^{n} (a_{ik}^{-} + a_{kj}^{-}) \right] \\ &\geqslant (1-\theta)\left[na_{ij}^{-} - \sum_{k=1}^{n} (a_{ik}^{+} + a_{kj}^{+}) \right] + \theta \left[\sum_{k=1}^{n} (a_{ik}^{+} + a_{kj}^{+}) - na_{ij}^{-} \right] \\ &= (2\theta - 1)\left[\sum_{k=1}^{n} (a_{ik}^{+} + a_{kj}^{+}) - na_{ij}^{-} \right] \end{aligned} \quad (12\text{-}14)$$

(2) 当 $n[(1-\theta)a_{ij}^{-} + \theta a_{ij}^{+}] - \sum_{k=1}^{n} [\theta a_{ik}^{-} + (1-\theta)a_{ik}^{+} + \theta a_{kj}^{-} + (1-\theta)a_{kj}^{+}] \leqslant -n[\theta a_{ij}^{-} + (1-\theta)a_{ij}^{+}] + \sum_{k=1}^{n} [(1-\theta)a_{ik}^{-} + \theta a_{ik}^{+} + (1-\theta)a_{kj}^{-} + \theta a_{kj}^{+}]$，即 $n(a_{ij}^{-} + a_{ij}^{+}) \leqslant \sum_{k=1}^{n} (a_{ik}^{-} + a_{ik}^{+} + a_{kj}^{-} +$

a_{kj}^{+})时，式(12-13)的公共解为

$$
\begin{aligned}
\varepsilon_{ij} &\geqslant -n[\theta a_{ij}^{-}+(1-\theta)a_{ij}^{+}]+\sum_{k=1}^{n}[(1-\theta)a_{ik}^{-}+\theta a_{ik}^{+}+(1-\theta)a_{kj}^{-}+\theta a_{kj}^{+}] \\
&=(1-\theta)\left[\sum_{k=1}^{n}(a_{ik}^{-}+a_{kj}^{-})-na_{ij}^{+}\right]+\theta\left[\sum_{k=1}^{n}(a_{ik}^{+}+a_{kj}^{+})-na_{ij}^{-}\right] \\
&\geqslant (1-\theta)\left[\sum_{k=1}^{n}(a_{ik}^{-}+a_{kj}^{-})-na_{ij}^{+}\right]+\theta\left[na_{ij}^{+}-\sum_{k=1}^{n}(a_{ik}^{-}+a_{kj}^{-})\right] \\
&=(2\theta-1)\left[na_{ij}^{+}-\sum_{k=1}^{n}(a_{ik}^{-}+a_{kj}^{-})\right]
\end{aligned}
\tag{12-15}
$$

当且仅当$n(a_{ij}^{-}+a_{ij}^{+})=\sum_{k=1}^{n}(a_{ik}^{-}+a_{ik}^{+}+a_{kj}^{-}+a_{kj}^{+})$时，式(12-14)和式(12-15)能同时取得“=”，此时有$\varepsilon_{ij}\geqslant(2\theta-1)\left[\sum_{k=1}^{n}(a_{ik}^{+}+a_{kj}^{+})-na_{ij}^{-}\right]=(2\theta-1)\left[na_{ij}^{+}-\sum_{k=1}^{n}(a_{ik}^{-}+a_{kj}^{-})\right]$，$2\varepsilon_{ij}\geqslant(2\theta-1)\left[\sum_{k=1}^{n}(a_{ik}^{+}+a_{kj}^{+}-a_{ik}^{-}-a_{kj}^{-})+n(a_{ij}^{+}-a_{ij}^{-})\right]$，$\varepsilon_{ij}\geqslant\left(\theta-\frac{1}{2}\right)\sum_{k=1}^{n}(a_{ik}^{+}+a_{kj}^{+}-a_{ik}^{-}-a_{kj}^{-})$。因为$a_{ij}^{+}\geqslant a_{ij}^{-}$，$i,j\in N$，$\varepsilon_{ij}\geqslant 0$，得出$\theta\geqslant\frac{1}{2}$，这也与事件的信度应不小于$\frac{1}{2}$才能被人接受相吻合，因此有

$$
\min\sum_{r_{ij}\in U}\varepsilon_{ij}=\left(\theta-\frac{1}{2}\right)\sum_{r_{ij}\in U}\sum_{k=1}^{n}(a_{ik}^{+}+a_{kj}^{+}-a_{ik}^{-}-a_{kj}^{-})
$$

$$
a_{ij}^{-}=a_{ij}^{+}=\frac{1}{2n}\sum_{k=1}^{n}(a_{ik}^{-}+a_{ik}^{+}+a_{kj}^{-}+a_{kj}^{+})
$$

$$
\theta\geqslant\frac{1}{2}
$$

接下来证明所得出定理 12-3 满足约束(12-10-6)，是模型(12-10)的整体最优解。

由约束 (12-11-1) 及 (12-10-2) 可得$a_{ij}^{-}=a_{ij}^{+}$，即$\log\frac{r_{ij}^{-}}{1-r_{ij}^{-}}=\log\frac{r_{ij}^{+}}{1-r_{ij}^{+}}$。因为$f(x)=\log\frac{x}{1-x}(0\leqslant x\leqslant 1)$为$x$的单调递增函数，所以可得$r_{ij}^{-}=r_{ij}^{+}$，此时不确定变量$r_{ij}\sim\mathcal{L}[r_{ij}^{-},r_{ij}^{+}]$的逆分布函数$\Phi_{ij}^{-1}(\alpha)=r_{ij}=r_{ij}^{-}=r_{ij}^{+}$，将$a_{ij}^{-}=\log\frac{r_{ij}^{-}}{1-r_{ij}^{-}}$、$a_{ij}^{+}=\log\frac{r_{ij}^{+}}{1-r_{ij}^{+}}$代入式(12-11)约束(12-11-1)中，可得

$$\min \sum_{r_{ij}\in U} \varepsilon_{ij} = \left(\theta - \frac{1}{2}\right) \sum_{r_{ij}\in U} \sum_{k=1}^{n} (a_{ik}^{+} + a_{kj}^{+} - a_{ik}^{-} - a_{kj}^{-})$$

$$= \left(\theta - \frac{1}{2}\right) \sum_{r_{ij}\in U} \sum_{k=1}^{n} \left(\log \frac{r_{ik}^{+}}{1-r_{ik}^{+}} + \log \frac{r_{kj}^{+}}{1-r_{kj}^{+}} - \log \frac{r_{ik}^{-}}{1-r_{ik}^{-}} - \log \frac{r_{kj}^{-}}{1-r_{kj}^{-}} \right)$$

$$= \left(\theta - \frac{1}{2}\right) \sum_{r_{ij}\in U} \sum_{k=1}^{n} \log \frac{r_{ik}^{+} r_{ki}^{+} r_{kj}^{+} r_{jk}^{+}}{r_{ik}^{-} r_{ki}^{-} r_{kj}^{-} r_{jk}^{-}}$$

$$\log \frac{r_{ij}^{-}}{1-r_{ij}^{-}} = \log \frac{r_{ij}^{+}}{1-r_{ij}^{+}} = \frac{1}{2n} \sum_{k=1}^{n} \left(\log \frac{r_{ik}^{-}}{1-r_{ik}^{-}} + \log \frac{r_{ik}^{+}}{1-r_{ik}^{+}} + \log \frac{r_{kj}^{-}}{1-r_{kj}^{-}} + \log \frac{r_{kj}^{+}}{1-r_{kj}^{+}} \right)$$

$$\Rightarrow \frac{r_{ij}^{-}}{1-r_{ij}^{-}} = \frac{r_{ij}^{+}}{1-r_{ij}^{+}} = \left(\prod_{k=1}^{n} \frac{r_{ik}^{-} r_{ik}^{+} r_{kj}^{-} r_{kj}^{+}}{r_{ki}^{-} r_{ki}^{+} r_{jk}^{-} r_{jk}^{+}} \right)^{\frac{1}{2n}}$$

$$\Rightarrow r_{ij}^{-} = r_{ij}^{+} = \frac{\left(\prod_{k=1}^{n} \frac{r_{ik}^{-} r_{ik}^{+} r_{kj}^{-} r_{kj}^{+}}{r_{ki}^{-} r_{ki}^{+} r_{jk}^{-} r_{jk}^{+}} \right)^{\frac{1}{2n}}}{1 + \left(\prod_{k=1}^{n} \frac{r_{ik}^{-} r_{ik}^{+} r_{kj}^{-} r_{kj}^{+}}{r_{ki}^{-} r_{ki}^{+} r_{jk}^{-} r_{jk}^{+}} \right)^{\frac{1}{2n}}}$$

此时可得

$$\begin{aligned}
&\Phi_{ij}^{-1}(\alpha) + \Phi_{ji}^{-1}(1-\alpha) \\
&= (1-\alpha) r_{ij}^{-} + \alpha r_{ij}^{+} + \alpha r_{ji}^{-} + (1-\alpha) r_{ji}^{+} \\
&= \frac{\left(\prod_{k=1}^{n} \frac{r_{ik}^{-} r_{ik}^{+} r_{kj}^{-} r_{kj}^{+}}{r_{ki}^{-} r_{ki}^{+} r_{jk}^{-} r_{jk}^{+}} \right)^{\frac{1}{2n}}}{1 + \left(\prod_{k=1}^{n} \frac{r_{ik}^{-} r_{ik}^{+} r_{kj}^{-} r_{kj}^{+}}{r_{ki}^{-} r_{ki}^{+} r_{jk}^{-} r_{jk}^{+}} \right)^{\frac{1}{2n}}} + \frac{\left(\prod_{k=1}^{n} \frac{r_{jk}^{-} r_{jk}^{+} r_{ki}^{-} r_{ki}^{+}}{r_{kj}^{-} r_{kj}^{+} r_{ik}^{-} r_{ik}^{+}} \right)^{\frac{1}{2n}}}{1 + \left(\prod_{k=1}^{n} \frac{r_{jk}^{-} r_{jk}^{+} r_{ki}^{-} r_{ki}^{+}}{r_{kj}^{-} r_{kj}^{+} r_{ik}^{-} r_{ik}^{+}} \right)^{\frac{1}{2n}}} \\
&= \frac{2 + \left(\prod_{k=1}^{n} \frac{r_{ik}^{-} r_{ik}^{+} r_{kj}^{-} r_{kj}^{+}}{r_{ki}^{-} r_{ki}^{+} r_{jk}^{-} r_{jk}^{+}} \right)^{\frac{1}{2n}} + \left(\prod_{k=1}^{n} \frac{r_{jk}^{-} r_{jk}^{+} r_{ki}^{-} r_{ki}^{+}}{r_{kj}^{-} r_{kj}^{+} r_{ik}^{-} r_{ik}^{+}} \right)^{\frac{1}{2n}}}{2 + \left(\prod_{k=1}^{n} \frac{r_{ik}^{-} r_{ik}^{+} r_{kj}^{-} r_{kj}^{+}}{r_{ki}^{-} r_{ki}^{+} r_{jk}^{-} r_{jk}^{+}} \right)^{\frac{1}{2n}} + \left(\prod_{k=1}^{n} \frac{r_{jk}^{-} r_{jk}^{+} r_{ki}^{-} r_{ki}^{+}}{r_{kj}^{-} r_{kj}^{+} r_{ik}^{-} r_{ik}^{+}} \right)^{\frac{1}{2n}}} \\
&= 1
\end{aligned}$$

因此 $R=(r_{ij})_{n\times n}$ 中所得的缺失值满足约束(12-10-6)，而已知值在最初给定时已满足约束(12-12-6)，所以定理 12-3 的结论是模型(12-10)的最优解。

根据上述证明可得如下定理。

定理 12-4　模型(12-10)中目标函数的最优值 $\min \sum_{r_{ij} \in U} \varepsilon_{ij}$，缺失值 r_{ij}^{-}、r_{ij}^{+} 以及信度 θ 满足：

$$\min \sum_{r_{ij} \in U} \varepsilon_{ij} = \left(\theta - \frac{1}{2}\right) \sum_{r_{ij} \in U} \sum_{k=1}^{n} \frac{r_{ik}^{+} r_{ki}^{+} r_{kj}^{+} r_{jk}^{+}}{r_{ik}^{-} r_{ki}^{-} r_{kj}^{-} r_{jk}^{-}}$$

$$\text{s.t.} \begin{cases} r_{ij}^{-} = r_{ij}^{+} = \dfrac{\left(\prod\limits_{k=1}^{n} \dfrac{r_{ik}^{-} r_{ik}^{+} r_{kj}^{-} r_{kj}^{+}}{r_{ki}^{-} r_{ki}^{+} r_{jk}^{-} r_{jk}^{+}}\right)^{\frac{1}{2n}}}{1 + \left(\prod\limits_{k=1}^{n} \dfrac{r_{ik}^{-} r_{ik}^{+} r_{kj}^{-} r_{kj}^{+}}{r_{ki}^{-} r_{ki}^{+} r_{jk}^{-} r_{jk}^{+}}\right)^{\frac{1}{2n}}} & (12\text{-}16\text{-}1) \\ \theta \geqslant \dfrac{1}{2} & (12\text{-}16\text{-}2) \end{cases} \quad (12\text{-}16)$$

所以定理 12-4 的结论也是模型 (12-10) 的最优解。

在乘性一致性的区间模糊判断矩阵残缺值的求解中，Krejčí(2017b)和 Meng 等(2019)得出区间模糊判断矩阵中的残缺值应满足 $\left(\dfrac{r_{ij}^{-}}{1-r_{ij}^{-}}\right)^{n} \geqslant \prod\limits_{k=1}^{n} \dfrac{r_{ik}^{-} r_{kj}^{-}}{(1-r_{ik}^{-})(1-r_{kj}^{-})}$，$\left(\dfrac{r_{ij}^{+}}{1-r_{ij}^{+}}\right)^{n} \leqslant \prod\limits_{k=1}^{n} \dfrac{r_{ik}^{+} r_{kj}^{+}}{(1-r_{ik}^{+})(1-r_{kj}^{+})}$，而通过分析定理 12-3，还可以发现：

$$\begin{aligned} a_{ij}^{-} &= \frac{1}{2n} \sum_{k=1}^{n} (a_{ik}^{-} + a_{ik}^{+} + a_{kj}^{-} + a_{kj}^{+}) \\ &\geqslant \frac{1}{2n} \sum_{k=1}^{n} (a_{ik}^{-} + a_{ik}^{-} + a_{kj}^{-} + a_{kj}^{-}) \\ &= \frac{1}{n} \sum_{k=1}^{n} (a_{ik}^{-} + a_{kj}^{-}) \end{aligned}$$

$$\begin{aligned} a_{ij}^{+} &= \frac{1}{2n} \sum_{k=1}^{n} (a_{ik}^{-} + a_{ik}^{+} + a_{kj}^{-} + a_{kj}^{+}) \\ &\leqslant \frac{1}{2n} \sum_{k=1}^{n} (a_{ik}^{+} + a_{ik}^{+} + a_{kj}^{+} + a_{kj}^{+}) \\ &= \frac{1}{n} \sum_{k=1}^{n} (a_{ik}^{+} + a_{kj}^{+}) \end{aligned}$$

$$\Rightarrow\begin{cases} n\log\dfrac{r_{ij}^-}{1-r_{ij}^-}\geqslant\sum\limits_{k=1}^{n}\left(\log\dfrac{r_{ik}^-}{1-r_{ik}^-}+\log\dfrac{r_{kj}^-}{1-r_{kj}^-}\right) \\ n\log\dfrac{r_{ij}^+}{1-r_{ij}^+}\leqslant\sum\limits_{k=1}^{n}\left(\log\dfrac{r_{ik}^+}{1-r_{ik}^+}+\log\dfrac{r_{kj}^+}{1-r_{kj}^+}\right) \end{cases}$$

$$\Rightarrow\begin{cases} \left(\dfrac{r_{ij}^-}{1-r_{ij}^-}\right)^n\geqslant\prod\limits_{k=1}^{n}\dfrac{r_{ik}^-r_{kj}^-}{(1-r_{ik}^-)(1-r_{kj}^-)} \\ \left(\dfrac{r_{ij}^+}{1-r_{ij}^+}\right)^n\leqslant\prod\limits_{k=1}^{n}\dfrac{r_{ik}^+r_{kj}^+}{(1-r_{ik}^+)(1-r_{kj}^+)} \end{cases}$$

说明所得残缺值在最小偏差下仍在 Krejčí(2017b)和 Meng 等(2019)所得出的残缺值范围内，根据此模型可补全不确定判断矩阵中的缺失值，并使不确定判断矩阵中的缺失值在最小偏差下实现乘性一致性的信度最大化。然而，若决策者最初给出的不确定判断矩阵中的已知值并不满足乘性一致性，则需要对已经补全缺失值的不确定判断矩阵进行调整，使其整体满足乘性一致性。

12.2.2　残缺线性不确定判断矩阵的一致化

令 $R=(r_{ij})_{n\times n}$ 为决策者最初给出的完整的(或经完整化后所得的)但不满足乘性一致性的不确定判断矩阵，$r_{ij}\sim\mathcal{L}[r_{ij}^-,r_{ij}^+]$，$r_{ij}$ 的分布函数为 $\varPhi_{ij}$。$\tilde{R}=(\tilde{r}_{ij})_{n\times n}$ 为对 R 进行调整后所得的完整且整体满足乘性一致性的不确定判断矩阵，$\tilde{r}_{ij}\sim\mathcal{L}[\tilde{r}_{ij}^-,\tilde{r}_{ij}^+]$，$\tilde{r}_{ij}$ 的分布函数为 $\tilde{\varPhi}_{ij}$，令 $\tilde{a}_{ij}\sim\mathcal{L}[\tilde{a}_{ij}^-,\tilde{a}_{ij}^+]$，$\tilde{a}_{ij}$ 的分布函数为 $\tilde{\varPsi}_{ij}$，其中 $\tilde{a}_{ij}^-=\log\dfrac{\tilde{r}_{ij}^-}{1-\tilde{r}_{ij}^-}$，$\tilde{a}_{ij}^+=\log\dfrac{\tilde{r}_{ij}^+}{1-\tilde{r}_{ij}^+}$；根据不确定判断矩阵乘性一致性的定义，为使 $\tilde{R}$ 对 R 的调整幅度最小，即 $\psi_{ij}=|\tilde{r}_{ij}^--r_{ij}^-|+|\tilde{r}_{ij}^+-r_{ij}^+|$ 的和最小，根据不确定判断矩阵及其乘性一致性的定义(定义 11-4)，可构建如下模型求解 $\tilde{R}$：

$$\min\sum_{i,j\in N}\psi_{ij}$$

$$\text{s.t.}\begin{cases} \psi_{ij}=|\tilde{r}_{ij}^--r_{ij}^-|+|\tilde{r}_{ij}^+-r_{ij}^+|, & i,j\in N \quad (12\text{-}17\text{-}1) \\ \tilde{r}_{ij}\sim\mathcal{L}[\tilde{r}_{ij}^-,\tilde{r}_{ij}^+], \quad 0\leqslant\tilde{r}_{ij}^-\leqslant\tilde{r}_{ij}^+\leqslant 1;\tilde{r}_{ii}^-=\tilde{r}_{ii}^+=0.5; & i,j\in N \quad (12\text{-}17\text{-}2) \\ \tilde{a}_{ij}\sim\mathcal{L}[\tilde{a}_{ij}^-,\tilde{a}_{ij}^+], \quad \tilde{a}_{ij}^-=\log\dfrac{\tilde{r}_{ij}^-}{1-\tilde{r}_{ij}^-}, \quad \tilde{a}_{ij}^+=\log\dfrac{\tilde{r}_{ij}^+}{1-\tilde{r}_{ij}^+}, & i,j\in N \quad (12\text{-}17\text{-}3) \\ \tilde{\varPhi}_{ij}^{-1}(\alpha)=(1-\alpha)\tilde{r}_{ij}^-+\alpha\tilde{r}_{ij}^+, & i,j\in N \quad (12\text{-}17\text{-}4) \end{cases}$$

$$\begin{cases} \tilde{\Psi}_{ij}^{-1}(\alpha) = (1-\alpha)\tilde{a}_{ij}^{-} + \alpha\tilde{a}_{ij}^{+}, & i,j \in N \quad (12\text{-}17\text{-}5) \\ \tilde{\Phi}_{ij}^{-1}(\alpha) + \tilde{\Phi}_{ji}^{-1}(1-\alpha) = 1, \tilde{\Phi}_{ii}^{-1}(\alpha) = 0.5, & i,j \in N \quad (12\text{-}17\text{-}6) \end{cases}$$

(12-17)

模型(12-17)可转化为如下模型：

$$\min \sum_{i,j\in N} \psi_{ij}$$

$$\text{s.t.} \begin{cases} \psi_{ij} = |\tilde{r}_{ij}^{-} - r_{ij}^{-}| + |\tilde{r}_{ij}^{+} - r_{ij}^{+}|, & i,j \in N \quad (12\text{-}18\text{-}1) \\ \tilde{r}_{ij} \sim \mathcal{L}[\tilde{r}_{ij}^{-}, \tilde{r}_{ij}^{+}], & 0 \leqslant \tilde{r}_{ij}^{-} \leqslant \tilde{r}_{ij}^{+} \leqslant 1; i,j \in N \quad (12\text{-}18\text{-}2) \\ \tilde{r}_{ij}^{-} + \tilde{r}_{ji}^{+} = 1, \quad \tilde{r}_{ij}^{+} + \tilde{r}_{ji}^{-} = 1, \quad \tilde{r}_{ii}^{-} = \tilde{r}_{ii}^{+} = 0.5, & i,j \in N \quad (12\text{-}18\text{-}3) \\ \dfrac{\tilde{r}_{ij}^{-}}{\tilde{r}_{ji}^{+}} = \dfrac{\tilde{r}_{ik}^{-}\tilde{r}_{kj}^{-}}{\tilde{r}_{ki}^{+}\tilde{r}_{jk}^{+}}, \dfrac{\tilde{r}_{ij}^{+}}{\tilde{r}_{ji}^{-}} = \dfrac{\tilde{r}_{ik}^{+}\tilde{r}_{kj}^{+}}{\tilde{r}_{ki}^{-}\tilde{r}_{jk}^{-}}, & i,j,k \in N;\ i<k<j \quad (12\text{-}18\text{-}4) \end{cases}$$

(12-18)

根据模型(12-18)可直接求出与原不一致线性不确定判断矩阵 R 调整幅度最小、完整且满足乘性一致性的不确定判断矩阵 $\tilde{R}$ 。

12.2.3　完整化与一致化算法

算法 12-2　针对不完整且不一致的线性不确定判断矩阵的完整化与乘性一致化算法

步骤 1：补充残缺线性不确定判断矩阵。假设决策者 $d_t(t \in M)$ 所给出的线性不确定判断矩阵为 $R_t = (r_{ij}^t)_{n\times n}$ ，其中 $r_{ij}^t \sim \mathcal{L}[r_{ij}^{t-}, r_{ij}^{t+}]$ ， $r_{ij}^t \sim \Phi_{ijt}$ ，若 R_t 为完整的，则转至步骤 2；否则，采用模型 (12-10) 进行求解，或直接利用定理 12-4 将 R_t 中的残缺值补充完整。

步骤 2：求出满足乘性一致性的线性不确定判断矩阵。设 $\tilde{R}_t = (\tilde{r}_{ij}^t)_{n\times n}$ 为完整且整体满足乘性一致性的线性不确定判断矩阵， $\tilde{r}_{ij}^t \sim \mathcal{L}[\tilde{r}_{ij}^{t-}, \tilde{r}_{ij}^{t+}]$, $\tilde{r}_{ij}^t$ 的分布函数为 $\tilde{\Phi}_{ijt}$ 。利用模型(12-18)求解出与 R_t 调整幅度最小的目标不确定判断矩阵 $\tilde{R}_t$ 。

步骤 3：确定权重向量。在乘性一致性线性不确定判断矩阵中，计算线性不确定判断矩阵 $\tilde{R}_t(t \in M)$ 的权重向量 $\omega^t = (\omega_1^t, \omega_2^t, \cdots, \omega_n^t)^{\mathrm{T}}$ 。

步骤 4：确定共识权重向量。假设 $w = (w_1, w_2, \cdots, w_m)^{\mathrm{T}}$ 为决策者 $d_t(t \in M)$ 的权重向量，其中 $0 \leqslant w_t \leqslant 1$, $\sum_{t=1}^{m} w_t = 1$ ，则共识线性不确定判断矩阵的权重向量为

$$\omega^c = \sum_{t=1}^{m} w_t \omega^t = \left(\sum_{t=1}^{m} w_t \omega_1^t, \sum_{t=1}^{m} w_t \omega_2^t, \cdots, \sum_{t=1}^{m} w_t \omega_n^t \right)。$$

步骤 5：排序。根据步骤 4 所得的共识权重向量，对评价方案进行排序。

12.2.4 案例分析

若在 12.1.4 节案例背景下，专家 $e_t (t = 1,2,3)$ 最初给定的不完全线性不确定判断矩阵为 $R_t = (r_{ij}^t)_{n\times n}$，$r_{ij}^t \sim \mathcal{L}[r_{ij}^{t-}, r_{ij}^{t+}]$，具体数据如下：

$$R_1 = \begin{pmatrix} [0.5,0.5] & [0.3,0.6] & [r_{13}^{1-}, r_{13}^{1+}] & [0.5,0.7] \\ [0.4,0.7] & [0.5,0.5] & [0.4,0.8] & [r_{24}^{1-}, r_{24}^{1+}] \\ [r_{31}^{1-}, r_{31}^{1+}] & [0.2,0.6] & [0.5,0.5] & [0.6,0.9] \\ [0.3,0.5] & [r_{42}^{1-}, r_{42}^{1+}] & [0.1,0.4] & [0.5,0.5] \end{pmatrix}$$

$$R_2 = \begin{pmatrix} [0.5,0.5] & [r_{12}^{2-}, r_{12}^{2+}] & [0.3,0.5] & [0.6,0.7] \\ [r_{21}^{2-}, r_{21}^{2+}] & [0.5,0.5] & [r_{23}^{2-}, r_{23}^{2+}] & [r_{24}^{2-}, r_{24}^{2+}] \\ [0.5,0.7] & [r_{32}^{2-}, r_{32}^{2+}] & [0.5,0.5] & [0.4,0.7] \\ [0.3,0.4] & [r_{42}^{2-}, r_{42}^{2+}] & [0.3,0.6] & [0.5,0.5] \end{pmatrix}$$

$$R_3 = \begin{pmatrix} [0.5,0.5] & [r_{12}^{3-}, r_{12}^{3+}] & [0.4,0.6] & [0.5,0.6] \\ [r_{21}^{3-}, r_{21}^{3+}] & [0.5,0.5] & [0.3,0.7] & [0.6,0.8] \\ [0.4,0.6] & [0.3,0.7] & [0.5,0.5] & [r_{34}^{3-}, r_{34}^{3+}] \\ [0.4,0.5] & [0.2,0.4] & [r_{43}^{3-}, r_{43}^{3+}] & [0.5,0.5] \end{pmatrix}$$

假设信度 $\theta = 0.8$，采用模型(12-10)求解可得完整的线性不确定判断矩阵 R_1、R_2、R_3 为

$$R_1 = \begin{pmatrix} [0.5,0.5] & [0.3,0.6] & [0.42,0.42] & [0.5,0.7] \\ [0.4,0.7] & [0.5,0.5] & [0.4,0.8] & [0.77,0.77] \\ [0.58,0.58] & [0.2,0.6] & [0.5,0.5] & [0.6,0.9] \\ [0.3,0.5] & [0.23,0.23] & [0.1,0.4] & [0.5,0.5] \end{pmatrix}$$

$$\min \sum_{r_{ij} \in U} \varphi_{ij}^1 = 6.82$$

$$R_2 = \begin{pmatrix} [0.5,0.5] & [0.59,0.59] & [0.3,0.5] & [0.6,0.7] \\ [0.41,0.41] & [0.5,0.5] & [0.38,0.38] & [0.5,0.5] \\ [0.5,0.7] & [0.62,0.62] & [0.5,0.5] & [0.4,0.7] \\ [0.3,0.4] & [0.5,0.5] & [0.3,0.6] & [0.5,0.5] \end{pmatrix}$$

$$\min \sum_{r_{ij} \in U} \varphi_{ij}^2 = 3.05$$

$$R_3 = \begin{pmatrix} [0.5,0.5] & [0.41,0.41] & [0.4,0.6] & [0.5,0.6] \\ [0.59,0.59] & [0.5,0.5] & [0.3,0.7] & [0.6,0.8] \\ [0.4,0.6] & [0.3,0.7] & [0.5,0.5] & [0.63,0.63] \\ [0.4,0.5] & [0.2,0.4] & [0.37,0.37] & [0.5,0.5] \end{pmatrix}$$

$$\min \sum_{r_{ij} \in U} \varphi_{ij}^3 = 4.67$$

这与直接用定理12-4所得的结果一致，例如，$r_{13}^{1-} = r_{13}^{1+} = \dfrac{\left(\prod\limits_{k=1}^{4} \dfrac{r_{1k}^- r_{1k}^+ r_{k3}^- r_{k3}^+}{r_{k1}^- r_{k1}^+ r_{3k}^- r_{3k}^+}\right)^{\frac{1}{2\times 4}}}{1+\left(\prod\limits_{k=1}^{4} \dfrac{r_{1k}^- r_{1k}^+ r_{k3}^- r_{k3}^+}{r_{k1}^- r_{k1}^+ r_{3k}^- r_{3k}^+}\right)^{\frac{1}{2\times 4}}} =$ 0.42，这也间接证明了定理 12-4 的正确性。经检验发现，R_1、R_2、R_3 并不满足线性不确定判断矩阵的乘性一致性，因此采用模型(12-18)分别求解出与 R_1、R_2、R_3 调整幅度最小且满足乘性一致性的目标不确定判断矩阵 $\tilde{R}_1$、$\tilde{R}_2$、$\tilde{R}_3$，此处以 $\tilde{R}_1$ 为例：

$$\tilde{R}_1 = \begin{pmatrix} [0.5,0.5] & [0.34,0.36] & [0.4,0.42] & [0.5,0.7] \\ [0.64,0.66] & [0.5,0.5] & [0.56,0.56] & [0.66,0.81] \\ [0.58,0.6] & [0.44,0.44] & [0.5,0.5] & [0.6,0.76] \\ [0.3,0.5] & [0.19,0.34] & [0.24,0.4] & [0.5,0.5] \end{pmatrix}$$

$$\min \sum_{i,j \in N} \psi_{ij}^1 = 1.97$$

此时可得 $\tilde{R}_1$ 的权重向量为 $\omega_1^1 = 0.202$、$\omega_2^1 = 0.373$、$\omega_3^1 = 0.290$、$\omega_4^1 = 0.135$，同理可得 $\tilde{R}_2$ 的权重向量为 $\omega_1^2 = 0.284$、$\omega_2^2 = 0.197$、$\omega_3^2 = 0.322$、$\omega_4^2 = 0.197$，$\tilde{R}_3$ 的权重向量为 $\omega_1^3 = 0.240$、$\omega_2^3 = 0.346$、$\omega_3^3 = 0.261$、$\omega_4^3 = 0.153$。因为三位专家的个人权重为 $w = (0.2,0.5,0.3)^{\mathrm{T}}$，所以共识权重向量为 $\omega_1^c = 0.254$，$\omega_2^c = 0.277$，$\omega_3^c = 0.297$，$\omega_4^c = 0.172$。由结果可知，在乘性一致性下，四个区域受灾的可能性大小排序为 $x_3 \succ x_2 \succ x_1 \succ x_4$。

12.3　四类判断矩阵处理残缺信息的对比

为更清晰地展示四类判断矩阵处理残缺信息的异同点，在表 12-1 中对此进行了详细的对比。

表 12-1　四类判断矩阵处理残缺信息的对比

判断矩阵	UPR	LUPR	FPR	IFPR
元素	不确定变量	线性不确定变量	干脆数	区间数
算法	基于信度与逆运算	基于信度与逆运算	算术运算	区间运算
能否获取不同分布下的残缺信息	✓	×	×	×
能否获取残缺信息的解析式	✓	✓	×	×
能否获取不同信度下的残缺信息	✓	✓	×	×

注：✓代表是或能，×代表否或不能。

12.4　本 章 小 结

本章基于不确定理论，引入信度及最小偏差值，视决策者的线性不确定分布偏好为一个整体参与决策，解决了区间判断矩阵运算上的缺陷。此外，本章构建了加性一致性和乘性一致性下残缺线性不确定判断矩阵的缺失值生成模型及算法。本章的主要贡献为：①基于线性不确定判断矩阵的一致性定义，构建了相应的模型来补全线性不确定判断矩阵的缺失值；②证明了最小偏差值与信度的关系，并求解出最小偏差时残缺值的解析式；③构建了残缺信息情景下线性不确定判断矩阵完整化与一致化算法。

第 13 章　线性不确定判断矩阵的排序建模

模糊判断矩阵和区间模糊判断矩阵的加性一致性、乘性一致性，不仅可以根据判断矩阵内的元素进行定义，也可由判断矩阵所对应的排序向量进行定义。而传统的模糊判断矩阵和区间模糊判断矩阵的排序向量与判断元素的关系研究存在一些不足，本章将对此进行改进，并在此基础上得到一致性下线性不确定判断矩阵的排序向量获取方法。

13.1　传统模糊判断矩阵排序向量获取方法的改进

在模糊判断矩阵 $R=(r_{ij})_{n\times n}$ 中，如果存在排序向量 $\omega=(\omega_1,\omega_2,\cdots,\omega_n)^{\mathrm{T}}$，$\sum_{i=1}^{n}\omega_i=1$，满足 $r_{ij}=0.5(\omega_i-\omega_j+1)$，$i,j\in N$，则称 R 具有加性一致性。通过以下定理，获取满足加性一致性的模糊判断矩阵的排序向量。

定理 13-1　ω_i 与 r_{ij} 的关系为

$$\omega_i=\frac{2\sum_{j=1}^{n}r_{ij}-n+1}{n} \tag{13-1}$$

证明

$$\begin{aligned}
&r_{ij}=0.5(\omega_i-\omega_j+1)\\
&\Rightarrow\sum_{j=1}^{n}r_{ij}=0.5\left(n\omega_i-\sum_{j=1}^{n}\omega_j+n\right)\\
&\Rightarrow\omega_i=\frac{2\sum_{j=1}^{n}r_{ij}-n+1}{n}
\end{aligned}$$

然而，当 $2\sum_{j=1}^{n}r_{ij}-n+1<0$ 时，ω_i 在式(13-1)下的结果就为负值，这与权重非负性相矛盾，例如，模糊判断矩阵 $R=(r_{ij})_{n\times n}$ 中：

$$R=(r_{ij})_{n\times n}=\begin{pmatrix}0.5 & 0.1 & 0.2\\ 0.9 & 0.5 & 0.6\\ 0.8 & 0.4 & 0.5\end{pmatrix}$$

此时，模糊判断矩阵 $R=(r_{ij})_{n\times n}$ 满足加性一致性，但根据式(13-1)得到的排序向量为 $\omega=(-0.13,0.67,0.47)^{\mathrm{T}}$，其中出现了负值，这与权重的非负性矛盾。因此，需要重新定义加性一致性模糊判断矩阵中 r_{ij} 与 ω_i、ω_j 的关系，该关系也是后续加性一致性线性不确定判断矩阵中 r_{ij} 与 ω_i、ω_j 关系构建的基础。

定义 13-1 对于模糊判断矩阵 $R=(r_{ij})_{n\times n}$，如果存在排序向量 $\omega=(\omega_1,\omega_2,\cdots,\omega_n)^{\mathrm{T}}$，其中 $\sum_{i=1}^{n}\omega_i=1$，有

$$r_{ij}=\frac{n-1}{2}(\omega_i-\omega_j)+0.5,\quad i,j\in N \tag{13-2}$$

则称模糊判断矩阵 $R=(r_{ij})_{n\times n}$ 具有加性一致性。

该定义的合理性解释如下：

(1) 在互补性定义上，有

$$r_{ij}+r_{ji}=\frac{n-1}{2}(\omega_i-\omega_j)+0.5+\frac{n-1}{2}(\omega_j-\omega_i)+0.5=1,\quad r_{ii}=\frac{n-1}{2}(\omega_i-\omega_i)+0.5=0.5$$

这与模糊判断矩阵的定义相吻合，说明可以用 $r_{ij}=\frac{n-1}{2}(\omega_i-\omega_j)+0.5$ 体现出模糊判断矩阵的互补性定义。

(2) 在加性一致性定义上，有

$$r_{ij}+0.5=\frac{n-1}{2}(\omega_i-\omega_j)+0.5+0.5=\frac{n-1}{2}(\omega_i-\omega_k)+0.5+\frac{n-1}{2}(\omega_k-\omega_j)+0.5=r_{ik}+r_{kj}$$

这与模糊判断矩阵的加性一致性定义相吻合，说明可以用 $r_{ij}=\frac{n-1}{2}(\omega_i-\omega_j)+0.5$ 体现出加性一致性下 r_{ij} 与 ω_i、ω_j 的关系。

(3) 在 ω_i 的范围，因为 $r_{ij}=\frac{n-1}{2}(\omega_i-\omega_j)+0.5$，从而可以得出 $\sum_{j=1}^{n}r_{ij}=\frac{n-1}{2}\left(n\omega_i-\sum_{j=1}^{n}\omega_j\right)+0.5n$，并进一步得到 $\omega_i=\frac{1}{n}\left[1+\frac{2}{n-1}\left(\sum_{j=1}^{n}r_{ij}-0.5n\right)\right]$。基于此可得

$$\max\omega_i=\frac{1}{n}\left(1+\frac{2}{n-1}\left[0.5+(n-1)-0.5n\right]\right)=\frac{2}{n}$$

因为模糊判断矩阵至少为 2 阶，即 $n\geqslant 2$，所以 $\max\omega_i\leqslant 1$。而 ω_i 的最小值为

$$\min \omega_i = \frac{1}{n}\left[1+\frac{2}{n-1}(0.5-0.5n)\right]=0$$

因此在 $r_{ij}=\frac{n-1}{2}(\omega_i-\omega_j)+0.5(\forall i,j\in N)$ 下，恒有 $0\leqslant\omega_i\leqslant1$ 。除此之外，当 r_{ij}=0.5 $(i,j\in N)$ 时，可得 $\omega_i=\frac{1}{n}\left[1+\frac{2}{n-1}(0.5n-0.5n)\right]=\frac{1}{n}$ ，这表明当所有备选方案之间无差异时，各方案的权重均为 $\frac{1}{n}$ ，这与常理一致。综上所述，定义 13-1 可以作为获取加性一致性模糊判断矩阵排序向量的依据。

参考定义 13-1，提出以下定义。

定义 13-2　对于区间模糊判断矩阵 $\bar{R}=(\bar{r}_{ij})_{n\times n}$，$\bar{r}_{ij}=[r_{ij}^-,r_{ij}^+]$，如果存在非负的排序向量 $\bar{\omega}=(\bar{\omega}_1,\bar{\omega}_2,\cdots,\bar{\omega}_n)^{\mathrm{T}}$ ，其中 $\overline{\omega_i}=[\omega_i^-,\omega_i^+]$ ，有

$$[r_{ij}^-,r_{ij}^+]=\begin{cases}[0.5,0.5], & i=j\\ \left[\frac{n-1}{2}(\omega_i^- -\omega_j^+)+0.5,\ \frac{n-1}{2}(\omega_i^+ -\omega_j^-)+0.5\right], & i\neq j\end{cases} \tag{13-3}$$

则称区间模糊判断矩阵 $\bar{R}=(\bar{r}_{ij})_{n\times n}$ 满足加性一致性。

13.2　加性一致性下线性不确定判断矩阵的排序向量

线性不确定判断矩阵获得排序向量的方法是使该线性不确定判断矩阵中的元素与加性一致性下的结果偏差最小，这与模糊判断矩阵中获得权重的方法一致。当 $r_{ij}=0.5(\omega_i-\omega_j+1)$ 时，模糊判断矩阵满足加性一致性 $r_{ij}+0.5=r_{ik}+r_{kj}$ ，$i,k,j\in N$ ，进而可以获得所有备选方案的排序向量 $\omega=(\omega_1,\omega_2,\cdots,\omega_n)^{\mathrm{T}}$ 。而在线性不确定判断矩阵中，由于 r_{ij} 为不确定变量，无法直接与具体的某一权重值划等号，只能使得在加性一致性下线性不确定判断矩阵 $R=(r_{ij})_{n\times n}$ 中的不确定变量 r_{ij} 与其对应权重的表达式的偏差值在某一信度下达到最小。由于线性不确定判断矩阵的定义，及其加性一致性定义和乘性一致性定义都是模糊判断矩阵和区间模糊判断矩阵相应定义的推广，而加性一致性模糊判断矩阵中 r_{ij} 与 $0.5(\omega_i-\omega_j+1)$ 的对应关系是最为经典的求解排序向量 $\omega=(\omega_1,\omega_2,\cdots,\omega_n)^{\mathrm{T}}$ 的方法，并且在本书中改进了这种方法，使得 r_{ij} 与 $\frac{n-1}{2}(\omega_i-\omega_j)+0.5$ 存在对应关系。最后，考虑到线性不确定判断矩阵中 r_{ij} 为不确定变量，将 r_{ij} 与 $\frac{n-1}{2}(\omega_i-\omega_j)+0.5$ 的偏差在某一信度下达到最小，

进而获得最小偏差值下的最优排序向量 $\omega=(\omega_1,\omega_2,\cdots,\omega_n)^{\mathrm{T}}$。

通过上述分析，可以构建线性不确定判断矩阵的干脆数排序向量求解模型。由于线性不确定判断矩阵中的元素服从线性不确定分布，即 $r_{ij}\sim\mathcal{L}\left(r_{ij}^-,r_{ij}^+\right)$，$i,j\in N$，因此，为了得到线性不确定判断矩阵的区间排序向量，令 $\omega_i\sim\mathcal{L}\left(\omega_i^-,\omega_i^+\right)$，$i\in N$。由于 r_{ij} 和 ω_i 服从线性不确分布，存在方差值，该方差值代表了线性不确定变量 r_{ij} 和 ω_i 的波动大小和不确定性强度。当 r_{ij} 服从线性不确定分布时，$V[r_{ij}]=\dfrac{(r_{ij}^+-r_{ij}^-)^2}{12}$。可以看出，当 r_{ij}^+ 和 r_{ij}^- 之间的差异较大时，r_{ij} 的方差较大，不确定性较强；当 r_{ij}^+ 和 r_{ij}^- 之间的差异较小时，r_{ij} 的方差较小，不确定性较弱；当 r_{ij}^+ 等于 r_{ij}^- 时，r_{ij} 为干脆数，此时 r_{ij} 的方差为 0，不存在不确定性，这与实际情况相符。如果 ω_j^-、ω_j^+ 为常数，当 r_{ij}^- 与 r_{ij}^+ 之间的差距增大时，ω_i^- 与 ω_i^+ 之间的差距也会增大。此外，r_{ij} 和 ω_i 的方差反映了对备选方案 x_i 偏好的不确定性。因此，可以根据这些特征来求解线性不确定判断矩阵的区间排序向量。由于线性不确定判断矩阵是模糊判断矩阵和区间模糊判断矩阵的推广，通过模糊判断矩阵和区间模糊判断矩阵中的排序向量与判断元素之间的关系，可以定义线性不确定判断矩阵中排序向量与不确定变量之间的方差关系。

类似于式(13-1)中权重与判断元素的关系，本节提出线性不确定判断矩阵中权重方差与线性不确定变量方差之间的关系。考虑到上述分析，该关系应满足以下要求：

(1) 该关系能反映权重和线性不确定变量的不确定性特征；

(2) 因为 $0\leqslant\omega_i^-\leqslant\omega_i^+\leqslant1$，所以 $0\leqslant V[\omega_i]\leqslant\dfrac{1}{12}$；

(3) $V[\omega_i]$ 随着 $\sum\limits_{j=1,j\neq i}^{n}V[r_{ij}]$ 的增加而增加。

基于此，提出以下定理。

定理 13-2 当线性不确定判断矩阵满足加性一致性或乘性一致性时，存在非负的排序向量 $\omega=(\omega_1,\omega_2,\cdots,\omega_n)^{\mathrm{T}}$，$\omega_i\sim\mathcal{L}(\omega_i^-,\omega_i^+)$，满足：

$$V[\omega_i]=\frac{\sum\limits_{j=1,j\neq i}^{n}V[r_{ij}]}{n-1},\quad i,j\in N \tag{13-4}$$

证明　因为$0\leqslant r_{ij}^{-}\leqslant r_{ij}^{+}\leqslant 1$，可得$0\leqslant V[r_{ij}]\leqslant\frac{1}{12}$，所以$0\leqslant\frac{\sum_{j=1,j\neq i}^{n}V[r_{ij}]}{n-1}\leqslant\frac{1}{12}$。同理，因为$0\leqslant\omega_i^{-}\leqslant\omega_i^{+}\leqslant 1$，可得$0\leqslant V[\omega_i]\leqslant\frac{1}{12}$。所以存在非负的排序向量$\omega=(\omega_1,\omega_2,\cdots,\omega_n)^{\mathrm{T}}$，$\omega_i\sim\mathcal{L}(\omega_i^{-},\omega_i^{+})$，满足$V[\omega_i]=\frac{\sum_{j=1,j\neq i}^{n}V[r_{ij}]}{n-1}$，$i,j\in N$。

式(13-4)由不确定理论中的方差定义得到,反映了权重和不确定变量的不确定性特征。而且该定义体现了权重ω_i的方差受$\sum_{j=1,j\neq i}^{n}V[r_{ij}]$正向影响的特点，简单方便、能较好地求解区间权重问题。当权重只要求为干脆数时，不用加上此约束，因为此时ω_i不是不确定变量，也不存在方差。基于此，可以求解线性不确定判断矩阵中的排序向量$\omega=(\omega_1,\omega_2,\cdots,\omega_n)^{\mathrm{T}}$。

13.2.1　排序向量为干脆数

当ω_i为干脆数时，可以构建以下模型求解排序向量$\omega=(\omega_1,\omega_2,\cdots,\omega_n)^{\mathrm{T}}$。

$$
\begin{aligned}
&\min\sum_{i,j\in N}\varepsilon_{ij}\\
&\text{s.t.}\begin{cases}
M\left\{\left|r_{ij}-\left[\dfrac{n-1}{2}(\omega_i-\omega_j)+0.5\right]\right|\leqslant\varepsilon_{ij}\right\}\geqslant\alpha, & i,j\in N & (13\text{-}5\text{-}1)\\
r_{ij}\sim\mathcal{L}(r_{ij}^{-},r_{ij}^{+}), & i,j\in N & (13\text{-}5\text{-}2)\\
\sum_{i=1}^{n}\omega_i=1, & 0\leqslant\omega_i\leqslant 1, i\in N & (13\text{-}5\text{-}3)\\
0\leqslant\alpha\leqslant 1, & \varepsilon_{ij}\geqslant 0,\ i,j\in N & (13\text{-}5\text{-}4)
\end{cases}
\end{aligned}
\tag{13-5}
$$

在模型(13-5)中，约束(13-5-1)表示r_{ij}与$\frac{n-1}{2}(\omega_i-\omega_j)+0.5$差的绝对值不大于$\varepsilon_{ij}$这一事件的信度应不小于$\alpha$，根据定义 2-11 和定理 2-4，模型(13-5)可以转化为如下模型(具体过程可参考当ω_i服从线性不确定分布时，模型(13-7)转化为模型(13-9)的过程)：

$$\min \sum_{i,j\in N} \varepsilon_{ij}$$

$$\text{s.t.}\begin{cases}\Phi_{ij}^{-1}(\alpha)\leqslant \dfrac{n-1}{2}(\omega_i-\omega_j)+0.5+\varepsilon_{ij}, & i,j\in N & \text{(13-6-1)}\\ \Phi_{ij}^{-1}(1-\alpha)\geqslant \dfrac{n-1}{2}(\omega_i-\omega_j)+0.5-\varepsilon_{ij}, & i,j\in N & \text{(13-6-2)}\\ \Phi_{ij}^{-1}(\alpha)=(1-\alpha)r_{ij}^{-}+\alpha r_{ij}^{+}, & i,j\in N & \text{(13-6-3)}\\ \sum_{i=1}^{n}\omega_i=1, & 0\leqslant\omega_i\leqslant 1, i\in N & \text{(13-6-4)}\\ 0\leqslant\alpha\leqslant 1, & \varepsilon_{ij}\geqslant 0, i,j\in N & \text{(13-6-5)}\end{cases} \quad (13\text{-}6)$$

根据模型(13-6)，可以计算出线性不确定判断矩阵的排序向量 $\omega=(\omega_1,\omega_2,\cdots,\omega_n)^{\mathrm{T}}$，从而对方案进行排序或用于其他决策问题。

13.2.2 排序向量服从线性不确定分布

当 ω_i 服从线性不确定分布，即 $\omega_i\sim\mathcal{L}(\omega_i^-,\omega_i^+)$时，$\omega_i$ 的分布函数为 Ω，对应的逆分布函数为 Ω^{-1}，可以构建以下模型求解排序向量 $\omega=(\omega_1,\omega_2,\cdots,\omega_n)^{\mathrm{T}}$，即

$$\min \sum_{i,j\in N} \varepsilon_{ij}$$

$$\text{s.t.}\begin{cases}M\left\{\left|r_{ij}-\left[\dfrac{n-1}{2}(\omega_i-\omega_j)+0.5\right]\right|\leqslant\varepsilon_{ij}\right\}\geqslant\alpha, & i,j\in N & \text{(13-7-1)}\\ r_{ij}\sim\mathcal{L}(r_{ij}^{-},r_{ij}^{+}), \omega_i\sim\mathcal{L}(\omega_i^-,\omega_i^+), & i,j\in N & \text{(13-7-2)}\\ \sum_{i=1}^{n}E[\omega_i]=1, & i\in N & \text{(13-7-3)}\\ V[\omega_i]=\dfrac{\sum_{j=1,j\neq i}^{n}V[r_{ij}]}{n-1}, & i,j\in N & \text{(13-7-4)}\\ 0\leqslant\alpha\leqslant 1, & \varepsilon_{ij}\geqslant 0; i,j\in N & \text{(13-7-5)}\end{cases}$$

(13-7)

在模型(13-7)中，约束(13-7-1)表示 r_{ij} 与 $\dfrac{n-1}{2}(\omega_i-\omega_j)+0.5$ 差的绝对值不大于 ε_{ij} 这一事件的信度应不小于 α，约束(13-7-2)表示 r_{ij} 和 ω_i 均服从线性不确定分布，约束(13-7-3)表示权重的期望和为 1，约束(13-7-4)表示权重的方差与不确定变量方差之间的关系，约束(13-7-5)为 α 与 ε_{ij} 的范围约束。

根据约束(13-7-1)可得

$$\begin{cases} M\left\{\left|r_{ij}-\left[\dfrac{n-1}{2}(\omega_i-\omega_j)+0.5\right]\right|\leqslant\varepsilon_{ij}\right\}\geqslant\alpha & (13\text{-}8\text{-}1) \\ M\left\{\left|r_{ij}-\left[\dfrac{n-1}{2}(\omega_i-\omega_j)+0.5\right]\right|\geqslant-\varepsilon_{ij}\right\}\geqslant\alpha & (13\text{-}8\text{-}2) \end{cases} \tag{13-8}$$

令 Υ_1 为 $r_{ij}-\left[\dfrac{n-1}{2}(\omega_i-\omega_j)+0.5\right]$ 的联合分布函数，则有

$$\Upsilon_1'(r_{ij})=1,\quad \Upsilon_1'(\omega_i)=-\frac{n-1}{2}\leqslant 0,\quad \Upsilon_1'(\omega_j)=\frac{n-1}{2}\geqslant 0$$

可以得到

$$\begin{aligned} & M\left\{\left|r_{ij}-\left[\frac{n-1}{2}(\omega_i-\omega_j)+0.5\right]\right|\leqslant\varepsilon_{ij}\right\}\geqslant\alpha \\ & \Rightarrow \Upsilon_1(\varepsilon_{ij})\geqslant\alpha \\ & \Rightarrow \varepsilon_{ij}\geqslant\Upsilon_1'(\alpha) \\ & \Rightarrow \Phi_{ij}^{-1}(\alpha)\leqslant\frac{n-1}{2}\left[\Omega_i^{-1}(1-\alpha)-\Omega_j^{-1}(\alpha)\right]+0.5+\varepsilon_{ij} \end{aligned}$$

同理可得式(13-8-2)等价于

$$\Phi_{ij}^{-1}(1-\alpha)\geqslant\frac{n-1}{2}\left[\Omega_i^{-1}(\alpha)-\Omega_j^{-1}(1-\alpha)\right]+0.5-\varepsilon_{ij}$$

因此，模型(13-7)可以转化为如下模型：

$$\min \sum_{i,j\in N}\varepsilon_{ij}$$

$$\text{s.t.}\begin{cases} \Phi_{ij}^{-1}(\alpha)\leqslant\dfrac{n-1}{2}\left[\Omega_i^{-1}(1-\alpha)-\Omega_j^{-1}(\alpha)\right]+0.5+\varepsilon_{ij}, & i,j\in N \quad (13\text{-}9\text{-}1) \\ \Phi_{ij}^{-1}(1-\alpha)\geqslant\dfrac{n-1}{2}\left[\Omega_i^{-1}(\alpha)-\Omega_j^{-1}(1-\alpha)\right]+0.5-\varepsilon_{ij}, & i,j\in N \quad (13\text{-}9\text{-}2) \\ \Phi_{ij}^{-1}(\alpha)=(1-\alpha)r_{ij}^{-}+\alpha r_{ij}^{+},\ \Omega_i^{-1}(\alpha)=(1-\alpha)\omega_i^{-}+\alpha\omega_i^{+}, & i,j\in N \quad (13\text{-}9\text{-}3) \\ \displaystyle\sum_{i=1}^{n}E[\omega_i]=1, & i\in N \quad (13\text{-}9\text{-}4) \\ V[\omega_i]=\dfrac{\displaystyle\sum_{j=1,j\neq i}^{n}V[r_{ij}]}{n-1}, & i,j\in N \quad (13\text{-}9\text{-}5) \\ 0\leqslant\alpha\leqslant 1, & \varepsilon_{ij}\geqslant 0;\ i,j\in N \quad (13\text{-}9\text{-}6) \end{cases}$$

$$(13\text{-}9)$$

根据模型(13-9)，可以计算出线性不确定判断矩阵的排序向量 $\omega=(\omega_1,\omega_2,\cdots,\omega_n)^{\mathrm{T}}$，其中 $\omega_i\sim\mathcal{L}(\omega_i^-,\omega_i^+)$，从而对方案进行排序或用于其他决策问题。

13.3 乘性一致性下线性不确定判断矩阵的排序向量

类似于加性一致性下线性不确定判断矩阵的排序向量求解过程，本节将讨论权重分别为干脆数和服从线性不确定分布的两种情况。

13.3.1 排序向量为干脆数

当 ω_i 为干脆数时，可以构建如下模型求解排序向量 $\omega=(\omega_1,\omega_2,\cdots,\omega_n)^{\mathrm{T}}$。

$$
\min\sum_{i,j\in N}\varepsilon_{ij}
$$
$$
\text{s.t.}\begin{cases}
M\left\{\left|r_{ij}-\dfrac{\omega_i}{\omega_i+\omega_j}\right|\leqslant\varepsilon_{ij}\right\}\geqslant\alpha, & i,j\in N \quad (13\text{-}10\text{-}1)\\
r_{ij}\sim\mathcal{L}(r_{ij}^{-},r_{ij}^{+}), & i,j\in N \quad (13\text{-}10\text{-}2)\\
\sum\limits_{i=1}^{n}\omega_i=1, & 0\leqslant\omega_i\leqslant 1, i\in N \quad (13\text{-}10\text{-}3)\\
0\leqslant\alpha\leqslant 1, & \varepsilon_{ij}\geqslant 0;\ i,j\in N \quad (13\text{-}10\text{-}4)
\end{cases}
\tag{13-10}
$$

在模型(13-10)中，约束(13-10-1)表示 r_{ij} 与 $\dfrac{\omega_i}{\omega_i+\omega_j}$ 差的绝对值不大于 ε_{ij} 这一事件的信度应不小于 α。同理，模型(13-10)可以转化为如下模型(具体过程可参考当 ω_i 服从线性不确定分布时，模型(13-12)转化为模型(13-14)的过程)：

$$
\min\sum_{i,j\in N}\varepsilon_{ij}
$$
$$
\text{s.t.}\begin{cases}
\Phi_{ij}^{-1}(\alpha)\leqslant\dfrac{\omega_i}{\omega_i+\omega_j}+\varepsilon_{ij}, & i,j\in N \quad (13\text{-}11\text{-}1)\\
\Phi_{ij}^{-1}(1-\alpha)\geqslant\dfrac{\omega_i}{\omega_i+\omega_j}-\varepsilon_{ij}, & i,j\in N \quad (13\text{-}11\text{-}2)\\
\Phi_{ij}^{-1}(\alpha)=(1-\alpha)r_{ij}^{-}+\alpha r_{ij}^{+}, & i,j\in N \quad (13\text{-}11\text{-}3)\\
\sum\limits_{i=1}^{n}\omega_i=1, & 0\leqslant\omega_i\leqslant 1,\ i\in N \quad (13\text{-}11\text{-}4)\\
0\leqslant\alpha\leqslant 1, & \varepsilon_{ij}\geqslant 0; i,j\in N \quad (13\text{-}11\text{-}5)
\end{cases}
\tag{13-11}
$$

根据模型(13-11)，可以计算出线性不确定判断矩阵的排序向量 $\omega=(\omega_1,\omega_2,\cdots,\omega_n)^{\mathrm{T}}$，从而对方案进行排序或用于其他决策问题。

13.3.2　排序向量服从线性不确定分布

当 ω_i 服从线性不确定分布时，即 $\omega_i\sim\mathcal{L}(\omega_i^-,\omega_i^+)$，$\omega_i$ 的分布函数为 Ω，对应的逆分布函数为 Ω^{-1}，可以构建如下模型求解排序向量 $\omega=(\omega_1,\omega_2,\cdots,\omega_n)^{\mathrm{T}}$。

$$
\min \sum_{i,j\in N}\varepsilon_{ij}
$$

$$
\text{s.t.}\begin{cases}
M\left\{\left|r_{ij}-\dfrac{\omega_i}{\omega_i+\omega_j}\right|\leqslant\varepsilon_{ij}\right\}\geqslant\alpha, & i,j\in N \quad (13\text{-}12\text{-}1)\\
r_{ij}\sim\mathcal{L}(r_{ij}^-,r_{ij}^+),\ \omega_i\sim\mathcal{L}(\omega_i^-,\omega_i^+), & i,j\in N \quad (13\text{-}12\text{-}2)\\
\sum\limits_{i=1}^{n}E[\omega_i]=1, & i\in N \quad (13\text{-}12\text{-}3)\\
V[\omega_i]=\dfrac{\sum\limits_{j=1,j\neq i}^{n}V[r_{ij}]}{n-1}, & i,j\in N \quad (13\text{-}12\text{-}4)\\
0\leqslant\alpha\leqslant 1, & \varepsilon_{ij}\geqslant 0;\ i,j\in N \quad (13\text{-}12\text{-}5)
\end{cases}
\tag{13-12}
$$

在模型(13-12)中，约束(13-12-1)表示 r_{ij} 与 $\dfrac{\omega_i}{\omega_i+\omega_j}$ 差的绝对值不大于 ε_{ij} 这一事件的信度应不小于 α，约束(13-12-2)表示 r_{ij} 和 ω_i 均服从线性不确定分布，约束(13-12-3)表示权重的期望和为 1，约束(13-12-4)表示权重的方差与不确定变量方差之间的关系，约束(13-12-5)为 α 与 ε_{ij} 的范围约束。

根据约束(13-12-1)可得

$$
\begin{cases}
M\left\{r_{ij}-\dfrac{\omega_i}{\omega_i+\omega_j}\leqslant\varepsilon_{ij}\right\}\geqslant\alpha & (13\text{-}13\text{-}1)\\
M\left\{r_{ij}-\dfrac{\omega_i}{\omega_i+\omega_j}\geqslant-\varepsilon_{ij}\right\}\geqslant\alpha & (13\text{-}13\text{-}2)
\end{cases}
\tag{13-13}
$$

令 Υ_2 为 $r_{ij}-\dfrac{\omega_i}{\omega_i+\omega_j}$ 的联合分布函数，则有

$$
\Upsilon_2'(r_{ij})=1,\quad \Upsilon_2'(\omega_i)=-\frac{\omega_i}{(\omega_i+\omega_j)^2}\leqslant 0,\quad \Upsilon_2'(\omega_j)=\frac{\omega_i}{(\omega_i+\omega_j)^2}\geqslant 0
$$

可以得到

$$
\begin{aligned}
& M\left\{r_{ij}-\frac{\omega_i}{\omega_i+\omega_j}\leqslant\varepsilon_{ij}\right\}\geqslant\alpha \\
& \Rightarrow \Upsilon_2(\varepsilon_{ij})\geqslant\alpha \\
& \Rightarrow \varepsilon_{ij}\geqslant\Upsilon_2^{-1}(\alpha) \\
& \Rightarrow \Phi_{ij}^{-1}(\alpha)\leqslant\frac{\Omega_i^{-1}(1-\alpha)}{\Omega_i^{-1}(1-\alpha)+\Omega_j^{-1}(\alpha)}+\varepsilon_{ij}
\end{aligned}
$$

同理可得约束(13-13-2)等价于

$$
\Phi_{ij}^{-1}(1-\alpha)\geqslant\frac{\Omega_i^{-1}(\alpha)}{\Omega_i^{-1}(\alpha)+\Omega_j^{-1}(1-\alpha)}-\varepsilon_{ij}
$$

因此，模型(13-12)可以转化为如下模型：

$$
\min \sum_{i,j\in N}\varepsilon_{ij}
$$

$$
\text{s.t.}\begin{cases}
\Phi_{ij}^{-1}(\alpha)\leqslant\dfrac{\Omega_i^{-1}(1-\alpha)}{\Omega_i^{-1}(1-\alpha)+\Omega_j^{-1}(\alpha)}+\varepsilon_{ij}, & i,j\in N \quad (13\text{-}14\text{-}1)\\
\Phi_{ij}^{-1}(1-\alpha)\geqslant\dfrac{\Omega_i^{-1}(\alpha)}{\Omega_i^{-1}(\alpha)+\Omega_j^{-1}(1-\alpha)}-\varepsilon_{ij}, & i,j\in N \quad (13\text{-}14\text{-}2)\\
\Phi_{ij}^{-1}(\alpha)=(1-\alpha)r_{ij}^{-}+\alpha r_{ij}^{+},\ \Omega_i^{-1}(\alpha)=(1-\alpha)\omega_i^{-}+\alpha\omega_i^{+}, & i,j\in N \quad (13\text{-}14\text{-}3)\\
\sum_{i=1}^{n}E[\omega_i]=1, & i\in N \quad (13\text{-}14\text{-}4)\\
V[\omega_i]=\dfrac{\sum_{j=1,j\neq i}^{n}V[r_{ij}]}{n-1}, & i,j\in N \quad (13\text{-}14\text{-}5)\\
0\leqslant\alpha\leqslant 1, & \varepsilon_{ij}\geqslant 0;\ i,j\in N \quad (13\text{-}14\text{-}6)
\end{cases}
$$

(13-14)

根据模型(13-14)，可以计算出线性不确定判断矩阵的排序向量 $\omega=(\omega_1,\omega_2,\cdots,\omega_n)^{\mathrm{T}}$，其中 $\omega_i\sim\mathcal{L}(\omega_i^{-},\omega_i^{+})$，从而对方案进行排序或用于其他决策问题。

13.4 群体决策中线性不确定判断矩阵的权重获取算法

由于群体决策中往往存在着排序问题，而判断矩阵是求解排序问题的有力工具。因此，本节通过将线性不确定判断矩阵应用于群体决策中，得到群体决策中备选方案的排序向量，具体算法如下。

群体决策中线性不确定判断矩阵的权重获取算法步骤如下。

步骤 1：获取决策者的线性不确定判断矩阵。在群体决策过程中，若存在 m 个决策者要对 n 个备选方案进行评估，决策者 $d_t(t\in M)$ 往往会对备选方案给出自己的线性不确定判断矩阵 $R_t=(r_{ij}^t)_{n\times n}$， r_{ij}^t 的分布函数为 Φ_{ijt}，对应的逆分布函数为 Φ_{ijt}^{-1}。

步骤 2：得到共识线性不确定判断矩阵。为在群体决策中达成共识，需要将所有决策者的线性不确定判断矩阵进行加权聚合得到共识线性不确定判断矩阵 $R_c=(r_{ij}^c)_{n\times n}$， r_{ij}^c 的分布函数为 Φ_{ijc}，决策者的排序向量假设为 $\lambda=(\lambda_1,\lambda_2,\cdots,\lambda_m)^{\mathrm{T}}$， $\sum_{t=1}^{m}\lambda_t=1,\ 0\leqslant\lambda_t\leqslant 1$。由定理 12-2 可得，加权聚合后的线性不确定判断矩阵仍为线性不确定判断矩阵，且 $\sum_{t=1}^{m}\lambda_t r_{ij}^t\sim\mathcal{L}\left(\sum_{t=1}^{m}\lambda_t r_{ij}^{t-},\sum_{t=1}^{m}\lambda_t r_{ij}^{t+}\right)$。

步骤 3：得到满足一致性的共识线性不确定判断矩阵。由于决策者在最初给定的线性不确定判断矩阵 R_t 不一定满足一致性，导致通过加权后得到的共识线性不确定判断矩阵 R_c 也不一定满足一致性。因此需要通过构建模型得到与 R_c 偏差值最小且满足一致性的线性不确定判断矩阵 $\tilde{R}=(\tilde{r}_{ij})_{n\times n}$，其中 $\tilde{r}_{ij}\sim\mathcal{L}\left(\tilde{r}_{ij}^-,\tilde{r}_{ij}^+\right)$， $\tilde{r}_{ij}$ 的分布函数为 $\widetilde{\Phi}_{ij}$。

(1) 当 $\tilde{R}$ 需满足加性一致性时，可构建以下模型求解 $\tilde{R}$。

$$
\min\sum_{i,j\in N}\xi_{ij}
$$

$$
\text{s.t.}\begin{cases}
\xi_{ij}=\left|\tilde{r}_{ij}^- - r_{ij}^{c-}\right|+\left|\tilde{r}_{ij}^+ - r_{ij}^{c+}\right|, & i,j\in N \quad (13\text{-}15\text{-}1)\\
\tilde{r}_{ij}\sim\mathcal{L}\left(\tilde{r}_{ij}^-,\tilde{r}_{ij}^+\right), r_{ij}^c\sim\mathcal{L}\left(r_{ij}^{c-},r_{ij}^{c+}\right), & i,j\in N \quad (13\text{-}15\text{-}2)\\
\widetilde{\Phi}_{ij}^{-1}(\alpha)+\widetilde{\Phi}_{ji}^{-1}(1-\alpha)=1,\quad \widetilde{\Phi}_{ii}^{-1}(\alpha)=0.5, & i,j\in N \quad (13\text{-}15\text{-}3)\\
\widetilde{\Phi}_{ij}^{-1}(\alpha)+0.5=\widetilde{\Phi}_{ik}^{-1}(\alpha)+\widetilde{\Phi}_{kj}^{-1}(\alpha), & i<k<j;\ i,k,j\in N \quad (13\text{-}15\text{-}4)\\
0\leqslant\alpha\leqslant 1,\quad \xi_{ij}\geqslant 0, & i,j\in N \quad (13\text{-}15\text{-}5)
\end{cases}
\tag{13-15}
$$

约束(13-15-1)将 ξ_{ij} 定义为 $\tilde{R}$ 与 R_c 上限、下限距离的绝对值之和，代表 $\tilde{R}$ 对 R_c 的改变幅度，在目标函数中使这一改变幅度最小化。约束(13-15-2)说明 $\tilde{r}_{ij}$、r_{ij}^c 均服从线性不确定分布，约束(13-15-3)为 $\tilde{R}$ 满足线性不确定判断矩阵的定义约束，而约束(13-15-4)为 $\tilde{R}$ 需满足加性一致性的约束，约束(13-15-5)为 α 、 ξ_{ij} 的范围约束。

(2) 当 $\tilde{R}$ 需满足乘性一致性时，根据定义 11-4，令 $\tilde{a}_{ij}\sim\mathcal{L}\left(\tilde{a}_{ij}^{-},\tilde{a}_{ij}^{+}\right)$，$\widetilde{\Psi}_{ij}$ 为 $\tilde{a}_{ij}$ 的分布函数，$\tilde{a}_{ij}^{-}=\log\dfrac{\tilde{r}_{ij}^{-}}{1-\tilde{r}_{ij}^{-}}$，$\tilde{a}_{ij}^{+}=\log\dfrac{\tilde{r}_{ij}^{+}}{1-\tilde{r}_{ij}^{+}}$。可构建以下模型求解 $\tilde{R}$：

$$
\min\sum_{i,j\in N}\xi_{ij}
$$

$$
\text{s.t.}\begin{cases}
\xi_{ij}=\left|\tilde{r}_{ij}^{-}-r_{ij}^{c-}\right|+\left|\tilde{r}_{ij}^{+}-r_{ij}^{c+}\right|, & i,j\in N \quad (13\text{-}16\text{-}1)\\
\tilde{r}_{ij}\sim\mathcal{L}\left(\tilde{r}_{ij}^{-},\tilde{r}_{ij}^{+}\right),\quad r_{ij}^{c}\sim\mathcal{L}\left(r_{ij}^{c-},r_{ij}^{c+}\right), & i,j\in N \quad (13\text{-}16\text{-}2)\\
\widetilde{\Phi}_{ij}^{-1}(\alpha)+\widetilde{\Phi}_{ji}^{-1}(1-\alpha)=1,\quad \widetilde{\Phi}_{ii}^{-1}(\alpha)=0.5, & i,j\in N \quad (13\text{-}16\text{-}3)\\
\widetilde{\Psi}_{ij}^{-1}(\alpha)+0.5=\widetilde{\Psi}_{ik}^{-1}(\alpha)+\widetilde{\Psi}_{kj}^{-1}(\alpha), & i<k<j;\ i,k,j\in N \quad (13\text{-}16\text{-}4)\\
0\leqslant\alpha\leqslant 1,\quad \xi_{ij}\geqslant 0, & i,j\in N \quad (13\text{-}16\text{-}5)
\end{cases}
$$

(13-16)

其中，约束(13-16-4)为 $\tilde{R}$ 需满足乘性一致性的约束，其余约束的解释与模型(13-15)的解释一致。

步骤 4：获取线性不确定判断矩阵的排序向量。在得到满足加性一致性或乘性一致性的线性不确定判断矩阵 $\tilde{R}$ 后，根据 13.3 节和 13.4 节构建的模型求解线性不确定判断矩阵 $\tilde{R}$ 的排序向量。当排序向量 $\omega=(\omega_1,\omega_2,\cdots,\omega_n)^{\mathrm{T}}$ 要求为干脆数时，采用模型(13-6)和模型(13-11)分别求解加性一致性和乘性一致性下的线性不确定判断矩阵 $\tilde{R}$ 的排序向量。当排序向量 $\omega=(\omega_1,\omega_2,\cdots,\omega_n)^{\mathrm{T}}$ 要求为服从线性不确定分布的区间时，采用模型(13-9)和模型(13-14)分别求解加性一致性和乘性一致性下的线性不确定判断矩阵 $\tilde{R}$ 的排序向量。

步骤 5：权重结果排序。当权重结果为干脆数时，直接比较大小即可，而当权重结果为服从线性不确定分布的区间时，则需要采用不确定理论中关于区间数大小比较的方法进行比较排序。

定义 13-3 (Liu，2015)　对于区间数 $[a_1,b_1]$、$[a_2,b_2]$ 有

$$
M\{[a_1,b_1]\leqslant[a_2,b_2]\}=\begin{cases}
0, & a_1>b_2\\
\dfrac{b_2-a_1}{b_1-a_1+b_2-a_2}, & \text{其他}\\
1, & a_2>b_1
\end{cases}
\tag{13-17}
$$

其中，$M\{[a_1,b_1]\leqslant[a_2,b_2]\}$ 表示 $[a_1,b_1]\leqslant[a_2,b_2]$ 的测度，同时可得 $M\{[a_1,b_1]\geqslant[a_2,b_2]\}=1-M\{[a_1,b_1]\leqslant[a_2,b_2]\}$。基于此，决策者可以对区间权重进行比较，进而对决策中的决策方案进行排序。

群体决策中线性不确定判断矩阵的权重获取过程如图 13-1 所示。

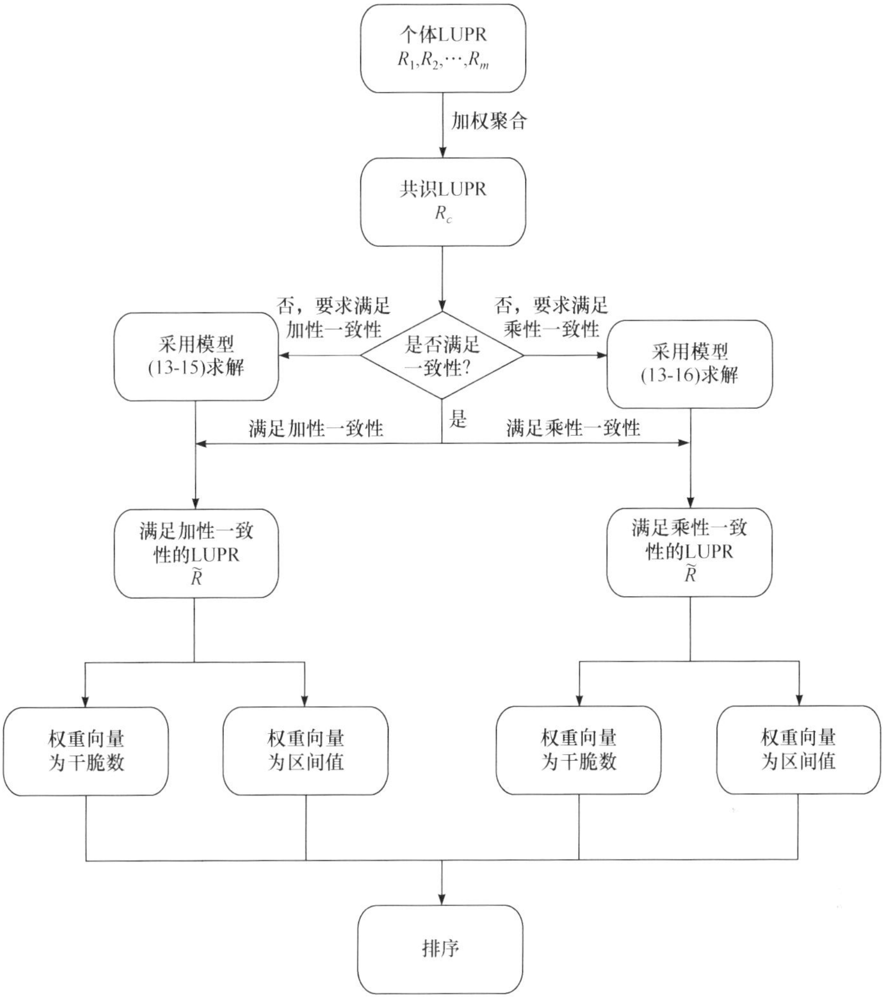

图 13-1　群体决策中线性不确定判断矩阵的权重获取过程

13.5 案 例 分 析

近十年来，随着中国互联网技术的不断发展，随之而来的是各类“互联网+”项目的不断崛起，其中最为成功的便是各类网上购物平台，如淘宝、天猫、京东、苏宁易购等。根据中国互联网络信息中心(CNNIC)在京发布第 46 次《中国互联网络发展状况统计报告》，截至 2020 年 6 月，中国网络购物用户规模达 7.49 亿，较 2020 年 3 月增长 3912 万，占网民整体的 79.7%，表明网络购物在中国已非常普遍。面对各类网上购物平台，如何选择成为人们需要考虑的问题，而各类不确定因素也会影响人们对不同购物平台的判断，如产品价格、产品质量、快递送达时间、服务水平等。本节假设 3 类人群(每类人群的数量相等，分别记为 d_1 、d_2 、d_3)对 4 个不同网上购物平台(分别记为 x_1、x_2、x_3、x_4)做出评估排序，每类人群内的个体对 4 个不同网上购物平台进行比较评估后给出各自的线性不确定判断矩阵，群体内的线性不确定判断矩阵经加权聚合后得到线性不确定判断矩阵 R_1、R_2、R_3 。基于此，下面通过本章构建的模型(13-6)、(13-9)、(13-11)、(13-14)，分别求解出加性一致性和乘性一致性下的线性不确定判断矩阵的排序向量，对 4 个不同网上购物平台进行排序评估。R_1、R_2、R_3 分别如下：

$$R_1=\left(r_{ij}^{1-},r_{ij}^{1+}\right)_{4\times4}=\begin{pmatrix}(0.5,0.5) & (0.6,0.8) & (0.2,0.6) & (0.3,0.5)\\(0.2,0.4) & (0.5,0.5) & (0.8,0.9) & (0.4,0.7)\\(0.4,0.8) & (0.1,0.2) & (0.5,0.5) & (0.5,0.6)\\(0.5,0.7) & (0.3,0.6) & (0.4,0.5) & (0.5,0.5)\end{pmatrix}$$

$$R_2=\left(r_{ij}^{2-},r_{ij}^{2+}\right)_{4\times4}=\begin{pmatrix}(0.5,0.5) & (0.3,0.4) & (0.4,0.8) & (0.5,0.8)\\(0.6,0.7) & (0.5,0.5) & (0.7,0.9) & (0.3,0.4)\\(0.2,0.6) & (0.1,0.3) & (0.5,0.5) & (0.5,0.8)\\(0.2,0.5) & (0.6,0.7) & (0.2,0.5) & (0.5,0.5)\end{pmatrix}$$

$$R_3=\left(r_{ij}^{3-},r_{ij}^{3+}\right)_{4\times4}=\begin{pmatrix}(0.5,0.5) & (0.7,0.8) & (0.3,0.5) & (0.4,0.6)\\(0.2,0.3) & (0.5,0.5) & (0.6,0.7) & (0.2,0.3)\\(0.5,0.7) & (0.3,0.4) & (0.5,0.5) & (0.6,0.9)\\(0.4,0.6) & (0.7,0.8) & (0.1,0.4) & (0.5,0.5)\end{pmatrix}$$

其中，$R_t=(r_{ij}^t)_{4\times4}$ ，$t=1,2,3$ ，$i,j=1,2,3,4$ ，$r_{ij}^t\sim\mathcal{L}({r_{ij}}^{t-},{r_{ij}}^{t+})$ ，例如，$r_{12}^1\sim\mathcal{L}(0.6,0.8)$ ，表示 d_1 认为 x_1 优于 x_2 的程度服从区间(0.6, 0.8)内的线性不确定分布。假设这 3 类群体的排序向量 $\lambda=(0.5,0.3,0.2)^{\mathrm{T}}$ ，基于定理 12-2 可以得到

$$R_c=\left(r_{ij}^{c-},r_{ij}^{c+}\right)_{4\times4}=\begin{pmatrix}(0.50,0.50) & (0.53,0.68) & (0.28,0.64) & (0.38,0.61)\\(0.32,0.47) & (0.50,0.50) & (0.73,0.86) & (0.33,0.53)\\(0.36,0.72) & (0.14,0.27) & (0.50,0.50) & (0.52,0.72)\\(0.39,0.62) & (0.47,0.67) & (0.28,0.48) & (0.50,0.50)\end{pmatrix}$$

显而易见，R_c 既不满足加性一致性，也不满足乘性一致性。因此，采用模型(13-15)和(13-16)分别求解满足加性一致性和乘性一致性且与共识线性不确定判断矩阵 R_c 偏差最小的线性不确定判断矩阵 $\tilde{R}$ 。

(1) 若对于任意的 α 均使得 $\tilde{R}$ 满足加性一致性，则可以通过模型(13-15)得到 $\tilde{R}$ ，即

$$\tilde{R}=\left(\tilde{r}_{ij}^{-},\tilde{r}_{ij}^{+}\right)_{4\times4}=\begin{pmatrix}(0.50,0.50) & (0.35,0.63) & (0.36,0.64) & (0.38,0.66)\\(0.37,0.65) & (0.50,0.50) & (0.51,0.51) & (0.53,0.53)\\(0.36,0.64) & (0.49,0.49) & (0.50,0.50) & (0.52,0.52)\\(0.34,0.62) & (0.47,0.47) & (0.48,0.48) & (0.50,0.50)\end{pmatrix}$$

当只要求权重结果为干脆数时，可以采用模型(13-6)进行求解。假设信度$\alpha=0.9$(下同)，则结果为$\omega=(0.2517,0.2583,0.2517,0.2383)^{\mathrm{T}}$。表明$x_2 \succ x_1 = x_3 \succ x_4$，“$\succ$”代表优于。即 4 个网上购物平台的优劣顺序为：$x_2$最佳，$x_1$与$x_3$无差异，$x_4$最差。

当要求权重结果为区间数时，可以采用模型(13-9)进行求解，则结果为$\omega=((0.009,0.4942),(0.1183,0.3983),(0.1117,0.3917),(0.098,0.3783))^{\mathrm{T}}$。基于式(13-17)可以比较各个区间的大小，例如，$M\{(0.009,0.4942)\leqslant(0.1183,0.3983)\}=\dfrac{0.3983-0.009}{0.4942-0.009+0.3983-0.1183}=0.5088$，表明区间$(0.1183,0.3983)$优于区间$(0.009,0.4942)$的测度为 0.5088，说明$x_2$稍微优于$x_1$。类似地，可以求解其他区间的比较结果，最终排序结果如下：$x_2 \succ_{0.5088} x_1 \succ_{0.5} x_3 \succ_{0.5242} x_4$，其中$\succ_{0.5088}$代表在测度 0.5088 下认为$x_2$优于$x_1$。同时可以得到这四个网上购物平台从优到劣的顺序为：x_2最佳，x_1与x_3无差异，x_4最差。这与当权重结果为干脆数时一致，所不同的是，可以通过区间数的比较方法，判断各个网上购物平台的差距，例如，由结果可以直接看出x_1、x_2、x_3这三者的差距不大，但x_4与x_3的差距比x_2与x_1的差距更大，并且能直观地看出差距值，这是当权重结果为干脆数时无法体现的。

为更好地体现不同方法的优缺点，本节采用性质 2-4、定义 13-2、模型(13-6)和模型(13-9)分别求解加性一致性下$\tilde{R}$的排序向量，将所得结果进行对比，结果如表 13-1 所示。

表 13-1　加性一致性下 4 种方法所得权重结果的比较

	根据定义所得排序向量	归一化后所得排序向量	排序结果
性质 2-4	$\omega=((0,0.56),(0.3,0.3),(0.28,0.28),(0.24,0.24))^{\mathrm{T}}$	$\omega=((0,0.5091),(0.2727,0.2727),(0.2545,0.2545),(0.2182,0.2182))^{\mathrm{T}}$	$x_2 \succ_{0.5357} x_1 \succ_{0.5001} x_3 \succ_1 x_4$
定义 13-2	$\omega=((0,0.186),(0.1,0.1),(0.093,0.093),(0.08,0.08))^{\mathrm{T}}$	$\omega=((0,0.5082),(0.2732,0.2732),(0.2541,0.2541),(0.2186,0.2186))^{\mathrm{T}}$	$x_2 \succ_{0.5376} x_1 \succ_{0.5} x_3 \succ_1 x_4$
模型(13-6)	—	$\omega=(0.2517,0.2583,0.2517,0.2383)^{\mathrm{T}}$	$x_2 \succ x_1 = x_3 \succ x_4$
模型(13-9)	—	$\omega=((0.009,0.4942),(0.1183,0.3983),(0.1117,0.3917),(0.098,0.3783))^{\mathrm{T}}$	$x_2 \succ_{0.5088} x_1 \succ_{0.5} x_3 \succ_{0.5242} x_4$

注：“—”代表未涉及。

这 4 种方法更为具体的对比解释如下所示。

定义 13-2 与性质 2-4 的区别为：定义 13-2 是本章在性质 2-4 的基础上改进得来的，由表 13-1 可以看出，在排序结果上，两种方法所得结果非常接近，但通过定义 13-2 得到的结果比通过性质 2-4 得到的结果更为收敛，这样可以避免出现极端值的情况。同时，由于定义方法的合理性，不会存在无解以及解为 0、1 等极端情况。

模型(13-6)与其他 3 种方法的区别为模型(13-6)是本章提出的在求解线性不确定判断矩阵权重时，只要求权重结果为干脆数的方法，因此，与其他 3 种方法比较，该方法所得结果为干脆数，这样便可以直接得到各方案的权重大小，并能够直接进行比较，而且由表 13-1 可以看出，该方法所得排序结果与其他方法是一致的。

模型(13-9)与其他 3 种方法的区别为模型(13-9)是在模型(13-6)的基础上，结合定义 13-2、定理 13-2 得到的，具有定义 13-2 的优点，可用于求解线性不确定判断矩阵的区间排序向量。与性质 2-4、定义 13-2 相比，模型(13-9)不会出现权重区间上下限相等的情况，更能反映出方案的权重波动范围。

(2) 若对于任意的α均使得$\tilde{R}$满足乘性一致性，则可以通过模型(13-16)得到如下结果：

$$\tilde{R}=\left(\tilde{r}_{ij}^{-},\tilde{r}_{ij}^{+}\right)_{4\times4}=\begin{pmatrix}(0.50,0.50) & (0.53,0.63) & (0.36,0.64) & (0.38,0.66)\\(0.37,0.47) & (0.50,0.50) & (0.33,0.51) & (0.35,0.53)\\(0.36,0.64) & (0.49,0.67) & (0.50,0.50) & (0.52,0.52)\\(0.34,0.62) & (0.47,0.65) & (0.48,0.48) & (0.50,0.50)\end{pmatrix}$$

当只要求权重结果为干脆数时，可以采用模型(13-11)进行求解。假设信度$\alpha=0.9$(下同)，则结果为$\omega=(0.2742,0.1985,0.2742,0.2531)^{\mathrm{T}}$，结果表明$x_1=x_3\succ x_4\succ x_2$，“$\succ$”代表优于，即这 4 个网上购物平台的优劣顺序为$x_1$与$x_3$无差别且为最优，其次是$x_4$，最后是$x_2$。

当要求权重结果为区间数时，可以采用模型(13-14)进行求解。结果为$\omega=((0.1615,0.3973),(0.1157,0.2736),(0.1775,0.3696),(0.1564,0.3485))^{\mathrm{T}}$。基于式(13-17)可以比较各个区间的大小，例如，$M\{(0.1775,0.3696)\leqslant(0.1615,0.3973)\}=\dfrac{0.3973-0.1775}{0.3696-0.1775+0.3973-0.1615}=0.5137$，表明区间$(0.1615,0.3973)$优于区间$(0.1775,0.3696)$的测度为 0.5137，说明$x_1$稍微优于$x_3$。类似地，可以求解其他区间的比较结果，最终排序结果如下：$x_1\succ_{0.5137}x_3\succ_{0.5549}x_4\succ_{0.6651}x_2$，其中“$\succ_{0.5137}$”代表在测度 0.5137 下认为$x_1$优于$x_3$。同时可以得到这 4 个网上购物平台的优劣

顺序为：x_1 最好，其次为 x_3 、x_4 ，最后是 x_2 。这与当权重结果为干脆数时基本一致，所不同的是，可以通过区间数的比较方法，判断各个网上购物平台的差距。例如由结果可以直接看出 x_3 和 x_1 的差距不大，x_4 与 x_3 有一段差距，而 x_2 与 x_4 的差距比 x_4 与 x_3 的差距更大。并且能直接看出它们的差距值，更为精确，例如，当采用权重为干脆数时得到 x_1 和 x_3 无差异，而当采用权重为区间数时得到的结果为 x_1 和 x_3 虽然差距很小，但 x_1 仍然以 0.5137 的测度优于 x_3 ，而这种微小的差距往往在权重为干脆数时无法得到。

同样，为更好地体现不同方法的优缺点，本节采用性质 2-3，模型(13-11)和(13-14)分别求解满足乘性一致性的 $\tilde{R}$ 的排序向量，将所得结果进行对比，结果如表 13-2 所示。

表 13-2　乘性一致性下 3 种方法所得权重结果的比较

	根据定义所得排序向量	归一化后所得排序向量	排序结果
性质 2-3	$\omega=((0.61,0.93),(0.54,0.54),(0.52,0.75),(0.69,1))^{\mathrm{T}}$	$\omega=((0.2186,0.3333),(0.1935,0.1935),(0.1864,0.2688),(0.2473,0.3584))^{\mathrm{T}}$	$x_4 \succ_{0.6191} x_1 \succ_{0.7453} x_3 \succ_{0.9138} x_2$
模型(13-11)	—	$\omega=(0.2472,0.1985,0.2742,0.2631)^{\mathrm{T}}$	$x_1=x_3 \succ x_2 \succ x_4$
模型(13-14)	—	$\omega=((0.1615,0.3973),(0.1157,0.2736),(0.1775,0.3696),(0.1564,0.3485))^{\mathrm{T}}$	$x_1 \succ_{0.5137} x_3 \succ_{0.5549} x_4 \succ_{0.6651} x_2$

注：“—”代表未涉及。

由表 13-2 可以看出，通过模型(13-11)和(13-14)两种方法得到的排序结果基本是一样的，而通过性质 2-3 得到的结果与其他方法都不一样，因而性质 2-3 还存在着改进的地方。在结果对比上，模型(13-11)可以方便地进行比较，在权重结果不要求为区间值时可以采用该方法，不会影响最终的排序结果，而模型(13-14)更能体现出区间权重的上下限极值，得出各方案间优先级程度大小。其他关于定义与模型的对比关系在加性一致性下 4 种求解权重方法的对比中已详细介绍，此处不再赘述。

13.6　本 章 小 结

本章将模糊判断矩阵和区间模糊判断矩阵推广至线性不确定判断矩阵，解决了区间模糊判断矩阵未考虑区间分布、区间数据离散化带来的决策失真等问题。首先通过改进一致性下模糊判断矩阵和区间模糊判断矩阵中判断元素与排序向量的关系，弥补了模糊判断矩阵和区间模糊判断矩阵中权重可能存在负值或者无解的缺陷。然后根据线性不确定判断矩阵的加性一致性、乘性一致性关系，分别提出了基于这两类一致性关系下线性不确定判断矩阵权重求解模型和线性不确定判断矩阵群体决策权重求解模型，证明了新的权重求解模型同样适用于模糊判断矩阵和区间模糊判断矩阵的排序向量求解。最后，采用网上购物平台选择的案例说明了线性不确定判断矩阵权重求解模型更具有有效性与合理性。本章的主要贡献如下：①改进了模糊判断矩阵和区间模糊判断矩阵中关于判断元素与排序向量的关系，证明了改进后的定义更合理；②提出了加性一致性和乘性一致性下线性不确定判断矩阵干脆数和区间权重求解模型，证明了该模型同样适用于模糊判断矩阵和区间模糊判断矩阵的排序向量求解；③提出了群体决策中线性不确定判断矩阵的权重获取算法。

第 14 章　最大信度加性一致性判断矩阵

前文研究了不确定判断矩阵及其一致性性质。本章探讨如何构造加性一致性不确定判断矩阵；在距离偏差一定的前提下，如何构造最大信度的加性一致性不确定判断矩阵(构造的加性一致性不确定判断矩阵的可信度有多大)？需要说明的是，第 14～16 章的内容前后关联性较大。

14.1　不确定判断矩阵及加性一致性

定义 11-1 给出了不确定判断矩阵、线性不确定判断矩阵及加性一致性的定义，本章有必要重述这个定义。

定义 14-1 (Gong et al.，2020) (不确定判断矩阵)　令 $\overline{R}=(\overline{r_{ij}})_{n\times n}$ 是一个非负矩阵，其中 $\overline{r_{ij}}$ 是不确定变量，Φ_{ij} 是其不确定分布函数，而 Φ_{ij}^{-1} 是相应的逆不确定性分布函数。对于任何信度 $\alpha(0\leqslant\alpha\leqslant1)$，有

$$\Phi_{ii}^{-1}(\alpha)=0.5,\quad \Phi_{ij}^{-1}(\alpha)+\Phi_{ji}^{-1}(1-\alpha)=1,\quad i,j\in N\ (\text{全局互补})$$

则称 $\overline{R}$ 为不确定判断矩阵。若 $\overline{r_{ij}}$ 服从线性不确定分布，则矩阵 $\overline{R}=(\overline{r_{ij}})_{n\times n}$ 称为线性不确定判断矩阵。

在不确定判断矩阵中，判断元素 $\overline{r_{ij}}$ 用来表示方案 x_i 优于方案 x_j 的程度。$\Phi_{ij}^{-1}(\alpha)=0.5$ 表示方案 x_i 和方案 x_j 之间没有区别，$\Phi_{ij}^{-1}(\alpha)>0.5$ 表示方案 x_i 优于方案 x_j，$\Phi_{ij}^{-1}(\alpha)<0.5$ 表示方案 x_j 优于方案 x_i。例如，如果 $\overline{r_{ij}}$ 服从均匀的线性不确定分布，即 $\overline{r_{ij}}\sim\mathcal{L}(r_{ij}^{l},r_{ij}^{r})$，$\overline{r_{ji}}\sim\mathcal{L}(1-r_{ij}^{r},1-r_{ij}^{l})$。那么根据互补性

$$(1-\alpha)r_{ij}^{l}+\alpha r_{ij}^{r}+\alpha(1-r_{ij}^{r})+(1-\alpha)(1-r_{ij}^{l})=1$$

矩阵 $\overline{R}=(\overline{r_{ij}})_{n\times n}$ 称为线性不确定判断矩阵。当 $\alpha=0$ 时，$r_{ij}^{l}+(1-r_{ij}^{l})=1$；当 $\alpha=1$ 时，$r_{ij}^{r}+(1-r_{ij}^{r})=1$；当 α 在区间 $[0,1]$ 内移动时，每个 $\Phi_{ij}^{-1}(\alpha)$ 对应于区间中的值，从而为区间提供了分布特征。

定义 14-2 (Gong et al.，2020) (加性一致性)　对于任何置信度 $\alpha(0\leqslant\alpha\leqslant1)$，若不确定的判断矩阵 $\overline{R}=(\overline{r_{ij}})_{n\times n}$ 满足：

$$\Phi_{ik}^{-1}(\alpha)+\Phi_{kj}^{-1}(\alpha)=\Phi_{ij}^{-1}(\alpha)+0.5,\quad i<k<j \tag{14-1}$$

那么 $\bar{R}$ 称为具有加性一致性的不确定判断矩阵。

14.2　不确定判断矩阵与一致性矩阵偏差

14.2.1　不确定判断矩阵之间的偏差

决策者根据备选集 $X=x_1,x_2,\cdots,x_n$ 给出不确定判断矩阵 $\bar{R}=(\bar{r}_{ij})_{n\times n}$，其中，$\bar{r}_{ij}$ 是不确定变量，具有不确定分布函数 Φ_{ij} 和逆不确定分布函数 Φ_{ij}^{-1} 。对于任意 $\beta(\beta\in[0,1])$，都存在 $\Phi_{ij}^{-1}(\beta)+\Phi_{ji}^{-1}(1-\beta)=1$，$\Phi_{ii}^{-1}(\beta)=0.5$ 。

若 $\bar{R}'=(\bar{r}_{ij}')_{n\times n}$ 是具有加性一致性的不确定判断矩阵，其中，$\bar{r}_{ij}'$ 是不确定变量，如果具有不确定分布函数 Φ_{ij}' 以及逆不确定分布函数 $\Phi_{ij}'^{-1}$，那么对于任意 $\alpha\in[0,1]$，有 $\Phi_{ij}'^{-1}(\alpha)=\sum\limits_{k=1,k\neq i,j}^{n}\left[\dfrac{\Phi_{ik}^{-1}(\alpha)+\Phi_{kj}^{-1}(\alpha)}{n-2}\right]-0.5$ 。通过比较 $\bar{R}$ 中每个不确定变量 $\bar{r}_{ij}$ 与 $\bar{R}'$ 中每个不确定变量 $\bar{r}_{ij}'$ 的偏差，可以确定 $\bar{R}$ 的加性一致性程度。因此，可以使用偏好矩阵 $\bar{R}$ 与其一致性矩阵 $\bar{R}'$ 之间的偏差来衡量加性一致性程度。在不确定性理论中，偏好矩阵与其一致性矩阵之间的偏差定义如下。

定义 14-3 (不确定变量之间的距离)　不确定变量 ξ 和 η 之间的距离可以定义为

$$d(\xi,\eta)=E\big[|\xi-\eta|\big] \tag{14-2}$$

也就是说，ξ 和 η 之间的距离只是 $|\xi-\eta|$ 的期望值。由于 $|\xi-\eta|$ 是非负不确定变量，因此有

$$d(\xi,\eta)=\int_0^{+\infty}M\{|\xi-\eta|\geqslant x\}\mathrm{d}x \tag{14-3}$$

定理 14-1 (线性不确定变量之间的距离)　令 ξ 和 η 都是不确定变量，且相互独立，分别具有均匀的线性不确定分布函数 Φ 和 Ψ 。那么 ξ 和 η 之间的距离为

$$d(\xi,\eta)=\int_0^1|\gamma^{-1}(\alpha)|\mathrm{d}\alpha \tag{14-4}$$

其中，$\gamma^{-1}(\alpha)$ 是 $|\xi-\eta|$ 逆不确定性分布，且

$$\gamma^{-1}(\alpha)=\Phi^{-1}(\alpha)-\Psi^{-1}(1-\alpha) \tag{14-5}$$

定理 14-2 (偏差性质)　假设 ξ、η、τ 为不确定变量，而 $d(\cdot,\cdot)$ 为距离。有

(1) (非负性) $d(\xi,\eta)\geqslant 0$；

(2) (唯一性) $d(\xi,\eta)=0$ 当且仅当 $\xi=\eta$；

(3) (对称性) $d(\xi,\eta)=d(\eta,\xi)$；

(4) (三角不等式) $d(\xi,\eta)\leqslant 2d(\xi,\tau)+2d(\eta,\tau)$。

在矩阵 $\bar{R}=(\bar{r}_{ij})_{n\times n}$ 及矩阵 $\bar{R}'=(\bar{r}_{ij}')_{n\times n}$ 中，不确定变量 $\bar{r}_{ij}$ 和 $\bar{r}_{ij}'$ 的距离偏差定义为

$$(\bar{r}_{ij},\bar{r}_{ij}')=\int_0^1\left|\Phi_{ij}^{-1}(\alpha)-\Phi_{ij}'^{-1}(1-\alpha)\right|\mathrm{d}\alpha,\quad i,j\in N \tag{14-6}$$

推论 14-1　矩阵 $\bar{R}=(\bar{r}_{ij})_{n\times n}$ 及 $\bar{R}'=(\bar{r}_{ij}')_{n\times n}$ 对称位置对应的距离相等。

证明

$$\begin{aligned}\Phi_{ij}^{-1}(\alpha)-\Phi_{ij}'^{-1}(1-\alpha)&=1-\Phi_{ji}^{-1}(1-\alpha)-\left(1-\Phi_{ji}'^{-1}(\alpha)\right)\\&=\Phi_{ji}^{-1}(\alpha)-\Phi_{ji}^{-1}(1-\alpha)\\&\Rightarrow d(\bar{r}_{ij},\bar{r}_{ij}')=d(\bar{r}_{ij}',\bar{r}_{ji})=d(\bar{r}_{ji},\bar{r}_{ij}')\end{aligned} \tag{14-7}$$

14.2.2　一致性指数

定义 14-4 (不确定判断矩阵的加性一致性指数)　令 $\bar{R}=(\bar{r}_{ij})_{n\times n}$ 为不确定判断矩阵，$\bar{R}'=(\bar{r}_{ij}')_{n\times n}$ 是具有加性一致性的不确定判断矩阵，可以得到 $\bar{R}$ 的加性一致性指数定义为

$$\mathrm{ACI}(\bar{R})=1-\frac{1}{n(n-1)}\sum_{i,j=1}^{n}d(\bar{r}_{ij},\bar{r}_{ij}') \tag{14-8}$$

$\mathrm{ACI}(\bar{R})$ 的值越大，个体不确定判断矩阵的一致性越高。当且仅当 $d(\bar{r}_{ij},\bar{r}_{ij}')=0$、$\mathrm{ACI}(\bar{R})=1$ 时，这意味着不确定判断矩阵 $\bar{R}$ 是完全加性一致的。

14.3　既定偏差下最大信度加性一致性判断矩阵的构建

本节我们希望讨论，在偏差确定的情况下，不确定判断矩阵的加性一致性判断矩阵的最大信度是有多大？换言之，在偏差确定的情况下，如何获得一个可信度最大的加性一致性判断矩阵？

令 $\bar{R}'=(\bar{r}_{ij}')_{n\times n}$ 为具有加性一致性不确定判断矩阵，在信度 α 下，不确定判断矩阵 $\bar{R}=(\bar{r}_{ij})_{n\times n}$ 与加性一致性不确定判断矩阵 $\bar{R}'=(\bar{r}_{ij}')_{n\times n}$ 之间的偏差不超过阈值。我们希望信度越大越好，具有偏差约束的最大信度模型构造如下：

$$\max \alpha$$
$$\text{s.t.}\begin{cases} M\{|\overline{r}_{ij}-\overline{r}_{ij}'|<\varepsilon_{ij}\}\geqslant\alpha & (14\text{-}9\text{-}1)\\ \varPhi_{ij}^{-1}(\alpha)+\varPhi_{ji}^{-1}(1-\alpha)=1, \qquad \varPhi_{ii}^{-1}(\alpha)=0.5 & (14\text{-}9\text{-}2)\\ \varPhi_{ik}^{-1}(\alpha)+\varPhi_{kj}^{-1}(\alpha)=\varPhi_{ij}^{-1}(\alpha)+0.5, \quad i<k<j & (14\text{-}9\text{-}3)\\ 0\leqslant\alpha\leqslant 1 & (14\text{-}9\text{-}4)\end{cases} \tag{14-9}$$

其中，α 表示信度；约束 $M\{|\overline{r}_{ij}-\overline{r}_{ij}'|<\varepsilon_{ij}\}\geqslant\alpha$ 表示判断矩阵和一致性判断矩阵之间的偏差小于既定偏差这一事件成立的信度为 α；约束 $\overline{r}_{ij}'=\dfrac{1}{n-2}\sum\limits_{k=1,k\neq i,j}^{n}(\overline{r}_{ik}+\overline{r}_{kj}-0.5)$ 表示采用取均值法确定 $\overline{r}_{ij}$，目标函数为求最大信度 α。

推论 14-2 带有绝对值的非线性约束(14-9-1)可以转换为如下约束：

$$\begin{cases} M\{\overline{r}_{ij}-\overline{r}_{ij}'<\varepsilon_{ij}\}\geqslant\alpha & (14\text{-}10\text{-}1)\\ M\{\overline{r}_{ij}-\overline{r}_{ij}'>-\varepsilon_{ij}\}\geqslant\alpha & (14\text{-}10\text{-}2)\end{cases} \tag{14-10}$$

其中，ε_{ij} 为偏差值(确定值)。

令 γ 为变量 $\overline{r}_{ij}-\overline{r}_{ij}'$ 的联合分布，那么约束(14-10-1)等价于约束(14-11)。

证明

$$\begin{aligned} & M\{\overline{r}_{ij}-\overline{r}_{ij}'<\varepsilon_{ij}\}\geqslant\alpha\\ & \Rightarrow\gamma(\varepsilon_{ij})\geqslant\alpha\\ & \Rightarrow\varepsilon_{ij}\geqslant\gamma^{-1}(\alpha)\\ & \Rightarrow\varepsilon_{ij}\geqslant\varPhi_{ij}^{-1}(\alpha)-\varPhi_{ij}'^{-1}(1-\alpha)\end{aligned} \tag{14-11}$$

约束(14-10-2)等价于约束(14-12)。

证明

$$\begin{aligned} & M\{\overline{r}_{ij}-\overline{r}_{ij}'>-\varepsilon_{ij}\}\geqslant\alpha\\ & \Rightarrow 1-M\{\overline{r}_{ij}-\overline{r}_{ij}'\leqslant-\varepsilon_{ij}\}\geqslant\alpha\\ & \Rightarrow 1-\gamma(-\varepsilon_{ij})\geqslant\alpha\\ & \Rightarrow\gamma(-\varepsilon_{ij})\leqslant 1-\alpha\\ & \Rightarrow-\varepsilon_{ij}\leqslant\gamma^{-1}(1-\alpha)\\ & \Rightarrow-\varepsilon_{ij}\leqslant\varPhi_{ij}^{-1}(1-\alpha)-\varPhi_{ij}'^{-1}(\alpha)\end{aligned} \tag{14-12}$$

推论 14-3 不确定规划模型(14-9)等价于如下非线性模型：

$$\max\ \alpha$$

$$\text{s.t.}\begin{cases}\varepsilon_{ij} \geqslant \Phi_{ij}^{-1}(\alpha) - \Phi_{ij}'^{-1}(1-\alpha) & \text{(14-13-1)}\\ -\varepsilon_{ij} \leqslant \Phi_{ij}^{-1}(1-\alpha) - \Phi_{ij}'^{-1}(\alpha) & \text{(14-13-2)}\\ \Phi_{ij}'^{-1}(\alpha) + \Phi_{ji}'^{-1}(1-\alpha) = 1, \quad \Phi_{ii}'^{-1}(\alpha) = 0.5 & \text{(14-13-3)}\\ \Phi_{ik}'^{-1}(\alpha) + \Phi_{kj}'^{-1}(\alpha) = \Phi_{ij}'^{-1}(\alpha) + 0.5, \quad i<k<j & \text{(14-13-4)}\\ \varepsilon_{ij} \geqslant 0 & \text{(14-13-5)}\\ 0 \leqslant \alpha \leqslant 1 & \text{(14-13-6)}\end{cases} \quad (14\text{-}13)$$

14.4 本 章 小 结

本章在前两章的研究基础上，从决策系统的内部微观角度出发，采用不确定分布整体描述判断矩阵，以判断矩阵作为决策个体表达意见的工具；进而基于不确定理论的判断矩阵，构造不确定判断矩阵加性一致性，计算偏差值，得到个体加性一致性指标。本章还构建了距离偏差一定的最大信度优化模型，获得最大信度加性一致性不确定判断矩阵。

第 15 章　基于不确定理论的社会关系信任测度

第 14 章从决策系统的内部微观角度，以偏好关系作为决策个体表达意见的工具，研究个体加性一致性指标。本章从决策系统的外部宏观角度出发，以决策者交互为重点，对决策系统中个体间的信任关系进行研究。

15.1　信任表征与信度

15.1.1　信任关系表示

在社会网络中，实体节点之间存在着直接或者间接的信任关系(推荐信任关系)，呈现主观不确定性，难以精确定量。不确定分布主要用来测度由主观决策引起的不确定性，可实现对节点间信任关系的有效度量。基于不确定分布的信任关系测度，是社会网络信任建模中的关键问题，本节定义节点间直接信任、推荐信任及其重心期望；通过引入不确定理论，利用不确定分布变量表征信任关系，根据数学期望和重心坐标表征信任度。

1) 直接信任

Sherchan 等(2013)认为，信任是基于主体的经验对主体的特定行为的主观潜在期望，并且随着主体行为的变化而不断地被修改。信任度分为多个等级，可以用置信度进行测度。通常情况下，可按等级来划分信任程度，或将信任度描绘成一系列模糊数。Dasgupta(2000)考虑到信任与人们的交往活动密切相关，信任通常是受多种因素影响的一种主观倾向和欲望，并且往往没有足够的客观依据。因此，信任可以理解为在不确定的情况下对未来的一种预期和把握。基于社会网络中信任存在特有的不确定性，本节采用不确定分布度量节点间的直接信任程度。例如，在图 15-1 所示的社会网络链中，节点 A 对节点 B 的直接信任程度用 ξ 表示，但在现实生活中，信任受许多因素影响，并且通常具有不确定的特征，因此直接信任以不确定分布 ξ 的形式进行衡量。若假设 $\xi \sim L(0.5,0.9)$，则表示节点 A 对节点 B 的直接信任程度服从参数为 $(0.5,0.9)$ 的线性不确定分布。

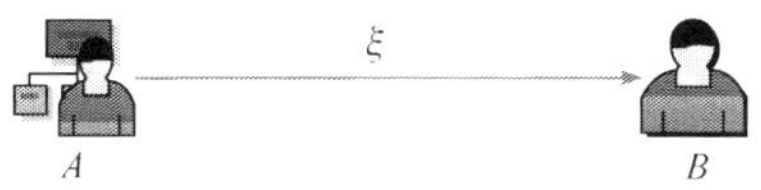

图 15-1　社会网络链

2) 推荐信任

信任网络的一个重要特征是信任的可传递性，它描述了信任在不同决策主体之间传递的过程。在现实的信任网络里，决策节点与其他所有决策节点不存在都拥有直接信任关系的可能性，如果是评估陌生实体的信任度，能够借助信任传递推导实体间的推荐信任关系。推荐信任是指两个不相邻的实体不存在直接的交互经验，且借助在两个不相邻的节点之间传递的直接信任链来获得的信任关系。例如，在图 15-2 所示的网络链中，节点 A_1 与节点 A_{n+1} 之间不存在直接信任关系，节点 A_1 节点 A_{n+1} 的推荐信任关系可以通过直接信任链 $A_1, A_2, \cdots, A_{n+1}$ 得到。节点 A_i 对节点 $A_{i+1}(i \in N)$ 的直接信任程度服从线性不确定分布 ξ_i，推荐信任程度用不确定分布 η 表示。通过构建推荐信任与直接信任链的关联关系，可以获取推荐信任分布 $\eta \sim La,b$ 的参数 a、b 及期望值 $E(\eta)=\dfrac{a+b}{2}$ 的范围。

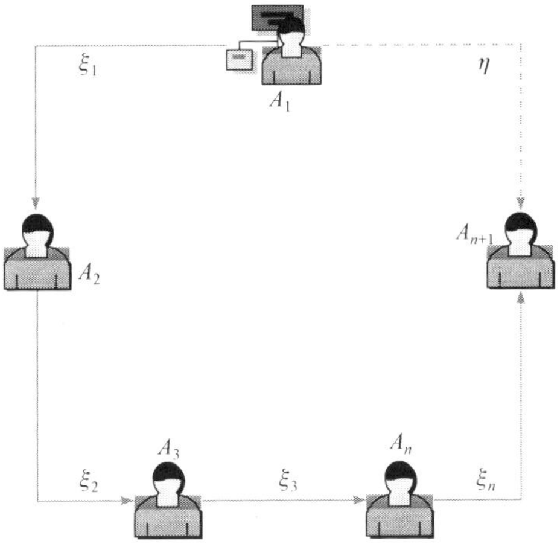

图 15-2　网络链

3) 推荐信任的重心期望

在物理方面，重心是指重量场中的点，对象的所有组成点的重物的结合力都通过该点，而规则且均匀密度的对象的重心是几何中心。本节构建的不确定信任模型可转化为线性规划问题，约束产生的可行域为多边形或多面体，可行解在可行域内取点的可能性均相等，多面体的顶点坐标均值(可行域重心坐标 (a,b))即推荐信任分布的参数值，$E(\eta)=\dfrac{a+b}{2}$ 为推荐信任的重心期望。

15.1.2　信任阈值与信度

1) 信任阈值

当一条具有传递关系信任链上的直接信任分布都不低于某个阈值 c 时，认为这条信任链成立。这个数值 c 定义为信任阈值。当一条信任链上的每一个直接信任分布低于信任阈值 c 时，认为信任程度过低而信任链失效；反之，信任链有效。因此，信任链的阈值是所有信任分布必须满足的最低下限，这个下限可以理解为节点上的所有决策者对信任链成立的一个共识水平。

2) 信度

信度定义为信任链成立的把握度，用 $\alpha(0\leqslant\alpha\leqslant1)$ 表示。显然，信度 α 越大，信任链成立的把握度越高。

15.2　社会关系信任测度

15.2.1　推荐信任建模

在现实情况中，实体没有与其他所有实体都存在直接信任关系的可能性。但在评估陌生实体的信任度时，可以通过探究直接信任 ξ 、推荐信任 η 、信任阈值 c 和信任链成立的信度 α 之间的约束关系，从而建立相应的信任链约束模型。

单信任链传递是指：当信任从决策系统中一个决策节点传递到没有直接关联的另一个决策节点时，只能通过唯一的一条链路才能抵达。在单一的约束链中，存在多个节点，这些节点间直接信任都服从不确定分布形式，表征为 $\xi_1,\xi_2,\cdots,\xi_n$ ；单链上的初始节点到最末节点的推荐信任 η 不能直接得到，假设其服从不确定分布，但具体参数未知；构建单个信任链的信度为 α ，也就是对信任链成立的把握程度为 α ；信任链的信任阈值为 c ，当信任程度低于可控的阈值 c 时，则认为信任程度过低而信任链失效。那么对于未知的间接信任 η ，首先根据推荐信任不超过直接信任的原理，再依据信任度大于阈值 c 构建约束，最后求得节点间推荐信任的期望值 $E(\eta)$ 的范围。基于不确定性理论建立有效的信任链模型如下：

$$
\begin{aligned}
&\min E(\eta)\\
&\text{s.t.}\begin{cases}
M\{|\xi_1\wedge\xi_2\wedge\cdots\wedge\xi_n\geqslant\eta\}\geqslant\alpha & (15\text{-}1\text{-}1)\\
M\{|\eta\geqslant c\}\geqslant\alpha & (15\text{-}1\text{-}2)\\
0\leqslant\alpha\leqslant1 & (15\text{-}1\text{-}3)
\end{cases}
\end{aligned}
\tag{15-1}
$$

定理 15-1　约束(15-1-1)等价于约束：

$$
\Phi_1^{-1}(1-\alpha)\wedge\Phi_2^{-1}(1-\alpha)\wedge\cdots\wedge\Phi_n^{-1}(1-\alpha)-\Phi_\eta^{-1}(1-\alpha)\geqslant0
$$

证明

$$\begin{aligned}
&M\{|\xi_1 \wedge \xi_2 \wedge \cdots \wedge \xi_n \geqslant \eta\} \geqslant \alpha \\
&\Rightarrow 1-M\{|\xi_1 \wedge \xi_2 \wedge \cdots \wedge \xi_n \leqslant \eta\} \geqslant \alpha \\
&\Rightarrow 1-M\{|\xi_1 \wedge \xi_2 \wedge \cdots \wedge \xi_n - \eta \leqslant 0\} \geqslant \alpha \\
&\Rightarrow 1-\Phi(0) \geqslant \alpha \\
&\Rightarrow \Phi(0) \leqslant 1-\alpha \\
&\Rightarrow \Phi^{-1}(1-\alpha) \geqslant 0 \\
&\Rightarrow \Phi_1^{-1}(1-\alpha) \wedge \Phi_2^{-1}(1-\alpha) \wedge \cdots \wedge \Phi_n^{-1}(1-\alpha) - \Phi_\eta^{-1}(1-\alpha) \geqslant 0
\end{aligned} \tag{15-2}$$

定理 15-2　约束(15-1-2)等价于约束 $c \leqslant \Phi_\eta^{-1}(1-\alpha)$ 。

证明

$$\begin{aligned}
&M\{\eta \geqslant c\} \geqslant \alpha \\
&\Rightarrow 1-M\{\eta \leqslant c\} \geqslant \alpha \\
&\Rightarrow M\{\eta \leqslant c\} \geqslant 1-\alpha \\
&\Rightarrow \Phi(c) \leqslant 1-\alpha \\
&\Rightarrow \Phi^{-1}(1-\alpha) \geqslant c \\
&\Rightarrow c \leqslant \Phi_\eta^{-1}(1-\alpha)
\end{aligned} \tag{15-3}$$

推论 15-1　既定阈值和信度下推荐信任模型(15-1)等价于如下非线性规划约束：

$$\min E(h)$$

$$\text{s.t.}\begin{cases}
\Phi_1^{-1}(1-\alpha) \wedge \Phi_2^{-1}(1-\alpha) \wedge \cdots \wedge \Phi_n^{-1}(1-\alpha) - \Phi_\eta^{-1}(1-\alpha) \geqslant 0 & (15\text{-}4\text{-}1) \\
c \leqslant \Phi_\eta^{-1}(1-\alpha) & (15\text{-}4\text{-}2) \\
0 \leqslant \alpha \leqslant 1 & (15\text{-}4\text{-}3)
\end{cases} \tag{15-4}$$

15.2.2　多路径信任聚合

用户受到不同信任传递的链路越多，获得的信任就越客观；仅考虑决策节点所经过的唯一路径会缺失重要信息。此外，在信任传递过程中会存在损耗和衰减，也就是说，信任具有弱传递性。所以，本章既关注多条信任链的作用，又考虑每条传递链条的总长度。

1) 路径长度的加权聚合

传递性是信任关系交互的重要特性。在测度两个无直接联系的决策节点信任关系时，可以通过直接信任来推导间接信任。本节用信任传递中直接信任的个数来表示路径长度。

关于路径长度的权重为 $\omega_i = \dfrac{1}{p_i^\lambda} \bigg/ \sum\limits_{i=1}^{n} \dfrac{1}{p_i^\lambda} (i \in N)$ 。在公式中， p_i 为路径长度；参数 λ 是路径长度惩罚因子，用以约束路径长度。惩罚因子越大，代表对较长路

径的约束越大(徐军，2017)，通常取 $\lambda=1$。路径经过的节点数越多，路径长度越长，则长度权重越小，表明该路径越不可靠。

2) 混合路径长度和信任质量的加权聚合

事实上，仅考虑信任传递路径所经过的长度，很难有说服力，每个决策节点在路径中的信任质量同样不可忽视。运用混合路径长度和信任质量的加权聚合算子，利用路径长度权重和信任质量权重进行聚合，求得在多路径影响下的节点间推荐信任，可弥补此类缺陷。

路径信任质量 $\mathrm{TP}=\frac{1}{t}\sum_{j=1}^{t}\mathrm{TD}^{e^{p_j}}$ (e^{p_j} 为路径 p_j 中除起点和终点外的所有节点，这里的 e 为路径中的决策节点)；路径信任质量权重 $Q_i=\frac{\mathrm{TP}_i}{\sum_{i=1}^{n}\mathrm{TP}_i}$ (n 为路径个数)。信任质量越大，信任质量权重越大，信任质量权重越大表明该路径越可靠。在 n 条路径下，初始节点到最终节点的综合信任度 $\mathrm{TD}_j=\sum_{i=1}^{n}Q_i\cdot\omega_i\cdot n\cdot E(\eta_i)$。

15.2.3 交互网中的综合信任度

在社会网络中，节点的信任度需要在路径中得以实现，找到节点所处的路径和所有对其进行指向的其他节点，就可以得到节点在整个社会网络中的信任度。决策节点的综合信任度为 $\mathrm{TD}^e=\frac{\sum_{i=1}^{m}E(\xi_i)+\sum_{j=1}^{n}\mathrm{TD}_j}{m+n}$ (m、n 分别为指向节点的直接信任和推荐信任的路径个数)。注意，由于起点为决策发起人，无须度量其他节点对起点的信任度。

15.3 本章小结

信任的形成极为主观，过去对信任传递的研究方式无法量化说明这种主观性。信任还取决于个人的主观感知和特定决策场景等因素，导致对个体信任度的评价信息往往具有不确定性。针对信任研究的解决方式，本章提出了一种信任传递模型，将数学和社交网络模型进行结合，首先将主体和主体之间的信任传递关系抽象描述为节点和边缘，进而构建直接信任模型和间接信任模型，其中间接信任模型由两个部分组成，即对单个信任链的信任和多链聚合。在多个信任链中，综合信任指标的复合计算是模型的关键部分，本章分析了各节点在决策系统中的综合信任指标。

第 16 章 不确定判断矩阵的社交网络共识决策

前文已经对基于不确定理论的判断矩阵和社会关系信任测度进行了分析，首先本章分别构造聚合信任指数和一致性指数，获得每个决策者的新权重。其次定义加权群共识矩阵，在此基础上提出考虑不确定判断矩阵的社会网络共识信任决策建模方法。最后提出基于不确定判断矩阵的社交网络决策共识的过程和步骤，并通过算例验证进行分析。

16.1 综合一致性和信任度的共识决策

16.1.1 一致性与信任度聚合

聚合信任指数和一致性指数的专家权重定义如下：

$$w_m = k\mathrm{ACI}_m + (1-k)\mathrm{TD}_m, \quad k \in [0,1] \tag{16-1}$$

其中，ACI_m 表示第 m 个人的加性一致性指数；TD_m 是交互关系中的信任度；k 是调整参数，用以调整交互关系中的个体加性一致性指数和信任度指数。

对专家权重进行标准化和无量纲化，得到标准化的专家权重如下：

$$\bar{w}_m = \frac{w_m}{\sum_{i=1}^{m} w_i} = \frac{k\mathrm{ACI}_m + (1-k)\mathrm{TD}_m}{\sum_{i=1}^{m} k\mathrm{ACI}_i + \sum (1-k)\mathrm{TD}_i}, \quad k \in [0,1], i \in M \tag{16-2}$$

16.1.2 加权群共识矩阵

假设有决策者 $D = d_1, d_2, \cdots, d_m$，方案集 $X = x_1, x_2, \cdots, x_n (n \geqslant 2)$，决策者给出以下判断矩阵 $\bar{R}^1, \bar{R}^2, \cdots, \bar{R}^m$，其中 $\bar{R}^t = \left(\bar{r}_{ij}^t\right)_{n\times n}$ 是第 $t(t \in M)$ 个决策者的不确定判断矩阵，其判断元素 $\bar{r}_{ij}^t$ 满足不确定分布，分别具有不确定分布函数 Φ_{ij}^t 以及不确定分布逆函数 $(\Phi_{ij}^t)^{-1}$。

假定 m 个不确定判断矩阵 $\bar{R}^t$ 的主观权重分别为 $\bar{w}_t$，可得加权群共识不确定判断矩阵 $\bar{R}^c = \left(\bar{r}_{ij}^c\right)_{n\times n}$，其中

$$\bar{r}_{ij}^c = \bar{w}_1 r_{ij}^1 + \bar{w}_2 r_{ij}^2 + \cdots + \bar{w}_m r_{ij}^m \tag{16-3}$$

16.1.3　线性不确定方案排序算子

在加权群共识线性不确定判断矩阵 $\overline{R}^c=\left(\overline{r}_{ij}^c\right)_{n\times n}$ 中，$\overline{r}_{ij}^c$ 是线性不确定变量，根据 13.2 节，加权群共识判断矩阵 $\overline{R}^c=\left(\overline{r}_{ij}^c\right)_{n\times n}$ 的权重最优排序模型为

$$\min\sum_{i,j\in N}\varepsilon_{ij}$$

$$\text{s.t.}\begin{cases}M\{|\overline{r}_{ij}^c-[0.5(\omega_i-\omega_j)+0.5]|\leqslant\varepsilon_{ij}\}\geqslant\alpha & (16\text{-}4\text{-}1)\\ \overline{r}_{ij}^c\sim L\left(r_{ij}^-,r_{ij}^+\right) & (16\text{-}4\text{-}2)\\ \sum_{i=1}^n\omega_i=1,\quad 0\leqslant\omega_i\leqslant 1 & (16\text{-}4\text{-}3)\\ \varepsilon_{ij}\geqslant 0,\qquad 0\leqslant\alpha\leqslant 1 & (16\text{-}4\text{-}4)\end{cases}\tag{16-4}$$

其中，α 表示信度，ε_{ij} 表示偏差值，ω_i、ω_j 表示方案权重，约束 $M\{|\overline{r}_{ij}^c-[0.5(\omega_i-\omega_j)+0.5]|\leqslant\varepsilon_{ij}\}\geqslant\alpha$ 表示判断矩阵和一致性判断矩阵之间的偏差小于阈值这一事件成立的信度为 α，目标函数为 $\sum_{i,j\in N}\varepsilon_{ij}$ 即最小偏差之和。

注：依据第 13 章的一致性理论，约束(16-4-1)应该表述为 $M\left\{|\overline{r}_{ij}^c-\left[\frac{n-1}{2}(\omega_i-\omega_j)+0.5\right]|\leqslant\varepsilon_{ij}\right\}\geqslant\alpha$。本章采用了最简便的公式。

显然，带有绝对值的非线性约束(16-4-1)等价于如下约束：

$$\begin{cases}M\{\overline{r}_{ij}^c-[0.5(\omega_i-\omega_j)+0.5]\leqslant\varepsilon_{ij}\}\geqslant\alpha & (16\text{-}5\text{-}1)\\ M\{\overline{r}_{ij}^c-[0.5(\omega_i-\omega_j)+0.5]\geqslant-\varepsilon_{ij}\}\geqslant\alpha & (16\text{-}5\text{-}2)\end{cases}\tag{16-5}$$

令 $\varUpsilon$ 为事件 $\overline{r}_{ij}^c-[0.5(\omega_i-\omega_j)+0.5]\leqslant\varepsilon_{ij}$ 的联合分布，那么有如下推论。

推论 16-1　不确定约束(16-5)等价于非线性确定性约束如下：

$$\begin{cases}(\varPhi_{ij}^c)^{-1}(\alpha)-[0.5(\omega_i-\omega_j)+0.5]\leqslant\varepsilon_{ij} & (16\text{-}6\text{-}1)\\ (\varPhi_{ij}^c)^{-1}(1-\alpha)-[0.5(\omega_i-\omega_j)+0.5]\geqslant\varepsilon_{ij} & (16\text{-}6\text{-}2)\end{cases}\tag{16-6}$$

证明

$$\begin{aligned}&M\{\overline{r}_{ij}^c-[0.5(\omega_i-\omega_j)+0.5]\leqslant\varepsilon_{ij}\}\geqslant\alpha\\ &\Rightarrow\varUpsilon(\varepsilon_{ij})\geqslant\alpha\\ &\Rightarrow\varepsilon_{ij}\geqslant\varUpsilon^{-1}(\alpha)\\ &\Rightarrow\varepsilon_{ij}\geqslant(\varPhi_{ij}^c)^{-1}(\alpha)-[0.5(\omega_i-\omega_j)+0.5]\end{aligned}$$

$$
\begin{aligned}
&M\{\overline{r}_{ij}^{c}-[0.5(\omega_i-\omega_j)+0.5]\geqslant-\varepsilon_{ij}\}\geqslant\alpha\\
&=1-M\{\overline{r}_{ij}^{c}-[0.5(\omega_i-\omega_j)+0.5]\leqslant-\varepsilon_{ij}\}\geqslant\alpha\\
&\Rightarrow 1-\varUpsilon(-\varepsilon_{ij})\geqslant\alpha\\
&\Rightarrow -\varepsilon_{ij}\leqslant\varUpsilon^{-1}(1-\alpha)\\
&\Rightarrow -\varepsilon_{ij}\leqslant(\varPhi_{ij}^{c})^{-1}(1-\alpha)-[0.5(\omega_i-\omega_j)+0.5]
\end{aligned}
$$

推论 16-2　不确定机会约束规划模型(16-4)等价于线性规划模型：

$$
\min\sum_{i,j\in N}\varepsilon_{ij}
$$

$$
\text{s.t.}\begin{cases}
\varepsilon_{ij}\geqslant(\varPhi_{ij}^{c})^{-1}(\alpha)-[0.5(\omega_i-\omega_j)+0.5] & (16\text{-}7\text{-}1)\\
-\varepsilon_{ij}\leqslant(\varPhi_{ij}^{c})^{-1}(1-\alpha)-[0.5(\omega_i-\omega_j)+0.5] & (16\text{-}7\text{-}2)\\
\sum_{i=1}^{n}\omega_i=1,\quad 0\leqslant\omega_i\leqslant1 & (16\text{-}7\text{-}3)\\
\varepsilon_{ij}\geqslant0,\quad 0\leqslant\alpha\leqslant1 & (16\text{-}7\text{-}4)
\end{cases}\tag{16-7}
$$

模型(16-7)可使用线性规划软件 Lingo 进行求解。

16.2　共识决策算法

本节考虑社会关系和一致性的共识决策算法流程如图 16-1 所示：

(1) 根据社会交互关系构建路径信任约束；

(2) 计算信任的重心期望、路径长度以及决策者的信任质量；

(3) 利用重心期望、长度权重、信任质量权重等求解节点在交互网中的综合信任度；

(4) 确定偏好矩阵的一致性理想矩阵；

(5) 计算偏好矩阵和共识矩阵的一致性理想矩阵之间的偏差；

(6) 代入偏差值计算个体加性一致性指标；

(7) 聚合社会交互信任度指标和加性一致性指标得到专家权重；

(8) 对原始偏好矩阵进行赋权运算，得到加权后的群共识偏好矩阵；

(9) 根据不确定方案排序算子对方案进行排序，得出满意决策方案。

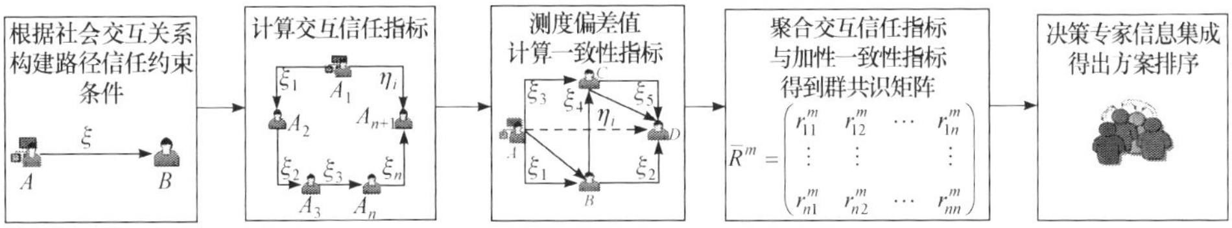

图 16-1　社会关系和一致性的共识决策算法流程图

16.3 算例分析

电子商务平台有助于农村地区的发展、农业现代化和减轻农民的贫困状况，并为解决中国农村发展的深刻问题提供有效的方案。农村扶贫可以借鉴电子商务形成良态新模式。2020 年，商务部专门针对新冠肺炎疫情的背景，提出了为扩大电商扶贫覆盖面，必要时应组织电子商务相关领域专家“送知识”下乡，为基层群众提供政策建议和决策支持，增强群众脱贫的信心。为了贯彻此次战略方针，落实发展我国农村电商“商品化”、“品牌化”、“本土化”策略，决策发起人匿名邀请 4 名扶贫专家从农村电商的发展现状分析，评审选出最适合某重点贫困村的决策方案。社交网络用户之间的信任关系可以理解为社交网络图中节点之间的关系，而一组专家的社交信任关系如图 16-2 所示。在图 16-2 中，4 个节点 A、B、C 和 D 代表社交网络中的 4 位专家。其中，专家 A 是决策发起人，图中显示了决策发起人 A 与决策专家 B、C、D 之间的社交互动信任关系，但 A 和 D 之间没有直接联系。专家 B、C 和 D 针对 4 项扶贫方案分别给出各自的线性不确定判断矩阵 $\bar{R}_1$、$\bar{R}_2$、$\bar{R}_3$。其中以 $\bar{R}_1$ 为例，矩阵中第 1 行第 2 列的数据 $[0.59,0.678]$ 表示该决策者对于方案 1、方案 2 的偏好服从线性不确定分布 $[0.59,0.678]$。

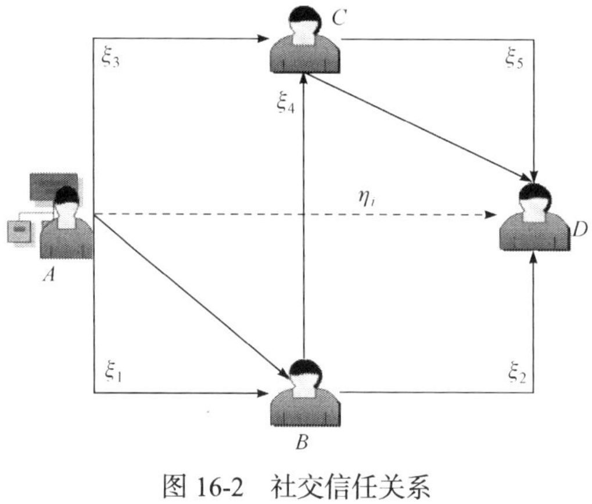

图 16-2　社交信任关系

$$\bar{R}_1=\begin{pmatrix} [0.5,0.5] & [0.59,0.678] & [0.633,0.633] & [0.478,0.643] \\ [0.322,0.41] & [0.5,0.5] & [0.507,0.507] & [0.448,0.54] \\ [0.367,0.367] & [0.493,0.493] & [0.5,0.5] & [0.433,0.458] \\ [0.357,0.522] & [0.46,0.552] & [0.542,0.567] & [0.5,0.5] \end{pmatrix}$$

$$\bar{R}_2=\begin{pmatrix}[0.5,0.5] & [0.649,0.649] & [0.493,0.638] & [0.805,0.805]\\ [0.351,0.351] & [0.5,0.5] & [0.346,0.346] & [0.574,0.71]\\ [0.362,0.507] & [0.654,0.654] & [0.5,0.5] & [0.729,0.738]\\ [0.195,0.195] & [0.29,0.426] & [0.262,0.271] & [0.5,0.5]\end{pmatrix}$$

$$\bar{R}_3=\begin{pmatrix}[0.5,0.5] & [0.207,0.349] & [0.12,0.12] & [0.374,0.374]\\ [0.651,0.793] & [0.5,0.5] & [0.241,0.392] & [0.575,0.575]\\ [0.88,0.88] & [0.608,0.759] & [0.5,0.5] & [0.698,0.7675]\\ [0.626,0.626] & [0.425,0.425] & [0.2325,0.302] & [0.5,0.5]\end{pmatrix}$$

步骤 1：建立基于社会关系交互的信任。

专家之间有 5 个直接信任 ξ_1、ξ_2、ξ_3、ξ_4、ξ_5，并且决策发起人 A 和专家 D 之间没有直接关系，可以通过信任传递获得交互。

从图 16-2 可以看出，从 A 到 D 有 3 条路径。

路径 1：$A\to B\to D$，可以表示为推荐信任 η_1。

路径 2：$A\to B\to C\to D$，可以表示为推荐信任 η_2。

路径 3：$A\to C\to D$，可以表示为推荐信任 η_3。

假设 $\eta_i\sim\mathcal{L}(a_i,b_i)$，其中 a_i、$b_i(i=1,2,3)$ 是未知的，参数假设条件如表 16-1 所示。

表 16-1　参数假设条件

参数	条件	参数	条件	参数	条件
ξ_1	$\xi_1\sim\mathcal{L}(0.7,0.9)$	ξ_4	$\xi_4\sim\mathcal{L}(0.7,1)$	η_1	$\eta_1\sim\mathcal{L}(a_1,b_1)$
ξ_2	$\xi_2\sim\mathcal{L}(0.7,0.8)$	ξ_5	$\xi_5\sim\mathcal{L}(0.8,0.9)$	η_2	$\eta_2\sim\mathcal{L}(a_2,b_2)$
ξ_3	$\xi_3\sim\mathcal{L}(0.8,1)$	α,c	$\alpha=0.8,c=0.7$	η_3	$\eta_3\sim\mathcal{L}(a_3,b_3)$

(1) 推荐信任期望建模。

首先该模型用于在单条路径中找到推荐信任期望的范围，然后使用重心法找到推荐信任的重心期望值。

对于任意信任路径，构造路径信任约束并找到推荐信任的分布参数 a_i、b_i 的范围，分别建模如下：

$$\begin{cases}M\{\xi_1\wedge\xi_2\geqslant\eta_1\}\geqslant\alpha\\ M\{\eta_1\geqslant c\}\geqslant\alpha\end{cases}\tag{16-8}$$

$$\begin{cases} M\{\xi_1 \wedge \xi_4 \wedge \xi_5 \geqslant \eta_2\} \geqslant \alpha \\ M\{\eta_2 \geqslant c\} \geqslant \alpha \end{cases} \tag{16-9}$$

$$\begin{cases} M\{\xi_3 \wedge \xi_5 \geqslant \eta_3\} \geqslant \alpha \\ M\{\eta_3 \geqslant c\} \geqslant \alpha \end{cases} \tag{16-10}$$

不确定约束(16-8)～(16-10)等价于式(16-11)～(16-13)：

$$\begin{cases} \Phi_1^{-1}(1-\alpha) \wedge \Phi_2^{-1}(1-\alpha) \geqslant \Phi_{\eta_1}^{-1}(\alpha) \\ c \leqslant \Phi_{\eta_1}^{-1}(1-\alpha) \end{cases} \tag{16-11}$$

$$\begin{cases} \Phi_1^{-1}(1-\alpha) \wedge \Phi_4^{-1}(1-\alpha) \wedge \Phi_5^{-1}(1-\alpha) \geqslant \Phi_{\eta_2}^{-1}(\alpha) \\ c \leqslant \Phi_{\eta_2}^{-1}(1-\alpha) \end{cases} \tag{16-12}$$

$$\begin{cases} \Phi_3^{-1}(1-\alpha) \wedge \Phi_5^{-1}(1-\alpha) \geqslant \Phi_{\eta_3}^{-1}(\alpha) \\ c \leqslant \Phi_{\eta_3}^{-1}(1-\alpha) \end{cases} \tag{16-13}$$

推荐信任模型(16-11)～(16-13)是线性约束，其可行域是多边形(多面体)(图 16-3～图 16-5)。表 16-2 显示了 3 条路径的重心期望值(表 16-2)。

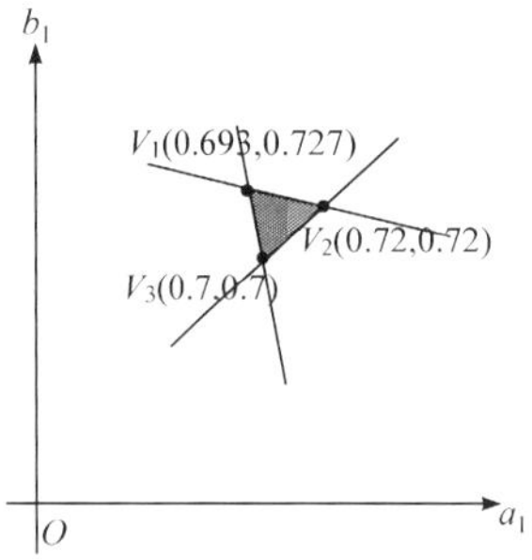

图 16-3　参数 a_1、b_1 可行域

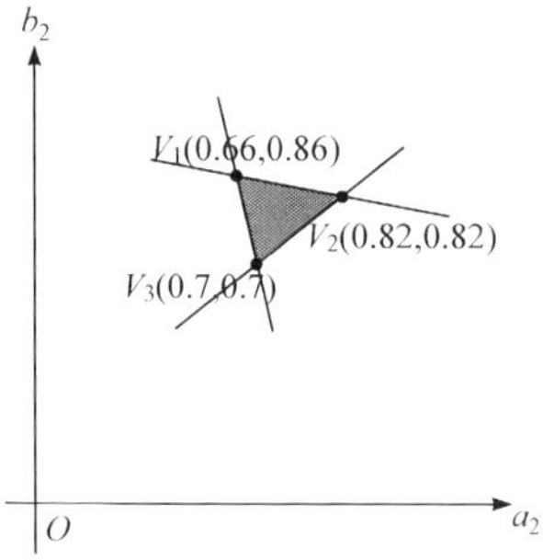

图 16-4　参数 a_2、b_2 可行域

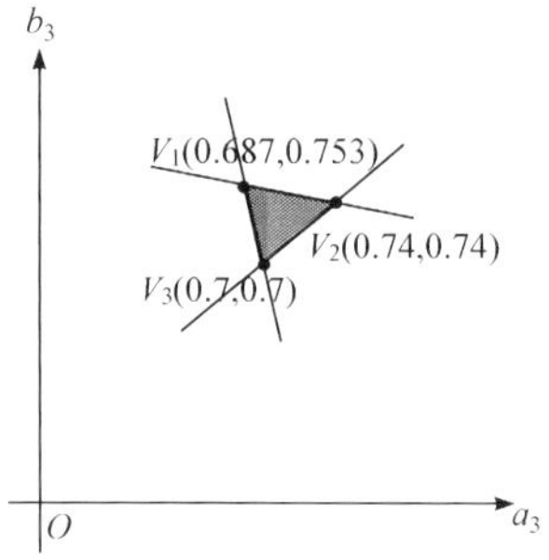

图 16-5　参数 a_3、b_3 可行域

表 16-2　3 条路径的重心期望值

路径	1	2	3
重心期望	0.71	0.72	0.76
路径长度	2	3	2
路径长度权重	0.375	0.25	0.375
信任质量	0.8	0.8375	0.875
信任质量权重	0.318	0.333	0.349

(2) 路径长度和信任质量的权重。

路径长度和信任质量的权重为 $\omega_i = \frac{1}{p_i^\lambda} \Big/ \sum_{i=1}^{n} \frac{1}{p_i^\lambda}$，$p_i$ 代表路径长度。参数 λ 是惩罚因子，用以约束路径长度。路径的约束与惩罚因子成正比，λ 越大，对较长路径的惩罚越大，通常 $\lambda=1$。

(3) 信任聚合。

任意路径的信任质量取决于参与路径交互的节点。所以，信任聚合既要考虑路径长度和信任质量，又要对路径长度权重和信任质量权重进行求和，从而得到多路径下节点之间的间接信任。例如，从 A 到 D 的综合信任度可以计算为 $\sum_{i=1}^{n} Q_i \cdot \omega_i \cdot n \cdot E(\eta_i) = 0.732$。

(4) 交互网综合信任。

在社会网络中，节点的信任度需要在路径中得以实现，找到节点所处的路径和所有对其进行指向的其他节点，就可以得到节点在整个社会网络中的信任度(表 16-3)。

表 16-3　交互网中节点综合信任指标

节点	B	C	D
综合信任度	0.8	0.875	0.777

步骤 2：确定偏好矩阵的一致性理想矩阵。

根据第 14 章不确定判断矩阵的加性一致性矩阵的计算方法，可求得一致性理想矩阵 $\bar{R}_1'$、$\bar{R}_2'$、$\bar{R}_3'$ 分别如下：

$$\bar{R}_1' = \begin{pmatrix} [0.5,0.5] & [0.532,0.6605] & [0.5585,0.6975] & [0.552,0.6545] \\ [0.3395,0.468] & [0.5,0.5] & [0.4725,0.575] & [0.37,0.509] \\ [0.3025,0.4415] & [0.425,0.5275] & [0.5,0.5] & [0.393,0.5215] \\ [0.3455,0.448] & [0.491,0.63] & [0.4785,0.607] & [0.5,0.5] \end{pmatrix}$$

$$\bar{R}_2' = \begin{pmatrix} [0.5,0.5] & [0.621,0.7615] & [0.531,0.5355] & [0.7225,0.8675] \\ [0.2385,0.379] & [0.5,0.5] & [0.34,0.485] & [0.6155,0.62] \\ [0.4645,0.469] & [0.515,0.66] & [0.5,0.5] & [0.6975,0.838] \\ [0.1325,0.2775] & [0.38,0.3845] & [0.162,0.3025] & [0.5,0.5] \end{pmatrix}$$

$$\bar{R}_3' = \begin{pmatrix} [0.5,0.5] & [0.2635,0.339] & [0.02725,0.2085] & [0.3,0.40575] \\ [0.661,0.7365] & [0.5,0.5] & [0.28925,0.395] & [0.482,0.66325] \\ [0.7915,0.9727] & [0.605,0.7107] & [0.5,0.5] & [0.7185,0.794] \\ [0.59425,0.7] & [0.3367,0.518] & [0.206,0.2815] & [0.5,0.5] \end{pmatrix}$$

步骤 3：求解既定偏差下的最大信度及一致性指标。

(1) 既定偏差下的最大信度。

在既定偏差下的最大信度模型(14-13)中，3 名决策者根据 4 种方案给出偏好矩阵，设定既定偏差值为 0.3，则

$$\max \alpha$$

$$\text{s.t.}\begin{cases}\left(\Phi_{ij}^{t}\right)^{-1}(\alpha)+\left(\Phi_{ij}^{t}\right)^{-1}(1-\alpha)\leqslant 0.3\\ \left(\Phi_{ij}^{t}\right)^{-1}(1-\alpha)+\left(\Phi_{ij}^{t}\right)^{-1}(\alpha)\geqslant -0.3\\ \left(\Phi_{ik}^{t}\right)^{-1}(\alpha)+\left(\Phi_{kj}^{t}\right)^{-1}(\alpha)=\left(\Phi_{ij}^{t}\right)^{-1}(\alpha)+0.5\\ \left(\Phi_{ij}^{t}\right)^{-1}(\alpha)+\left(\Phi_{ji}^{t}\right)^{-1}(1-\alpha)=1\\ \left(\Phi_{ii}^{-1}\right)^{t}(\alpha)=0.5\\ 0\leqslant\alpha\leqslant 1,\quad t=1,2,3\end{cases}\tag{16-14}$$

$\overline{R}^{t}=\left(\overline{r}_{ij}^{t}\right)_{n\times n}$ 是第 $t(t=1,2,3)$ 个不确定判断矩阵，其判断元素 $\overline{r}_{ij}^{t}$ 满足不确定分布，Φ_{ij}^{t}、$(\Phi_{ij}^{t})^{-1}$ 分别是第 $t(t=1,2,3)$ 个决策者的不确定分布函数及不确定分布逆函数。

通过 3 个判断矩阵计算所得的最大信度 α 分别为 0.7468、0.9198、0.819。

(2) 一致性指标 ACI。

(3) 第 $t(t=1,2,3)$ 个不确定判断矩阵与其一致性理想矩阵的距离偏差为

$$d_{t}=\sum_{i,j=1,i<j}^{n}d_{t}\left(\overline{r}_{ij},\overline{r}_{ij}'\right)=\sum_{i,j=1,i<j}^{n}\left|\left(\Phi_{ij}^{t}\right)^{-1}(\alpha)-\left(\Phi_{ij}^{t}\right)^{-1}(1-\alpha)\right|,\quad \alpha\in[0,1]\tag{16-15}$$

判断矩阵与其一致性理想矩阵之间的偏差为

$$d_{1}=0.3832,\quad d_{2}=0.4683,\quad d_{3}=0.4479$$

$\overline{R}$ 的个体加性一致性指数定义为

$$\mathrm{ACI}\left(\overline{R}\right)=1-\frac{1}{n(n-1)}\sum_{i,j=1}^{n}d\left(\overline{r}_{ij},\overline{r}_{ij}'\right)\tag{16-16}$$

根据偏好矩阵 $\overline{R}$ 的个体加性一致性指标的定义，3 个专家偏好意见的一致性指标为 $\mathrm{ACI}_{1}=0.968$、$\mathrm{ACI}_{2}=0.961$、$\mathrm{ACI}_{3}=0.963$。

步骤 4：一致性和信任度聚合。

聚合信任度和一致性的专家权重有如下定义：

$$\omega_{m}=k\mathrm{ACI}_{m}+(1-k)\mathrm{TD}_{m},\quad k\in[0,1];m=1,2,3\tag{16-17}$$

其中，ACI 为个体加性一致性指标；TD 为交互关系中信任度指标；k 为调节参数，用以调节个体加性一致性指标和交互关系中的信任度指标。

当调整参数 $k = 0.5$ 时，聚合信任度和一致性的专家权重为 $\omega_1 = 0.884$，$\omega_2 = 0.918$，$\omega_3 = 0.87$。

使用归一化方法聚合的专家权重已标准化且无量纲。新的专家权重为 $\bar{\omega}_1 = 0.331$，$\bar{\omega}_2 = 0.344$，$\bar{\omega}_3 = 0.325$。

步骤 5：加权群共识矩阵。

基于求得的新的专家权重，对原始偏好矩阵进行加权以获得加权群共识偏好矩阵 $\bar{R}_c$ 如下：

$$\bar{R}_c = \begin{pmatrix} [0.5,0.5] & [0.4858,0.561] & [0.4181,0.468] & [0.5567,0.6113] \\ [0.439,0.5142] & [0.5,0.5] & [0.3652,0.4142] & [0.5326,0.6099] \\ [0.532,0.5819] & [0.5858,0.6348] & [0.5,0.5] & [0.6209,0.6549] \\ [0.3887,0.4433] & [0.3901,0.4674] & [0.3451,0.3791] & [0.5,0.5] \end{pmatrix}$$

步骤 6：不确定方案排序。

在不确定方案排序模型(16-8)中，3 名决策者根据 4 种方案给出偏好矩阵，且判断矩阵服从均匀线性不确定分布 $\bar{r}_{ij}^c \sim L(\bar{r}_{ijl}^c, \bar{r}_{iju}^c)$，则

$$\min \sum_{i<j} \varepsilon_{ij}$$
$$\text{s.t.} \begin{cases} (1-\alpha)\bar{r}_{ijl}^c + \alpha \bar{r}_{iju}^c - [0.5(\omega_i - \omega_j) + 0.5] \leqslant \varepsilon_{ij} \\ \alpha \bar{r}_{ijl}^c + (1-\alpha)\bar{r}_{iju}^c - [0.5(\omega_i - \omega_j) + 0.5] \geqslant -\varepsilon_{ij} \\ 0 \leqslant \bar{r}_{ijl}^c, \quad \bar{r}_{iju}^c \leqslant 1 \\ \sum_{i=1}^{n} \omega_i = 1, \quad 0 \leqslant \omega_i \leqslant 1 \\ \varepsilon_{ij} \geqslant 0, \quad 0 \leqslant \alpha \leqslant 1; i = 1,2,3,4; j = 2,3,4; i < j \end{cases} \tag{16-18}$$

计算各方案的权重分别为 $\omega_1 = 0.2752$，$\omega_2 = 0.2284$，$\omega_3 = 0.3891$，$\omega_4 = 0.1072$。通过对各方案权重的比较，可以得出 x_3 是最佳决策方案。

16.4　本章小结

本章提出了综合一致性和信任度的共识决策方法。首先，研究了聚合交互信任指标和加性一致性指标，并获得每个决策者的新权重。然后，提出基于不确定一致性算子的决策方案排序获取方法，通过设置目标规划方法来获得每个决策者的优先级选择向量，并融合成优先级选择向量以对备选方案进行排序。最后，总结解决该群体决策问题的方法步骤，在此基础上提出了考虑不确定判断矩阵的社会网络共识信任决策建模技术，并通过算例进行验证。

第 17 章　案 例 分 析

本章选取前文两类具有代表性特征的异构偏好——随机分布和效用函数，分别对应第 5 章(服从随机分布的多约束成本共识模型)和第 6 章(基于效用函数的直觉模糊偏好关系排序建模)，并将这两类模型应用于城市拆迁问题和全国供应商选择问题。

17.1　城市拆迁问题

17.1.1　背景介绍和建模

在城市搬迁谈判中，不妨定义政府为协调者，城市居民为决策个体。政府需通过谈判，逐个与居民就搬迁补偿数额进行协商，只有当所有居民与政府给出的补偿数额达成一致，并且每位居民感觉期望得到的补偿效用得到最大程度的满足时，才认为群体共识达成。

情形 1：决策个体意见在区间内，不考虑分布；协调者意见服从正态分布。

假设存在 4 位待拆迁居民 d_1、d_2、d_3、d_4，他(她)们给出的期望补偿价格区间为 $o_1 \in [14,37]$，$o_2 \in [22,30]$，$o_3 \in [64,153]$，$o_4 \in [8,61]$。政府的预定补偿价格服从正态分布 $o' \sim N(37,4)$，即政府的期望预定补偿价格在 37 左右，且偏离该期望值的标准差为 2。为了实现最终搬迁共识，政府逐个与 4 位居民展开谈判，花费在每位居民上的单位谈判成本为 $\omega_1 = 1$，$\omega_2 = 2$，$\omega_3 = 3$，$\omega_4 = 1$。给出如下假设：共识达成所耗费费用低于政府预算上限的概率不小于 0.9；所耗费费用高于决策个体补偿下限的概率不小于 0.9；允许决策个体与协调者意见存在偏差，偏差最大值为 10。构建协调者意见为正态分布的最小成本共识模型如下：

$$
\min \beta
$$

$$
\text{s.t.}\begin{cases}
\Pr\left\{\begin{aligned}&1\times\left|(14+23\mu_1)-o'\right|+2\times\left|(22+8\mu_2)-o'\right|+\\&3\times\left|(64+89\mu_3)-o'\right|+1\times\left|(8+53\mu_4)-o'\right|\leqslant\beta\end{aligned}\right\}\geqslant 0.9\\
\Pr\left\{\begin{aligned}&1\times\left|(14+23\mu_1)-o'\right|+2\times\left|(22+8\mu_2)-o'\right|+\\&3\times\left|(64+89\mu_3)-o'\right|+1\times\left|(8+53\mu_4)-o'\right|\geqslant\gamma\end{aligned}\right\}\geqslant 0.9\\
\left|14+13\mu_1-o'\right|\leqslant 10\\
\left|22+8\mu_2-o'\right|\leqslant 10
\end{cases}
$$

$$\begin{cases}|64+89\mu_3-o'|\leqslant 10\\ |8+53\mu_4-o'|\leqslant 10\\ o'\sim N(37,4)\\ 0\leqslant \mu_i\leqslant 1,\quad i=1,2,3,4\end{cases} \tag{17-1}$$

情形 2：决策个体意见服从正态分布；协调者意见在区间内，不考虑分布。

在情形 1 的背景下，假设 4 位待拆迁居民 d_1、d_2、d_3、d_4 期望补偿价格分布为 $x_1\sim N(20,2)$，$x_2\sim N(25,2)$，$x_3\sim N(70,2)$，$x_4\sim N(20,2)$。政府的预定补偿价格区间为 $o'\in[20,50]$。给出如下假设：共识达成所耗费费用低于政府预算上限的概率不小于 0.9；允许决策个体与协调者意见存在偏差，偏差最大值为 15。构建决策个体意见为正态分布的最小费用共识模型如下：

$$\min \beta$$

$$\text{s.t.}\begin{cases}\Pr\left\{\begin{matrix}1\times|(20+30\mu)-x_1|+2\times|(20+30\mu)-x_2|+\\ 3\times|(20+30\mu)-x_3|+1\times|(20+30\mu)-x_4|\leqslant\beta\end{matrix}\right\}\geqslant 0.9\\ \Pr\left\{\begin{matrix}1\times|(20+30\mu)-x_1|+2\times|(20+30\mu)-x_2|+\\ 3\times|(20+30\mu)-x_3|+1\times|(20+30\mu)-x_4|\geqslant\gamma\end{matrix}\right\}\geqslant 0.9\\ |(20+30\mu)-x_1|\leqslant 15\\ |(20+30\mu)-x_2|\leqslant 15\\ |(20+30\mu)-x_3|\leqslant 15\\ |(20+30\mu)-x_4|\leqslant 15\\ x_1\sim N(20,2),\quad x_2\sim N(25,2),\quad x_3\sim N(70,2),\quad x_4\sim N(20,2)\\ 0\leqslant\mu\leqslant 1\end{cases} \tag{17-2}$$

17.1.2　求解分析

采用 5.3 节基于遗传算法的概率规划方法，求得最优解，见表 17-1。

表 17-1　三约束成本共识模型的最优解集表

情形	o_1	o_2	o_3	o_4	o'	$\min\beta$
情形 1	19.0393	22.0024	68.7615	54.1683	—	0.5202
情形 2	—	—	—	—	48.86	14.1383

从表 17-1 可得，在情形 1 下，当 $\beta = 0.5202$ 时，以 90%的概率实现最终搬迁共识，即 90%的把握最终实现共识谈判；在情形 2 下，当 $\beta = 14.1383$ 时，以 90%的概率实现最终搬迁共识，即 90%的把握最终实现共识谈判。

17.1.3 算法分析及其有效性

为了验证所提出算法(基于遗传算法的概率规划)的有效性，本节求解出 Gong 等(2017)的城市拆迁模型，见模型(17-3)：

$$
\begin{aligned}
&\min\ 0.8\times\left|(48+4\mu_1)-(50+15\mu_5)\right|+1.5\times\left|(50+5\mu_2)-(50+15\mu_5)\right| \\
&\qquad +1.2\times\left|(60+5\mu_3)-(50+15\mu_5)\right|+0.9\times\left|(62+5\mu_4)-(50+15\mu_5)\right| \qquad (17\text{-}3) \\
&\text{s.t. } 0\leqslant \mu_i \leqslant 1,\quad i=1,2,3,4,5
\end{aligned}
$$

在 Gong 等(2017)的文献中，求解出的最小谈判预算是 14.7。采用遗传算法，在 200 次迭代后得到的最优结果接近于 Gong 等(2017) 的最优解，验证了算法的可行性和有效性。除了区间值，基于遗传算法的概率规划还可以处理其他服从随机分布的模糊数。

17.2 全球供应商选择问题

17.2.1 背景介绍

在全球化的市场环境下，全球供应商以维系长期业务关系为目的，纷纷采取各种措施提升竞争力，如降低供应链的总成本、降低企业库存、加强企业信息共享、改善企业互动等。因此，建立完善的评价指标进行全球供应商的优选是至关重要的(Xu and Liao，2014)。但是全球供应商的选择是一个复杂的多准则决策问题，其中包括不同的随机或模糊表达方式(包含服从随机分布或者效用函数等)。

假设专家对 4 个候选供应商 s_1、s_2、s_3、s_4 给出的针对 3 大标准(如价格、质量和服务)的直觉模糊偏好意见矩阵如下：

$$
R_1=\begin{pmatrix}
(0.5,0.5,0) & (0.5,0.2,0.3) & (0.7,0.1,0.2) & (0.5,0.3,0.2) \\
(0.2,0.5,0.3) & (0.5,0.5,0) & (0.6,0.2,0.2) & (0.3,0.6,0.1) \\
(0.1,0.7,0.2) & (0.2,0.6,0.2) & (0.5,0.5,0) & (0.3,0.6,0.1) \\
(0.3,0.5,0.2) & (0.6,0.3,0.1) & (0.6,0.3,0.1) & (0.5,0.5,0)
\end{pmatrix}
$$

$$R_2=\begin{pmatrix}(0.5,0.5,0) & (0.6,0.1,0.3) & (0.8,0.2,0) & (0.6,0.3,0.1)\\(0.1,0.6,0.3) & (0.5,0.5,0) & (0.5,0.1,0.4) & (0.3,0.7,0)\\(0.2,0.8,0) & (0.1,0.5,0.4) & (0.5,0.5,0) & (0.4,0.6,0)\\(0.3,0.6,0.1) & (0.7,0.3,0) & (0.6,0.4,0) & (0.5,0.5,0)\end{pmatrix}$$

$$R_3=\begin{pmatrix}(0.5,0.5,0) & (0.6,0.2,0.2) & (0.8,0.1,0.1) & (0.7,0.2,0.1)\\(0.2,0.6,0.2) & (0.5,0.5,0) & (0.6,0.1,0.3) & (0.2,0.7,0.1)\\(0.1,0.8,0.1) & (0.1,0.6,0.3) & (0.5,0.5,0) & (0.2,0.3,0.5)\\(0.2,0.7,0.1) & (0.7,0.2,0.1) & (0.3,0.2,0.5) & (0.5,0.5,0)\end{pmatrix}$$

17.2.2 全球供应商选择建模

以决策者意见满足右偏型抛物线效用函数为例，为了缩小专家的直觉模糊实际判断值与服从乘性一致性理想判断值之间的差距，本节按照 6.2.2 节中的步骤进行优化求解(以 R_1 为例)。

步骤 1：以 R_1 为例，给出反映专家意见的直觉模糊偏好关系矩阵 R_1 。

步骤 2：将 R_1 转化为与之等价的区间模糊偏好关系矩阵，即隶属度区间模糊偏好关系矩阵 A^1 与非隶属度区间模糊偏好关系矩阵 B^1，即

$$A^1=\begin{pmatrix}[0.5,0.5] & [0.5,0.8] & [0.7,0.9] & [0.5,0.7]\\ [0.2,0.5] & [0.5,0.5] & [0.6,0.8] & [0.3,0.4]\\ [0.1,0.3] & [0.2,0.4] & [0.5,0.5] & [0.3,0.4]\\ [0.3,0.5] & [0.6,0.7] & [0.6,0.7] & [0.5,0.5]\end{pmatrix}$$

$$B^1=\begin{pmatrix}[0.5,0.5] & [0.2,0.5] & [0.1,0.3] & [0.3,0.5]\\ [0.5,0.8] & [0.5,0.5] & [0.2,0.4] & [0.6,0.7]\\ [0.7,0.9] & [0.6,0.8] & [0.5,0.5] & [0.6,0.7]\\ [0.5,0.7] & [0.3,0.4] & [0.3,0.4] & [0.5,0.5]\end{pmatrix}$$

步骤 3：确定效用函数。假设接受评估任务的专家满足右偏型抛物线效用函数，即随着对该属性评价的提高，其效用会呈现递增趋势，边际收益提高。

步骤 4：针对隶属度区间偏好关系矩阵 A^1 与非隶属度区间偏好关系矩阵 B^1，分别假设 $\omega^A=(\omega_1^A,\omega_2^A,\omega_3^A,\omega_4^A)^{\mathrm{T}}$ 和 $\omega^B=(\omega_1^B,\omega_2^B,\omega_3^B,\omega_4^B)^{\mathrm{T}}$ 为与之对应的排序权重向量，以最小化实际判断值与服从乘性一致性的理想判断值为目标，分别构建右偏型抛物线效用函数下的直觉模糊偏好关系最优排序模型如表 17-2 所示。

表 17-2　右偏型抛物线效用函数下的直觉模糊偏好关系最优排序模型

隶属度区间模糊偏好最优排序模型	非隶属度区间模糊偏好最优排序模型
$\min W_A^1=\varepsilon_{12}^A+\varepsilon_{13}^A+\varepsilon_{14}^A+\varepsilon_{23}^A+\varepsilon_{24}^A+\varepsilon_{34}^A$ $\text{s.t.}\begin{cases}\left\vert a_{12}^1-\dfrac{\omega_1^A}{\omega_1^A+\omega_2^A}\right\vert\leqslant\varepsilon_{12}^A\\ \left\vert a_{13}^1-\dfrac{\omega_1^A}{\omega_1^A+\omega_3^A}\right\vert\leqslant\varepsilon_{13}^A\\ \left\vert a_{14}^1-\dfrac{\omega_1^A}{\omega_1^A+\omega_4^A}\right\vert\leqslant\varepsilon_{14}^A\\ \left\vert a_{23}^1-\dfrac{\omega_1^A}{\omega_2^A+\omega_3^A}\right\vert\leqslant\varepsilon_{23}^A\\ \left\vert a_{24}^1-\dfrac{\omega_1^A}{\omega_2^A+\omega_4^A}\right\vert\leqslant\varepsilon_{24}^A\\ \left\vert a_{34}^1-\dfrac{\omega_1^A}{\omega_3^A+\omega_4^A}\right\vert\leqslant\varepsilon_{34}^A\\ a_{12}^1=\sqrt{\lambda_A^1}\left(0.5+0.3-0.5\right)+0.5\\ a_{13}^1=\sqrt{\lambda_A^1}\left(0.7+0.2-0.7\right)+0.7\\ a_{14}^1=\sqrt{\lambda_A^1}\left(0.5+0.2-0.5\right)+0.5\\ a_{23}^1=\sqrt{\lambda_A^1}\left(0.6+0.2-0.6\right)+0.6\\ a_{24}^1=\sqrt{\lambda_A^1}\left(0.3+0.1-0.3\right)+0.3\\ a_{34}^1=\sqrt{\lambda_A^1}\left(0.3+0.1-0.3\right)+0.3\\ \omega_1^A+\omega_2^A+\omega_3^A+\omega_4^A=1\\ 0\leqslant\lambda_A^1\leqslant 1\end{cases}$ 模型(17-4)	$\min W_B^1=\varepsilon_{12}^B+\varepsilon_{13}^B+\varepsilon_{14}^B+\varepsilon_{23}^B+\varepsilon_{24}^B+\varepsilon_{34}^B$ $\text{s.t.}\begin{cases}\left\vert b_{12}^1-\dfrac{\omega_1^B}{\omega_1^B+\omega_2^B}\right\vert\leqslant\varepsilon_{12}^B\\ \left\vert b_{13}^1-\dfrac{\omega_1^B}{\omega_1^B+\omega_3^B}\right\vert\leqslant\varepsilon_{13}^B\\ \left\vert b_{14}^1-\dfrac{\omega_1^B}{\omega_1^B+\omega_4^B}\right\vert\leqslant\varepsilon_{14}^B\\ \left\vert b_{23}^1-\dfrac{\omega_1^B}{\omega_2^B+\omega_3^B}\right\vert\leqslant\varepsilon_{23}^B\\ \left\vert b_{24}^1-\dfrac{\omega_1^B}{\omega_2^B+\omega_4^B}\right\vert\leqslant\varepsilon_{24}^B\\ \left\vert b_{34}^1-\dfrac{\omega_1^B}{\omega_3^B+\omega_4^B}\right\vert\leqslant\varepsilon_{34}^B\\ b_{12}^1=\sqrt{\lambda_B^1}\left(0.2+0.3-0.2\right)+0.2\\ b_{13}^1=\sqrt{\lambda_B^1}\left(0.1+0.2-0.1\right)+0.1\\ b_{14}^1=\sqrt{\lambda_B^1}\left(0.3+0.2-0.3\right)+0.3\\ b_{23}^1=\sqrt{\lambda_B^1}\left(0.2+0.2-0.2\right)+0.2\\ b_{24}^1=\sqrt{\lambda_B^1}\left(0.6+0.1-0.6\right)+0.6\\ b_{34}^1=\sqrt{\lambda_B^1}\left(0.6+0.1-0.6\right)+0.6\\ \omega_1^B+\omega_2^B+\omega_3^B+\omega_4^B=1\\ 0\leqslant\lambda_B^1\leqslant 1\end{cases}$ 模型(17-5)

17.2.3　求解分析

求解模型(17-4)和(17-5)，得到专家的 3 个直觉模糊偏好意见矩阵 R_1 、R_2 、R_3 的直觉模糊偏好矩阵排序建模的最优解集，见表 17-3。

表 17-3　与 R_1 、R_2 、R_3 等价的隶属度区间模糊偏好矩阵和非隶属度区间模糊偏好矩阵排序建模的最优解集

R_1	ω_1^A	ω_2^A	ω_3^A	ω_4^A	ε_{12}^A	ε_{13}^A	ε_{14}^A	ε_{23}^A	ε_{24}^A	ε_{34}^A	λ_A^1	W_A^1
	0.3873	0.2308	0.1065	0.2754	0	0	0	0	0.1138	0.0634	0.1779	0.1772
	ω_1^B	ω_2^B	ω_3^B	ω_4^B	ε_{12}^B	ε_{13}^B	ε_{14}^B	ε_{23}^B	ε_{24}^B	ε_{34}^B	λ_B^1	W_B^1
	0.1295	0.2173	0.4711	0.1821	0	0	0	0	0.1138	0.0634	0.3343	0.1772

续表

R_2	ω_1^A	ω_2^A	ω_3^A	ω_4^A	ε_{12}^A	ε_{13}^A	ε_{14}^A	ε_{23}^A	ε_{24}^A	ε_{34}^A	λ_A^2	W_A^2
	0.4426	0.1903	0.1106	0.2565	0	0	0	0	0.1260	0.0986	0.1095	0.2246
	ω_1^B	ω_2^B	ω_3^B	ω_4^B	ε_{12}^B	ε_{13}^B	ε_{14}^B	ε_{23}^B	ε_{24}^B	ε_{34}^B	λ_B^2	W_B^2
	0.1105	0.2569	0.4420	0.1906	0	0	0	0	0.1260	0.0986	0.4476	0.2246
R_3	ω_1^A	ω_2^A	ω_3^A	ω_4^A	ε_{12}^A	ε_{13}^A	ε_{14}^A	ε_{23}^A	ε_{24}^A	ε_{34}^A	λ_A^3	W_A^3
	0.4925	0.2264	0.1000	0.1811	0.0228	0	0	0	0.3244	0	0.0972	0.3472
	ω_1^B	ω_2^B	ω_3^B	ω_4^B	ε_{12}^B	ε_{13}^B	ε_{14}^B	ε_{23}^B	ε_{24}^B	ε_{34}^B	λ_B^3	W_B^3
	0.0924	0.2011	0.4551	0.2514	0.0228	0	0	0	0.3244	0	0.4737	0.3472

分析表 17-3 的结果，可得到以下结论：

(1) $\sqrt{\lambda_A^{1^*}}+\sqrt{\lambda_B^{1^*}}=1$，$\sqrt{\lambda_A^{2^*}}+\sqrt{\lambda_B^{2^*}}=1$ 和 $\sqrt{\lambda_A^{3^*}}+\sqrt{\lambda_B^{3^*}}=1$ 成立，验证了定理 6-1 的正确性。

(2) $W_A^{1^*}=W_B^{1^*}$，$W_A^{2^*}=W_B^{2^*}$ 和 $W_A^{3^*}=W_B^{3^*}$，验证了定理 6-3 的正确性。

(3) $\omega_1^{A^*}>\omega_4^{A^*}>\omega_2^{A^*}>\omega_3^{A^*}$，$\omega_3^{B^*}>\omega_2^{B^*}>\omega_4^{B^*}>\omega_1^{B^*}$；$\omega_1^{A^*}>\omega_4^{A^*}>\omega_2^{A^*}>\omega_3^{A^*}$，$\omega_3^{B^*}>\omega_2^{B^*}>\omega_4^{B^*}>\omega_1^{B^*}$ 和 $\omega_1^{A^*}>\omega_2^{A^*}>\omega_4^{A^*}>\omega_3^{A^*}$，$\omega_3^{B^*}>\omega_4^{B^*}>\omega_2^{B^*}>\omega_1^{B^*}$，验证了定理 6-4 的正确性。

综合分析表 17-3 的结果，专家对标准 1 给出的供应商排序为 $s_1 \succ s_4 \succ s_2 \succ s_3$，专家对标准 2 给出的供应商排序为 $s_1 \succ s_4 \succ s_2 \succ s_3$，专家对标准 3 给出的供应商排序为 $s_1 \succ s_2 \succ s_4 \succ s_3$，虽然 3 个专家给出的排序不尽相同，最优供应商均为是 s_1。

17.3 本 章 小 结

本章分别选取城市拆迁和全球供应商选择两类群体决策问题，分别建模求解。在城市拆迁问题中，基于 Gong 等(2017)的案例背景和数据，本章构建服从随机分布的多约束最小成本模型，并设计基于遗传算法的概率规划进行求解。最终通过最优解比较，证明了所提出算法的可行性和有效性。在全球供应商选择问题中，基于 Liao 等(2016)的案例背景和数据，本章引入右偏型抛物线效用函数，构建基于效用函数的直觉模糊偏好关系最优排序模型。

参 考 文 献

阿马蒂亚・森. 2010. 集体选择与社会福利[M]. 胡毓达, 译. 上海: 上海科学技术出版社.

陈守煜, 王建明, 伏广涛. 2002. 决策信息不完全确知的模糊决策集成模型[J]. 控制与决策, 17(6): 847-851.

龚本刚, 华中生, 檀大水. 2007. 一种语言评价信息不完全的多属性群决策方法[J]. 中国管理科学, 15(1): 88-92.

顾基发. 2001. 意见综合: 怎样达成共识[J]. 系统工程学报, 16(5): 340-348.

郭云南, 张晋华, 黄夏岚. 2015. 社会网络的概念、测度及其影响: 一个文献综述[J]. 浙江社会科学, 2: 122-132.

何亚群, 胡寿松. 2004. 不完全信息的多属性粗糙决策分析方法[J]. 系统工程学报, 19(2) :117-120.

华中生, 屠仁寿. 1994. 有限方案多目标决策模型中模糊知识的处理方法[J]. 管理科学学报, 4(1): 97-103.

柯青松. 2009. 时间压力对偏好反转的影响[J]. 山东理工大学学报(社会科学版), 25(3): 94-97.

肯尼斯・J. 阿罗. 2010. 社会选择与个人价值[M]. 丁建锋, 译. 上海: 上海人民出版社.

郎淳刚, 席酉民, 毕鹏程. 2005. 群体决策过程中的冲突研究[J]. 预测, 24(5): 1-8.

廖貅武, 李垣, 董广茂. 2007. 对方案有偏好的不完全信息下的决策分析模型[J]. 系统工程理论与实践, 16(2): 108-113.

刘宝碇, 赵瑞清. 1998. 随机规划与模糊规划[M]. 北京: 清华大学出版社.

卢曼・尼克拉斯. 2005. 信任: 一个社会复杂性的简化机制[M]. 上海: 上海人民出版社.

乔伊科奇, 王寅初. 1987. 多目标决策分析及其在工程和经济中的应用[M]. 北京: 航空工业出版社.

王健. 2004. 新凯恩斯主义经济学[M]. 北京: 经济日报出版社.

王文平. 1996. 不完全信息下的多目标优化方法研究[J]. 系统工程学报, 11(2): 1-6.

徐军. 2017. 不确定性理论的信任建模研究综述[J]. 小型微型计算机系统, 38(1): 99-106.

徐晓霞. 2016. 基于效用偏好的群体共识建模及其应用研究[D]. 南京: 南京信息工程大学.

张凤华. 2009. 不同模糊程度下模糊决策的决策偏好[J]. 心理学探新, 29(6): 51-55.

张维迎. 2004. 博弈论与信息经济学[M]. 上海:上海人民出版社.

周盛. 2014. 参与式政策制定的偏好分歧与共识形成机制: 基于行为实验与社会调查的研究[D]. 杭州: 浙江大学.

朱佳俊, 郑建国. 2009. 群决策理论、方法及其应用研究的综述与展望[J]. 管理学报, 6(8): 1131-1136.

Alonso S, Herrera-Viedma E, Chiclana F, et al. 2010. A Web based consensus support system for group decision making problems and incomplete preferences[J]. Information Sciences, 180(23): 4477-4495.

Aouni B, Abdelaziz F B, Martel J. 2005. Decision-maker's preferences modeling in the stochastic goal programming[J]. European Journal of Operational Research, 162(3): 610-618.

Arrow K J. 1963. Social Choice and Individual Values[M]. New York: Wiley.

Ashcraft R. 1998. Mill and the Moral Character of Liberalism (John Stuart Mill and the Theoretical Foundations of Democratic Socialism) [M]. Pennsylvania: Penn State University Press.

Atanassov K T. 1999. Other Extensions of Intuitionistic Fuzzy Sets[M]. Heidelberg: Physica-Verlag.

Avineri S. 1968. The Social and Political Thought of Karl Marx[M]. Cambridge: Cambridge University Press.

Bao C B, Wu D S, Li J P. 2019. A knowledge-based risk measure from the fuzzy multicriteria decision-making perspective[J]. IEEE Transactions on Fuzzy Systems, 27(5): 1126-1138.

Barbera S. 1977. The manipulation of social choice mechanisms that do not leave "too much" to chance[J]. Econometrica, 45(7): 1573.

Barnes J A. 1954. Class and committees in a Norwegian island parish[J]. Human Relations, 7(1): 39-58.

Bateman C R, Fraedrich J P, Iyer R. 2002. Framing effects within the ethical decision making process of consumers[J]. Journal of Business Ethics, 36(1-2): 119-140.

Beccacece F, Borgonovo E. 2011. Functional ANOVA, ultramodularity and monotonicity: Applications in multiattribute utility theory[J]. European Journal of Operational Research, 210(2): 326-335.

Bellman R E, Zadeh L A. 1970. Decision-making in a fuzzy environment[J]. Management Science, 17(4): B-141-B-164.

Ben-Arieh D, Easton T. 2007. Multi-criteria group consensus under linear cost opinion elasticity[J]. Decision Support Systems, 43(3): 713-721.

Ben-Arieh D, Easton T, Evans B. 2009. Minimum cost consensus with quadratic cost functions[J]. IEEE Transactions on Systems, Man, and Cybernetics—Part A: Systems and Humans, 39(1): 210-217.

Bentham J. 1948. An Introduction to the Principles of Morals and Legislation[M]. Oxford: Blackwell.

Bernheim B D. 1994. A theory of conformity[J]. Journal of Political Economy, 102(5): 841-877.

Bernoulli D. 1954. Exposition of a new theory on the measurement of risk[J]. Econometrica, 22(1): 23.

Bodily S E. 1979. Note—A delegation process for combining individual utility functions[J]. Management Science, 25(10): 1035-1041.

Borch K. 1968. Decision rules depending on the probability of ruin[J]. Oxford Economic Papers, 20(1): 1-10.

Bordley R F, Kirkwood C W. 2004. Multiattribute preference analysis with performance targets[J]. Operations Research, 52(6): 823-835.

Bressen T. 2007. The change handbook: The definitive resource on today's best methods for engaging whole systems (2nd edition)[J]. Personnel Psychology, 60(3): 771-773.

Burt R S. 2009. Structural Holes: The Social Structure of Competition[M]. Cambridge: Harvard University Press.

Capuano N, Chiclana F, Fujita H, et al. 2018. Fuzzy group decision making with incomplete information guided by social influence[J]. IEEE Transactions on Fuzzy Systems, 26(3): 1704-1718.

Castagnoli E, LiCalzi M. 1996. Expected utility without utility[J]. Theory and Decision, 41(3): 281-301.

Chang C T. 2007a. Binary behavior of fuzzy programming with piecewise linear membership functions[J]. IEEE Transactions on Fuzzy Systems, 15(3): 342-349.

Chang C T. 2007b. Binary fuzzy goal programming[J]. European Journal of Operational Research, 180(1): 29-37.

Chang C T. 2007c. Multi-choice goal programming[J]. Omega, 35(4): 389-396.

Chang C T. 2010. An approximation approach for representing S-shaped membership functions[J]. IEEE Transactions on Fuzzy Systems, 18(2): 412-424.

Chang C T. 2011. Multi-choice goal programming with utility functions[J]. European Journal of Operational Research, 215(2): 439-445.

Chang C T, Lin T C. 2009. Interval goal programming for S-shaped penalty function[J]. European Journal of Operational Research, 199(1): 9-20.

Charnes A. 1952. Optimality and degeneracy in linear programming[J]. Econometrica, 20(2): 160.

Charnes A, Cooper W W. 1959. Chance-constrained programming[J]. Management Science, 6(1): 73-79.

Chatterjee K, Samuelson W. 1983. Bargaining under incomplete information[J]. Operations Research, 31(5): 835-851.

Chen Y J, Chien C F. 2018. An empirical study of demand forecasting of non-volatile memory for smart production of semiconductor manufacturing[J]. International Journal of Production Research, 56(13): 4629-4643.

Chen S M, Cheng S H, Lin T E. 2015. Group decision making systems using group recommendations based on interval fuzzy preference relations and consistency matrices[J]. Information Sciences, 298: 555-567.

Chen M Z, Wang S G, Wang P P, et al. 2016. A new equivalent transformation for interval inequality constraints of interval linear programming[J]. Fuzzy Optimization and Decision Making, 15(2): 155-175.

Chien C F, Dou R L, Fu W H. 2018. Strategic capacity planning for smart production: Decision modeling under demand uncertainty[J]. Applied Soft Computing, 68: 900-909.

Coleman J S. 1994. Foundations of Social Theory[M]. Cambridge: Harvard University Press.

Collard D, Gambetta D. 1989. Trust: Making and breaking cooperative relations[J]. The Economic Journal, 99(394): 201.

Dasgupta P. 2000. Trust as a commodity[J]. Trust: Making and Breaking Cooperative Relations, 4: 49-72.

Degroot M H. 1974. Reaching a consensus[J]. Journal of the American Statistical Association, 69(345): 118-121.

Deng S G, Huang L T, Xu G D. 2014. Social network-based service recommendation with trust

enhancement[J]. Expert Systems with Applications, 41(18): 8075-8084.
Dong Y C, Li C C, Chiclana F, et al. 2016. Average-case consistency measurement and analysis of interval-valued reciprocal preference relations[J]. Knowledge-Based Systems, 114: 108-117.
Dong Y C, Ding Z G, Martínez L, et al. 2017. Managing consensus based on leadership in opinion dynamics[J]. Information Sciences, 397-398: 187-205.
Dorri Nogoorani S, Jalili R. 2016. TIRIAC: A trust-driven risk-aware access control framework for grid environments[J]. Future Generation Computer Systems, 55: 238-254.
Durbach I. 2009. On the estimation of a satisficing model of choice using stochastic multicriteria acceptability analysis[J]. Omega, 37(3): 497-509.
Dyer J S, Sarin R K. 1979. Group preference aggregation rules based on strength of preference[J]. Management Science, 25(9): 822-832.
Elsner L, van den Driessche P. 2010. Max-algebra and pairwise comparison matrices, II[J]. Linear Algebra and Its Applications, 432(4): 927-935.
Feng B, Lai F J. 2014. Multi-attribute group decision making with aspirations: A case study[J]. Omega, 44: 136-147.
Fishburn P C. 1965. Analysis of decisions with incomplete knowledge of probabilities[J]. Operations Research, 13(2): 217-237.
Fishburn P C. 1982. Nontransitive measurable utility[J]. Journal of Mathematical Psychology, 26(1): 31-67.
Fishburn P C. 1991. Nontransitive preferences in decision theory[J]. Journal of Risk and Uncertainty, 4(2): 113-134.
French J R. 1956. A formal theory of social power[J]. Psychological Review, 63(3): 181-194.
Friedkin N E, Johnsen E C. 1990. Social influence and opinions[J]. The Journal of Mathematical Sociology, 15(3-4): 193-206.
Gambetta D. 2000. Can we trust trust[J]. Trust: Making and Breaking Cooperative Relations, 13: 213-237.
Genç S, Boran F E, Akay D, et al. 2010. Interval multiplicative transitivity for consistency, missing values and priority weights of interval fuzzy preference relations[J]. Information Sciences, 180(24): 4877-4891.
Ghavipour M, Meybodi M R. 2018. Trust propagation algorithm based on learning automata for inferring local trust in online social networks[J]. Knowledge-Based Systems, 143: 307-316.
Golob T F, Beckmann M J. 1971. A utility model for travel forecasting[J]. Transportation Science, 5(1): 79-90.
Gong Z W, Li L S, Zhou F X, et al. 2009. Goal programming approaches to obtain the priority vectors from the intuitionistic fuzzy preference relations[J]. Computers & Industrial Engineering, 57(4): 1187-1193.
Gong Z W, Xu X X, Li L S, et al. 2015a. Consensus modeling with nonlinear utility and cost constraints: A case study[J]. Knowledge-Based Systems, 88: 210-222.
Gong Z W, Xu X X, Lu F L, et al. 2015b. On consensus models with utility preferences and limited budget[J]. Applied Soft Computing, 35: 840-849.

Gong Z W, Zhang H H, Forrest J, et al. 2015c. Two consensus models based on the minimum cost and maximum return regarding either all individuals or one individual[J]. European Journal of Operational Research, 240(1): 183-192.

Gong Z W, Xu C, Chiclana F, et al. 2017. Consensus measure with multi-stage fluctuation utility based on China's urban demolition negotiation[J]. Group Decision and Negotiation, 26(2): 379-407.

Gong Z W, Guo W W, Herrera-Viedma E, et al. 2020. Consistency and consensus modeling of linear uncertain preference relations[J]. European Journal of Operational Research, 283(1): 290-307.

González-Pachón J, Romero C. 2016. Bentham, Marx and Rawls ethical principles: In search for a compromise[J]. Omega, 62: 47-51.

Granovetter M S. 1973. The strength of weak ties[J]. American Journal of Sociology, 78(6): 1360-1380.

Hannan E L. 1981. Linear programming with multiple fuzzy goals[J]. Fuzzy Sets and Systems, 6(3): 235-248.

Harary F.1959. A Criterion for Unanimity in French's Theory of Social Power[M]//Cartwright D. Studies in Social Power. Oxford: University of Michigan: 168-182.

Harbaugh W T, Krause K, Vesterlund L. 2002. Risk attitudes of children and adults: Choices over small and large probability gains and losses[J]. Experimental Economics, 5(1): 53-84.

Harkins S G. 1987. Social loafing and social facilitation[J]. Journal of Experimental Social Psychology, 23(1): 1-18.

Harsanyi J C. 1967. Games with incomplete information played by "Bayesian" players, I–III part I. The basic model[J]. Management Science, 14(3): 159-182.

Hartnett T. 2011. Consensus-oriented decision-making: The CODM model for facilitating groups to widespread Agreement[J]. Choice Reviews Online, 49(4): 49-2369-49-2369.

Hartnett T. [2021-2-10]. The basics of consensus decision making[EB/OL]. http://www.groupfacilitation.net/Articles%20for%20Facilitators/The%20Basics%20of%20Consensus%20Decision%20Making.pdf.

Herrera F, Martinez L. 2001. The 2-tuple linguistic computational model: Advantages of its linguistic description, accuracy and consistency[J]. International Journal of Uncertainty, Fuzziness and Knowledge-Based Systems, 9(supp01): 33-48.

Herrera-Viedma E, Alonso S, Chiclana F, et al. 2007. A consensus model for group decision making with incomplete fuzzy preference relations[J]. IEEE Transactions on Fuzzy Systems, 15(5): 863-877.

Ho H P, Chang C T, Ku C Y. 2015. House selection via the Internet by considering homebuyers' risk attitudes with S-shaped utility functions[J]. European Journal of Operational Research, 241(1): 188-201.

Holland J H. 1992. Adaptation in Natural and Artificial Systems: An Introductory Analysis with Applications to Biology, Control, and Artificial Intelligence[M]. Cambridge: MIT Press.

Hong L J, Yang Y, Zhang L W. 2011. Sequential convex approximations to joint chance constrained programs: A Monte Carlo approach[J]. Operations Research, 59(3): 617-630.

Hovanov N V, Kolari J W, Sokolov M V. 2008. Deriving weights from general pairwise comparison matrices[J]. Mathematical Social Sciences, 55(2): 205-220.

Hsee C K, Zhang J, Chen J. 2004. Internal and substantive inconsistencies in decision making[J]. Blackwell Handbook of Judgment and Decision Making: 360-378.

Hurwicz L. 1960. Optimality and Informational Efficiency in Resource Allocation Processes[M]. Cambridge: Cambridge University Press.

Hurwicz L. 1972. On Informationally Decentralized Systems[M]. Amsterdam: North-Holland Press.

Hwang C L, Lin M J. 2012. Group Decision Making under Multiple Criteria: Methods and Applications[M]. Berlin: Springer Science & Business Media.

Jaewoo S. 2013. Joint utility function-based scheduling for two-way communication services in wireless networks[J]. International Journal of Electronics and Communications, 67(9): 787-792.

Jin F F, Ni Z W, Chen H Y, et al. 2016. Approaches to decision making with linguistic preference relations based on additive consistency[J]. Applied Soft Computing, 49: 71-80.

Jung E J, Kim J H. 2012. Optimal investment strategies for the HARA utility under the constant elasticity of variance model[J]. Insurance: Mathematics and Economics, 51(3): 667-673.

Kahneman D, Tversky A. 1979. On the interpretation of intuitive probability: A reply to Jonathan Cohen[J]. Cognition, 7(4): 409-411.

Kahneman D, Tversky A. 2000. Choices, Values, and Frames[M]. Cambridge: Cambridge University Press.

Kahneman D, Knetsch J L, Thaler R H. 1986. Fairness and the assumptions of economics[J]. The Journal of Business, 59(S4): S285.

Kamis N H, Chiclana F, Levesley J. 2018. Preference similarity network structural equivalence clustering based consensus group decision making model[J]. Applied Soft Computing, 67: 706-720.

Khalid A, Beg I. 2016. Incomplete interval valued fuzzy preference relations[J]. Information Sciences, 348: 15-24.

Kim S H, Ahn B S. 1999. Interactive group decision making procedure under incomplete information [J]. European Journal of Operational Research, 116(3): 498-507.

Kim S H, Han C H. 1999. An interactive procedure for multi-attribute group decision making with incomplete information[J]. Computers & Operations Research, 26(8): 755-772.

Krejčí J. 2017a. On additive consistency of interval fuzzy preference relations[J]. Computers & Industrial Engineering, 107: 128-140.

Krejčí J. 2017b. On multiplicative consistency of interval and fuzzy reciprocal preference relations[J]. Computers & Industrial Engineering, 111: 67-78.

Lai Y J, Hwang C L. 1994. Fuzzy Multiple Objective Decision Making[M]. Berlin: Springer.

Latané B, Williams K, Harkins S. 1979. Many hands make light the work: The causes and consequences of social loafing[J]. Journal of Personality and Social Psychology, 37(6): 822-832.

Lauriola M, Russo P M, Lucidi F, et al. 2005. The role of personality in positively and negatively framed risky health decisions[J]. Personality and Individual Differences, 38(1): 45-59.

Lee C Y, Liang C L. 2018. Manufacturer's printing forecast, reprinting decision, and contract design

in the educational publishing industry[J]. Computers & Industrial Engineering, 125: 678-687.
Li C C, Dong Y C, Herrera F, et al. 2017. Personalized individual semantics in computing with words for supporting linguistic group decision making. An application on consensus reaching[J]. Information Fusion, 33: 29-40.
Li C C, Rodríguez R M, Martínez L, et al. 2018a. Consistency of hesitant fuzzy linguistic preference relations: An interval consistency index[J]. Information Sciences, 432: 347-361.
Li H, Zhang B, Peng J. 2018b. On the matching number of An uncertain graph[J]. Iranian Journal of Fuzzy Systems, 15(2): 89-108.
Li C C, Dong Y C, Xu Y J, et al. 2019. An overview on managing additive consistency of reciprocal preference relations for consistency-driven decision making and fusion: Taxonomy and future directions[J]. Information Fusion, 52: 143-156.
Liang Q, Liao X W, Liu J P. 2017. A social ties-based approach for group decision-making problems with incomplete additive preference relations[J]. Knowledge-Based Systems, 119: 68-86.
Liao H C, Xu Z S, Zeng X J, et al. 2016. An enhanced consensus reaching process in group decision making with intuitionistic fuzzy preference relations[J]. Information Sciences, 329: 274-286.
Lin N, Ensel W M, Vaughn J C. 1981. Social resources and the strength of weak ties structural factors in occupational status attainment[J]. American Sociological Review, 46(4): 393-405.
Lio W, Liu B D. 2018a. Residual and confidence interval for uncertain regression model with imprecise observations[J]. Journal of Intelligent & Fuzzy Systems, 35(2): 2573-2583.
Lio W, Liu B D. 2018b. Uncertain data envelopment analysis with imprecisely observed inputs and outputs[J]. Fuzzy Optimization and Decision Making, 17(3): 357-373.
Liu B D. 2009a. Some research problems in uncertainty theory[J]. Journal of Uncertain Systems, 3(1): 3-10.
Liu B D. 2009b. Uncertainty Theory[M]. Beijing: Uncertainty Theory Laboratory.
Liu B D. 2010. Uncertainty Theory—A Branch of Mathematics for Modeling Human Uncertainty [M]. Berlin: Springer.
Liu B D. 2015. Uncertainty Theory[M]. Berlin: Springer.
Liu B D. 2018. Totally ordered uncertain sets[J]. Fuzzy Optimization and Decision Making, 17(1): 1-11.
Liu B D. 2019. Uncertain urn problems and Ellsberg experiment[J]. Soft Computing, 23(15): 6579-6584.
Liu B D, Yao K. 2015. Uncertain multilevel programming: Algorithm and applications[J]. Computers & Industrial Engineering, 89: 235-240.
Liu F, Zhang W G, Wang Z X. 2012. A goal programming model for incomplete interval multiplicative preference relations and its application in group decision-making[J]. European Journal of Operational Research, 218(3): 747-754.
Liu F, Zhang W G, Zhang L H. 2014a. Consistency analysis of triangular fuzzy reciprocal preference relations[J]. European Journal of Operational Research, 235(3): 718-726.
Liu G C, Yang Q, Wang H G, et al. 2014b. Assessment of multi-hop interpersonal trust in social networks by Three-Valued Subjective Logic[C]. IEEE Conference on Computer Communications:

1698-1706.

Liu F, Peng Y N, Yu Q, et al. 2018. A decision-making model based on interval additive reciprocal matrices with additive approximation-consistency[J]. Information Sciences, 422: 161-176.

Maali Y, Mahdavi-Amiri N. 2014. A triangular type-2 multi-objective linear programming model and a solution strategy[J]. Information Sciences, 279: 816-826.

Manser M, Brown M. 1980. Marriage and household decision-making: A bargaining analysis[J]. International Economic Review, 21(1): 31.

Martel J M, Aouni B. 1990. Incorporating the decision-maker's preferences in the goal-programming model[J]. Journal of the Operational Research Society, 41(12): 1121-1132.

Martel J M, Aouni B. 1996. Incorporating the decision-maker's preferences in the goal programming model with fuzzy goal values: A new formulation[J]. Multi-Objective Programming and Goal Programming. DOI:10.1007/978-3-642-87561-8_17.

Matsatsinis N F, Samaras A P. 2001. MCDA and preference disaggregation in group decision support systems[J]. European Journal of Operational Research, 130(2): 414-429.

Meng F Y, An Q X. 2017. A new approach for group decision making method with hesitant fuzzy preference relations[J]. Knowledge-Based Systems, 127: 1-15.

Meng F Y, Tan C Q, Chen X H. 2017. Multiplicative consistency analysis for interval fuzzy preference relations: A comparative study[J]. Omega, 68: 17-38.

Meng F Y, Tang J, Fujita H. 2019. Consistency-based algorithms for decision-making with interval fuzzy preference relations[J]. IEEE Transactions on Fuzzy Systems, 27(10): 2052-2066.

Mill J S. 1869. On Liberty[M]. London: Longmans, Green, Reader, and Dyer.

Mitchell J C. 1969. The Concept and Use of Social Networks[M]. Manchester: Manchester University Press.

Morgensterm O, Neumann J V. 1953. Theory of Games and Economic Behavior[M]. Princeton: Princeton University Press.

Mousset C. 2009. Families of relations modelling preferences under incomplete information[J]. European Journal of Operational Research, 192(2): 538-548.

Ni Y D. 2017. Sequential seeding to optimize influence diffusion in a social network[J]. Applied Soft Computing, 56: 730-737.

Ni Y D, Xie L, Liu Z Q. 2010. Minimizing the expected complete influence time of a social network[J]. Information Sciences, 180(13): 2514-2527.

Park K S, Lee K S, Eum Y S, et al. 2001. Extended methods for identifying dominance and potential optimality in multicriteria analysis with imprecise information[J]. European Journal of Operational Research, 134(3): 557-563.

Peidro D, Vasant P. 2011. Transportation planning with modified S-curve membership functions using an interactive fuzzy multi-objective approach[J]. Applied Soft Computing, 11(2): 2656-2663.

Peláez J I, Martínez E A, Vargas L G. 2019. Decision making in social media with consistent data[J]. Knowledge-Based Systems, 172: 33-41.

Pliskin J S, Shepard D S, Weinstein M C. 1980. Utility functions for life years and health status[J]. Operations Research, 28(1): 206-224.

Putnam R D, Leonardi R, Nanetti R Y. 1994. Making Democracy Work[M]. Princeton: Princeton University Press.

Raj E D, Babu L D D. 2017. An enhanced trust prediction strategy for online social networks using probabilistic reputation features[J]. Neurocomputing, 219: 412-421.

Ramanathan R, Ganesh L S. 1994. Group preference aggregation methods employed in AHP: An evaluation and an intrinsic process for deriving members' weightages[J]. European Journal of Operational Research, 79(2): 249-265.

Rawls J. 1973. A Theory of Justice[M]. Oxford: Oxford University Press.

Romero C. 2004. A general structure of achievement function for a goal programming model[J]. European Journal of Operational Research, 153(3): 675-686.

Saaty T L. 1978. Modeling unstructured decision problems—The theory of analytical hierarchies[J]. Mathematics and Computers in Simulation, 20(3): 147-158.

Sherchan W, Nepal S, Paris C. 2013. A survey of trust in social networks[J]. ACM Computing Surveys, 45(4): 1-33.

Simon H A. 1977. The New Science of Management Decision[M]. Upper Saddle River: Prentice Hall.

Susskind L. 1999. A Short Guide to Consensus Building[M]. London: SAGE Publications.

Tang J, Meng F Y. 2018. Ranking objects from group decision making with interval-valued hesitant fuzzy preference relations in view of additive consistency and consensus[J]. Knowledge-Based Systems, 162: 46-61.

Tanino T. 1984. Fuzzy preference orderings in group decision making[J]. Fuzzy Sets and Systems, 12(2): 117-131.

Teacy W T L, Luck M, Rogers A, et al. 2012. An efficient and versatile approach to trust and reputation using hierarchical Bayesian modelling[J]. Artificial Intelligence, 193: 149-185.

Thaler R H. 1980. Toward a positive theory of consumer choice[J]. Journal of Economic Behavior & Organization, 1(1): 39-60.

Thaler R H, Shefrin H M. 1981. An economic theory of self-control[J]. Journal of Political Economy, 89(2): 392-406.

Torra V. 2010. Hesitant fuzzy sets[J]. International Journal of Intelligent Systems, 25(6): 529-539.

Tsetlin I, Winkler R L. 2007. Decision making with multiattribute performance targets: The impact of changes in performance and target distributions[J]. Operations Research, 55(2): 226-233.

Tversky A, Kahneman D. 1992. Advances in prospect theory: Cumulative representation of uncertainty[J]. Journal of Risk and Uncertainty, 5(4): 297-323.

Ureña R, Chiclana F, Morente-Molinera J A, et al. 2015. Managing incomplete preference relations in decision making: A review and future trends[J]. Information Sciences, 302: 14-32.

Ureña R, Chiclana F, Melançon G, et al. 2019. A social network based approach for consensus achievement in multiperson decision making[J]. Information Fusion, 47: 72-87.

Wan S P, Wang F, Dong J Y. 2017. Additive consistent interval-valued Atanassov intuitionistic fuzzy preference relation and likelihood comparison algorithm based group decision making[J]. European Journal of Operational Research, 263(2): 571-582.

Wan S P, Wang F, Dong J Y. 2018. A group decision-making method considering both the group consensus and multiplicative consistency of interval-valued intuitionistic fuzzy preference relations[J]. Information Sciences, 466: 109-128.

Wang Z J. 2018. A goal programming approach to deriving interval weights in analytic form from interval fuzzy preference relations based on multiplicative consistency[J]. Information Sciences, 462: 160-181.

Wang Y M, Fan Z P, Hua Z S. 2007. A Chi-square method for obtaining a priority vector from multiplicative and fuzzy preference relations[J]. European Journal of Operational Research, 182(1): 356-366.

Weber M. 1987. Decision making with incomplete information[J]. European Journal of Operational Research, 28(1): 44-57.

Wei Z K, Yiu K F C, Wong H, et al. 2018. A novel multivariate volatility modeling for risk management in stock markets[J]. International Journal of Fuzzy Systems, 20(1): 116-127.

Wen B, Li H G. 2014. An approach to formulation of FNLP with complex piecewise linear membership functions[J]. Chinese Journal of Chemical Engineering, 22(4): 411-417.

Williams K, Harkins S G, Latané B. 1981. Identifiability as a deterrant to social loafing: Two cheering experiments[J]. Journal of Personality and Social Psychology, 40(2): 303-311.

Wong K F E, Kwong J Y Y. 2005. Comparing two tiny giants or two huge dwarfs? Preference reversals owing to number size framing[J]. Organizational Behavior and Human Decision Processes, 98(1): 54-65.

Wu Z B, Xu J P. 2018. A consensus model for large-scale group decision making with hesitant fuzzy information and changeable clusters[J]. Information Fusion, 41: 217-231.

Wu J, Chiclana F, Herrera-Viedma E. 2015a. Trust based consensus model for social network in an incomplete linguistic information context[J]. Applied Soft Computing, 35: 827-839.

Wu T, Xiao J, Qin K, et al. 2015b. Cloud model-based method for range-constrained thresholding[J]. Computers & Electrical Engineering, 42: 33-48.

Wu J, Xiong R Y, Chiclana F. 2016. Uninorm trust propagation and aggregation methods for group decision making in social network with four tuple information[J]. Knowledge-Based Systems, 96: 29-39.

Wu Z B, Huang S, Xu J P. 2019. Multi-stage optimization models for individual consistency and group consensus with preference relations[J]. European Journal of Operational Research, 275(1): 182-194.

Xu Z S. 2011. Consistency of interval fuzzy preference relations in group decision making[J]. Applied Soft Computing, 11(5): 3898-3909.

Xu Z S, Liao H C. 2014. Intuitionistic fuzzy analytic hierarchy process[J]. IEEE Transactions on Fuzzy Systems, 22(4): 749-761.

Xu Y J, Chen L, Rodríguez R M, et al. 2016. Deriving the priority weights from incomplete hesitant fuzzy preference relations in group decision making[J]. Knowledge-Based Systems, 99: 71-78.

Yager R R. 2004. OWA aggregation over a continuous interval argument with applications to decision making[J]. IEEE Transactions on Systems, Man, and Cybernetics, Part B (Cybernetics), 34(5):

1952-1963.

Yaghoobi M A, Tamiz M. 2007. A method for solving fuzzy goal programming problems based on MINMAX approach[J]. European Journal of Operational Research, 177(3): 1580-1590.

Yang J B, Sen P. 1996. Preference modelling by estimating local utility functions for multiobjective optimization[J]. European Journal of Operational Research, 95(1): 115-138.

Yang W E, Wang J Q. 2013. Multi-criteria semantic dominance: A linguistic decision aiding technique based on incomplete preference information[J]. European Journal of Operational Research, 231(1): 171-181.

Yang X F, Liu B D. 2019. Uncertain time series analysis with imprecise observations[J]. Fuzzy Optimization and Decision Making, 18(3): 263-278.

Yang T, Ignizio J P, Kim H J. 1991. Fuzzy programming with nonlinear membership functions: Piecewise linear approximation[J]. Fuzzy Sets and Systems, 41(1): 39-53.

Yao K. 2018. Conditional uncertain set and conditional membership function[J]. Fuzzy Optimization and Decision Making, 17(2): 233-246.

Yao K, Liu B D. 2018. Uncertain regression analysis: An approach for imprecise observations[J]. Soft Computing, 22(17): 5579-5582.

Yuen K K F. 2010. Analytic hierarchy prioritization process in the AHP application development: A prioritization operator selection approach[J]. Applied Soft Computing, 10(4): 975-989.

Zadeh L A. 1965. Fuzzy sets[J]. Information and Control, 8(3): 338-353.

Zajonc R B. 1965. Social facilitation[J]. Science, 149(3681): 269-274.

Zhang H M. 2016. A goal programming model of obtaining the priority weights from an interval preference relation[J]. Information Sciences, 354: 197-210.

Zhang G Q, Dong Y C, Xu Y F, et al. 2011. Minimum-cost consensus models under aggregation operators[J]. IEEE Transactions on Systems, Man, and Cybernetics—Part A: Systems and Humans, 41(6): 1253-1261.

Zhu B, Xu Z S. 2013. Regression methods for hesitant fuzzy preference relations[J]. Technological and Economic Development of Economy, 19(sup1): S214-S227.

Zhu B, Xu Z S. 2014. A fuzzy linear programming method for group decision making with additive reciprocal fuzzy preference relations[J]. Fuzzy Sets and Systems, 246: 19-33.